Autobiographie d'une exécution

David R. Dow

Autobiographie d'une exécution

Traduit de l'anglais (États-Unis) par Christophe Magny

Flammarion

Titre original : *The Autobiography of an Execution*
Éditeur original : Twelve

ISBN : 978-2-0812-3814-5

En mémoire de Peter G.

Que signifie continuer d'être
dans la venelle de la mort ?

Pablo Neruda, *Le Livre des questions*

L'idée lui vint qu'il se pourrait même dans l'histoire du monde qu'il y eût plus de châtiments que de crimes mais il n'en tirait guère de réconfort.

Cormac McCarthy, *La Route*

Si vous connaissiez le jour et l'heure précis de votre mort, et que ce jour survenait, et que l'heure passe, et que vous ne soyez pas mort, seriez-vous capable de profiter de chaque seconde de vie supplémentaire ? Est-ce que l'appréhension ne changerait pas le soulagement en torture ? C'est la question que je me posais à 20 h 20, le soir de Halloween. Jeremy Winston était toujours vivant. Il se trouvait dans une cellule de détention provisoire, à quelques pas de la salle d'exécution de la prison Walls, à Huntsville (Texas). Il aurait dû être mort depuis deux heures.

Winston était mon client. Je me trouvais dans mon cabinet de Houston avec trois autres avocats, attendant l'appel du greffier de la Cour suprême des États-Unis. Le directeur de la prison avait entre ses mains un ordre judiciaire lui enjoignant d'exécuter Winston après 18 heures. Il le mettrait en œuvre, à moins que la Cour suprême intervienne. Depuis deux heures, Winston arpentait sa petite cellule, trois pas dans un sens, trois pas dans l'autre. Il avait demandé qu'on lui donne une cigarette plutôt qu'un dernier repas. On n'a pas le droit de fumer dans l'enceinte de la prison, lui avaient dit les officiels. Mais les trois gardes qui devaient escorter Winston jusqu'au chariot lui avaient donné un paquet de cigarettes et une allumette. Il allumait chaque cigarette au mégot de la précédente.

Le téléphone a sonné. Le greffier de la Cour suprême voulait savoir à quelle heure nous comptions envoyer des documents additionnels. Je n'avais pas prévu d'envoyer quoi que ce soit. Mes trois confrères et moi, qui travaillions à ce cas, avions déjà couché par écrit nos meilleurs arguments et les avions adressés à la Cour. L'envoi avait été fait à 17 heures. Je représentais des pensionnaires du couloir de la mort depuis vingt ans, et jamais une telle chose ne m'était arrivée. Le greffier était-il en train de nous suggérer d'envoyer quelque chose de particulier ? Je lui ai dit que je le rappellerais immédiatement.

Un jeune juriste, ou même un juge de la Cour suprême, avait-il vu un argument qui nous avait échappé, et décidé d'attendre encore un peu, afin de nous donner le temps de l'illumination ? C'est ainsi qu'agissent parfois les juges de la Cour suprême : ils jouent avec vous. Jerome, Gary, Kassie et moi étions dans la salle de réunion. Frénétiques, nous avons déconstruit puis reconstruit nos arguments, cherchant un élément qui aurait pu nous échapper. Je faisais rebondir sur le mur une balle en caoutchouc, la lançant de la main gauche et l'attrapant de la droite. Gary jonglait avec trois balles. Jerome et Kassie étaient assis, immobiles, le stylo à la main, prêts à écrire si l'un de nous avait une idée. Jeremy Winston se demandait sans doute pourquoi il était encore en vie. Je l'ai soudain imaginé, regardant d'un œil dubitatif la salle de réunion pour y voir ses avocats en train de jongler, de jouer à la balle, ou assis là à ne rien faire. Il secouait la tête, retenant à peine son dégoût : il comprenait que le sablier était presque vide.

Peut-être, me suis-je dit, avions-nous commis une erreur de vocabulaire. Si vous vous imaginez que lorsqu'une vie est en jeu, les règles du formalisme juridique n'importent guère, vous vous trompez. Des gens meurent lorsque leurs avocats oublient de mettre les points sur les *i* ou les barres aux *t*. J'ai décidé de renvoyer les mêmes documents, en changeant simplement l'intitulé. Incapable de trouver une explication, je me suis convaincu que le problème résidait dans le titre. La fille aînée de la nécessité est l'invention ; la cadette est la rationalisation. Gary était le plus rapide au clavier. Je lui ai demandé de se mettre au travail.

Le téléphone a de nouveau sonné deux minutes plus tard. Kassie a décroché. C'était le greffier, qui voulait nous dire de ne plus nous en faire : nous avions perdu. Je suis entré dans mon bureau, j'ai fermé la porte et appelé Winston pour lui annoncer la nouvelle. Il fut déclaré mort à 21 h 27.

Je suis rentré chez moi par la porte du garage à 21 h 55. Je suçais un bonbon à la menthe pour dissimuler le goût du tabac. Un poulet rôti desséché se trouvait sur le comptoir, une mouche sur son pilon. Je l'ai chassée. À côté du poulet, une bouteille de vin rouge ouverte. J'ai appelé Katya. Pas de réponse. Je me suis dit que Lincoln avait fait un cauchemar, et qu'elle était à l'étage avec lui. J'ai commencé à monter les escaliers. Katya m'a appelé depuis la bibliothèque. Elle était assise sur le canapé, ses pieds sur la table basse, pressant un verre de vin contre son ventre. Elle avait les yeux rouges. Elle avait pleuré.

— Qu'est-ce qu'il y a ? ai-je demandé.

— Où étais-tu ?

— Au bureau. La Cour suprême n'a appelé qu'à 20 heures passées. Winston a été exécuté après 21 heures. Qu'est-ce qu'il y a ?

— Tu devais emmener Lincoln à la maison hantée. Il est resté debout à t'attendre, jusqu'au moment où j'ai dû le coucher.

— Oh merde. J'avais complètement oublié.

Lincoln avait six ans. Je pensais être de retour chez moi à 19 heures au plus tard. Je lui avais dit que, pour Halloween, je l'emmènerais à la maison hantée. Il m'avait fabriqué un déguisement.

— Pourquoi tu n'as pas téléphoné pour me le rappeler ?

— Je l'ai fait. J'ai laissé trois messages sur ton portable.

— Il était resté dans la voiture. Pourquoi tu n'as pas appelé au cabinet ?

— Parce que je ne pensais pas que tu y serais encore. Tu appelles toujours quand il se passe quelque chose. L'exécution devait avoir lieu à 18 heures, non ?

— Elle aurait dû, oui. Vous êtes sortis quand même ?

— Non, Lincoln a voulu t'attendre. Il a gardé son déguisement et s'est assis dans l'escalier. Je lui ai dit que la maison hantée allait fermer, mais rien à faire. Il s'est mis dehors avec Winona et moi pour donner des bonbons aux gamins qui passaient. Au bout d'un moment, je lui ai dit qu'il était temps d'aller se coucher. Il était triste. Je lui ai dit que tu avais sans doute eu un souci au bureau. Il était vraiment déçu.

— Merde, je ne sais pas comment j'ai pu oublier. Je monte le voir. Je reviens tout de suite.

J'ai jeté un coup d'œil dans sa chambre. Winona, notre doberman de trente-cinq kilos, était couchée sur le lit, sa tête reposant sur les chevilles de Lincoln.

— Eh, p'pa, tu as raté la maison hantée.

— Je sais, amigo. Je suis vraiment désolé. J'avais complètement oublié. Tu me pardonnes ?

— Oui. Mais pourquoi tu rentres si tard ?

— J'avais beaucoup de travail.

— Tu as pu aider les gens que tu essayais d'aider ?

— J'ai bien peur que non, amigo. Et pourtant, j'ai essayé.

— Je suis un peu triste, p'pa.

— Moi aussi, amigo.

— Tu veux bien dormir avec moi cinq minutes ?

— Bien sûr. Fais-moi une petite place.

Je suis redescendu vingt minutes plus tard.

— Désolée pour Winston, a dit Katya.

— Merci.

Je me suis assis à côté d'elle sur le canapé. Le son de la télé était coupé. Elle a ajouté :

— Il n'y a pas que tes clients qui ont besoin de toi.

— Je sais.

La vie est plus facile quand elle repose sur des piliers. Les miens, c'est ma famille. Une femme, un fils, une chienne. Quand je dis ça à Katya, elle ne sait pas si elle doit me croire. Je lui réponds que c'est à elle de le décider, il n'y a pas d'autre solution.

Avant de la rencontrer, je voulais vivre à la campagne. Acheter quinze hectares de terre, élever quelques vaches, m'installer sur la véranda avec le chien, regarder le soleil se coucher puis se lever, aller deux fois par semaine à mon bureau à l'université, rentrer à la maison, me promener le long du ruisseau. Lire beaucoup de livres, me coller la tête dans un trou et dire merde au monde, tenir une conférence téléphonique chaque matin avec les avocats qui travaillent avec moi, envoyer mes demandes d'appel depuis un ordinateur portable à cent vingt kilomètres du couloir de la mort.

Quand on vous raconte une histoire d'exécution, le plus souvent, le sujet n'est pas l'avocat, mais la victime du meurtre, et parfois son assassin. Je connais des avocats spécialistes de la peine de mort qui vont au cinéma pendant l'exécution de leurs clients. L'un d'eux a appris un jeudi que son client avait été exécuté le lundi. Il faisait de la plongée sous-marine à Aruba. Je peux le comprendre. C'est possible de se sentir concerné sans que ça se voie. C'est aussi possible de se faire trop de souci. Vous pouvez penser que vous êtes le seul obstacle entre votre client et l'injection létale, ou bien voir le client comme quelqu'un qui s'est mis tout seul sur ce chemin-là. L'une de ces attitudes est plus saine que l'autre.

Mon premier client a été exécuté en 1989. Derrick Raymond était un méchant ordinaire qui commit une très mauvaise action. Il avait quitté le lycée en seconde. Deux ans plus tard, il s'engageait dans l'armée pour apprendre un métier. Il se retrouva au Vietnam. Il ne m'a jamais beaucoup parlé de la guerre. J'ai appris ses états de service dix ans après son exécution, lorsque l'un de ses copains de l'armée, qui s'était lancé à sa recherche, m'a retrouvé, moi. Derrick était revenu à

Houston avec un Purple Heart [1] et une dépendance à l'héroïne qui lui coûtait cinq cents dollars par semaine, mais sans aucune qualification professionnelle. Il travailla dans une station-service jusqu'à ce qu'on le renvoie pour absences répétées. La toxicomanie a de nombreuses conséquences. Il a commencé à cambrioler des petits commerces et des fast-foods. Après un braquage qui lui a rapporté soixante-treize dollars et des poussières, il s'est enfui en courant dans la rue, poursuivi par le vigile qui lui tirait dessus. Une balle a touché Derrick à la jambe. Il est tombé sur le trottoir, s'est retourné, et a tiré cinq coups de feu sur le vigile. Celui-ci s'est mis à couvert, mais une balle a atteint un garçon de sept ans qui venait de finir de déjeuner avec sa mère. Peut-être n'y a-t-il rien de plus triste que les enfants morts. En plus de cela, Derrick était noir, et le garçon blanc. Mauvaise combinaison. Il a fallu moins de deux heures au jury pour le condamner à mort.

L'avocat de Derrick s'est endormi pendant le procès – pas une fois, mais à plusieurs reprises. Le procureur était consterné, mais le juge n'a pas réagi. Lorsqu'un nouvel avocat a demandé un autre procès, la cour d'appel a refusé, car les juges pensaient que Derrick aurait été condamné même si son avocat était resté éveillé. Un autre avocat commis d'office l'a représenté pour sa requête d'habeas corpus devant la cour d'appel de l'État. Il a laissé passer la date limite pour présenter ses arguments. Si vous dépassez cette date, la cour ne tient pas compte de vos arguments. C'est alors que j'ai été engagé pour représenter Derrick devant la cour d'appel fédérale. Mais les cours fédérales ont une règle :

1. Décoration décernée aux blessés de guerre. *(Toutes les notes sont du traducteur.)*

elles refusent de tenir compte des éléments que les cours d'appel d'État n'ont pas examinés auparavant. Celle-ci avait dit que l'avocat de Derrick arrivait trop tard, et avait rejeté ses arguments. La cour fédérale n'entendrait donc pas non plus notre appel.

Mon travail d'avocat consistait essentiellement à m'occuper des biens de Derrick. Comme il ne possédait rien, évidemment, il ne me restait qu'à organiser ses funérailles. (Il ne voulait pas être enterré dans la fosse commune qui se trouve juste à l'extérieur de la prison de Huntsville.) Il ne me fallut pas longtemps pour faire les arrangements nécessaires, et je n'eus en réalité qu'à le conseiller, l'écouter, lui envoyer des livres et des magazines, pour être sûr qu'il ne serait pas seul face à la mort. Mon but est de sauver mes clients, mais c'est un objectif qui échappe à mon contrôle. Le seul contrôle que j'exerce, c'est de décider si je les abandonne ou non.

Je rendais visite à Derrick une fois par semaine et je l'appelais régulièrement. Il avait un fils, Dwayne, qui avait douze ans lorsque son père était arrivé dans le couloir de la mort, et dix-neuf quand il fut exécuté. J'étais assis à côté d'eux tandis qu'ils s'efforçaient de se comprendre. Il est difficile de devenir proche d'un homme que vous ne pouvez pas toucher, même si (peut-être surtout si) c'est votre père. Je leur ai dit que j'avais l'espoir que le comité des grâces et le gouverneur commueraient la peine de Derrick, et c'était vrai. Je suis toujours plein d'espoir. Ça ne marche jamais, mais j'espère toujours que si, ça va marcher. Sinon, comment pourrais-je continuer à faire ce métier ? J'ai assisté à son exécution parce qu'il me l'avait demandé.

À 12 h 37, le jeudi 9 mars 1989, Derrick a été mis à mort devant Dwayne, deux journalistes locaux, et moi. Après ça, j'ai serré Dwayne dans mes bras, je suis monté dans ma voiture, et j'ai roulé jusqu'à ma maisonnette de l'île de Galveston, avec ma chienne et une caisse de Jack Daniel's. Tout en buvant, assis sur la véranda, je contemplais le golfe du Mexique. La lune brillait de tout son éclat. Les mulets bondissaient par bancs entiers et, dans les ondulations des vagues, je voyais scintiller des truites. Sentant l'odeur de la pluie, j'ai laissé la porte ouverte pour que la chienne puisse sortir quand elle le voudrait, et j'ai déposé de la nourriture pour une semaine dans son bol. À l'aube, le ciel est devenu noir et l'orage est arrivé en grondant. Je me suis assuré que mon fauteuil était à l'abri sous l'avant-toit, puis j'ai fermé les yeux et me suis endormi. Quand je me suis réveillé pour aller aux toilettes, j'ai bu un coup de whisky et l'ai fait descendre avec une pinte d'eau. Il n'était pas question que je me déshydrate. En dehors des oiseaux et des vagues, le seul son qui me parvenait était le bruit sourd des journaux atterrissant chaque matin dans l'allée. Le lundi, j'en ai ouvert quatre pour savoir quel jour nous étions. J'ai couru pendant une heure sur la plage avec la chienne, puis nagé une demi-heure sous son regard. En rentrant à la maison pour me doucher, je lui ai dit : « Je suis désolé d'être un si mauvais maître. » Elle a ramassé un morceau de bois flotté et hoché la tête.

Nous avons déjeuné sur le porche du Cafe Max-a-Burger. J'ai commandé quatre hamburgers, un panier de rondelles d'oignon en beignet, et une limonade. La chienne a mangé ses deux burgers si vite que je lui ai donné l'un des miens. Lorsque j'ai payé l'addition, le caissier a dit :

— Il a de la chance, ce chien.

— Vous êtes gentil de dire ça, mais c'est l'inverse. Cette chienne est de loin ce que j'ai de mieux.

Je suis retourné à Houston. Mon intérêt pour la peine de mort n'était au départ ni politique ni idéologique, mais purement intellectuel et, à l'époque où Derrick a été exécuté, je travaillais à une étude comparant la compétence des avocats commis d'office pour représenter les condamnés à mort au Texas, en Floride, en Virginie, et au Kentucky. J'avais rendez-vous avec un assistant qui m'aidait à réunir des données. L'autoroute était tellement embouteillée que j'allais être en retard. Conduisant imprudemment, je fis une queue de poisson à une vieille dame, juste avant la bretelle qui mène à la NASA. Je sortis de ma voiture et lui présentai mes excuses avant même que mes pieds touchent le sol. Elle fit une grimace, comme si elle venait d'avaler du lait tourné. Elle dit qu'elle allait appeler la police. Je lui répondis que je n'étais pas ivre, malgré l'odeur d'alcool qui m'accompagnait. Elle sourit et dit : « Je vous crois, jeune homme. »

La faculté de droit note les étudiants à l'aveugle. Ceux-ci s'identifient lors de leur examen final par un nombre composé de quatre chiffres. J'engage chaque année ceux qui ont rendu les meilleurs devoirs. Quand j'ai demandé à Katya de travailler pour moi, je ne connaissais même pas son nom.

Une loi non écrite interdit aux professeurs de sortir avec les étudiants. Il me semble que des entorses à cette règle peuvent être pardonnées si cela se termine par un mariage. Une semaine après l'exécution de Derrick, j'ai enfin trouvé le courage d'inviter Katya au restaurant.

Nous avons dîné chez Ninfa, à l'est de la ville. À cette époque, le quartier n'était pas très sûr la nuit. Nous nous sommes assis au fond de la salle. Elle a dit :

— Vous avez les yeux tristes.

— C'est quand on est triste qu'on est le plus vivant, non ?

Foutaises. J'ai parlé de Derrick à Katya.

— Vous allez accepter d'autres cas de ce genre ?

— Oui, je crois. C'est un travail important. On ne devrait pas laisser les gens mourir seuls, quel que soit le crime qu'ils ont pu commettre.

— C'est si important que ça ?

— Probablement pas.

— Il y a un mot pour désigner ceux qui tentent d'empêcher un événement prédestiné.

— « Prédestiné » est un terme un peu fort.

En plus de ça, le fait qu'un événement soit inévitable ne veut pas dire qu'il est juste, me suis-je dit, mais je me sentais trop vieux pour faire preuve d'une telle naïveté à un premier rendez-vous.

Elle a souri, ce que j'ai interprété comme un assentiment. Le serveur a apporté notre dîner. J'avais commandé pour nous deux : *tacos al carbón* et *ratones*.

— Qu'est-ce que c'est ? a-t-elle demandé.

— Des rats.

— Vraiment ?

— Sérieusement. C'est comme ça qu'ils s'appellent.

C'étaient de grands poivrons *jalapeños*, ouverts en deux, farcis de crevettes et de fromage mexicain, enrobés de pâte, puis frits. Elle en a mangé une bouchée, la sueur a perlé sur son visage :

— C'est délicieux.

— Tenez.

Je lui ai passé ma chope de bière.

— Si vous continuez à vous occuper de ce genre d'affaire, il va vous falloir un meilleur exutoire qu'une caisse de bourbon.

— Vous avez sans doute raison.

La plupart des avocats avec qui je travaille n'épouseraient jamais un procureur. En cela, ils peuvent se tromper lourdement. Il y a quelques années, nous prenions, Katya et moi, le petit-déjeuner au Bellagio. James Carville [1] était assis seul au bar.

— Qu'est-ce que sa femme et lui peuvent avoir à se dire ? Voilà un mariage que je ne comprends pas, a dit Katya.

Moi, je le comprends. Ce n'est pas l'appartenance à un parti qui détermine leur jugement. Ils se servent d'autre chose.

Je me sers pour ma part de livres et de chiens, et ils ne m'ont jamais induit en erreur. Quand Katya a terminé ses études de droit, je lui ai offert l'édition originale des *Signes de l'apocalypse*, de Walker Percy. Elle a lu la première page et souri. Nous étions dans mon ancienne maison, assis dans le salon aux murs couverts de livres, écoutant Frank Morgan. En général, la chienne n'aimait pas qu'il y ait des femmes dans la maison. Katya a tapoté le canapé et la chienne, qui pesait presque autant qu'elle, a bondi et s'est couchée à côté d'elle. Katya l'a grattée sous le menton, et la chienne a ronronné comme un chaton. Katya m'a regardé et a dit :

1. Stratège du parti démocrate, marié à Mary Matalin, stratège du parti républicain.

— Elle aime bien qu'on la gratte juste à cet endroit-là.

Quand Jeremy Winston a été exécuté, je ne le connaissais que depuis deux mois. Je l'avais rencontré en même temps qu'Ezekiel Green, autre condamné à mort, le jour du dixième anniversaire de mon mariage avec Katya. L'avocat de Winston m'avait appelé pour me dire qu'il allait arrêter de s'occuper de cette affaire faute de temps. À sa décharge, je dois dire qu'au moins, il se sentait coupable d'abandonner son client. On rencontre beaucoup d'avocats merdiques ou fainéants, mais beaucoup moins qui reconnaissent qu'ils le sont. Il se demandait si mon cabinet était prêt à tenter une manœuvre de la dernière chance. La seule activité de notre cabinet d'aide juridique à but non lucratif est de représenter les condamnés à mort. Je lui ai dit que je parlerais à Winston lors de ma prochaine visite à la prison.

Winston était si gros qu'il lui fallait s'asseoir de côté dans la cage où les prisonniers rencontrent leurs avocats. Ses bras étaient verts, couverts de tatouages du poignet jusqu'à l'épaule. Sur ses mains, entre chaque articulation, étaient dessinées de petites croix. Je me suis présenté. Il a vu que je regardais ses mains.

— Vous êtes croyant ? a-t-il demandé.

— J'ai bien peur que non.

— Pas de problème. Il n'y avait pas de sous-entendu dans ma question. Je m'informais juste.

Je lui ai dit qu'on ne pouvait plus rien faire dans son cas. Nous pouvions essayer de récuser la méthode que l'État pensait mettre en œuvre pour l'exécuter, mais sans guère de chances de succès.

— Ouais, il paraît qu'ils vont me tuer avec une drogue qu'ils ont même pas le droit d'utiliser pour tuer les animaux. C'est vrai, ça ?

L'une des substances employées lors de l'injection létale a en effet été interdite par les vétérinaires. Dans certains États, les avocats représentant les condamnés à mort ont tenté avec succès d'interdire le cocktail utilisé pour les exécutions. Mais les avocats de mon cabinet et moi avions une autre idée, et nous pensions qu'elle pourrait être efficace dans l'affaire de Winston. Je n'allais pas le lui dire.

— C'est vrai, ai-je répondu, mais ça n'a pas d'importance. La plupart des juges pensent que vous ne souffrirez pas quand on vous exécutera ; même s'ils en doutaient, ils ne s'en soucieraient sans doute pas. Et même s'ils s'en souciaient, ils ne pourraient rien y faire.

Il a hoché la tête, j'ai poursuivi :

— Nous pouvons faire appel, mais vous ne gagnerez pas. Si vous voulez que je le fasse, je vous suivrai. Je veux juste que vous sachiez ce qui va se passer. Je ferai appel et nous perdrons.

J'ai fait une pause pour lui laisser le temps de poser une question. Il n'a rien dit, j'ai continué :

— Non seulement vous ne gagnerez pas, mais en plus, vous n'aurez la certitude que vous avez perdu que vingt minutes avant l'exécution. Lorsque le greffier de la Cour suprême m'appellera. Ils aiment attendre aussi longtemps qu'ils le peuvent pour ne pas nous laisser le temps de produire de nouvelles pièces. Ils m'appelleront, et alors je vous appellerai. Vous me suivez ?

Il a hoché la tête.

— Ce que je veux vous dire, c'est que vous allez perdre, très probablement, et qu'après que je vous aurai appelé pour vous le dire, vous n'aurez pas beaucoup de temps pour vous préparer. Sachant tout ça, voulez-vous que je fasse appel ?

Je savais, en parlant, que mes paroles étaient presque cruelles. Ce n'était pas mon but. J'essayais d'avoir l'air totalement désabusé. J'avais besoin qu'il perde tout espoir. Il fallait qu'il soit convaincu qu'il allait perdre, jusqu'au moment où je l'appellerais. Je ne voulais même pas qu'il ait la moindre lueur d'espoir. J'admets volontiers que je sais exactement quels intérêts me tiennent à cœur. J'ai appelé des gens qui espéraient encore. Il est plus facile de dire qu'il est sur le point de mourir à quelqu'un qui est prêt. Winston a dit :

— Ça va être dur pour Marie.

— Qui est Marie ?

— Ma femme. Nous nous sommes mariés l'an dernier. Vous ne le saviez pas ?

— Non.

— Elle est gentille. Elle vient de Louisiane.

J'ai hoché la tête. Les doigts de Winston tambourinaient sur la vitre qui nous séparait. Dans ma tête a commencé à résonner « Marie », la chanson de Randy Newman : « Tu ressemblais à une princesse la nuit où nous nous sommes rencontrés. » J'écoutais, perdu, tandis que Winston réfléchissait. Il a dit finalement :

— Ouais, allez-y. Vous êtes le premier mec qui m'a dit les choses en face. Tout le monde essaie toujours de dorer la pilule. Je suis fatigué, mon vieux, fatigué qu'on me mente. Faites ce que vous pourrez.

— D'accord. Vous avez d'autres questions ?

— Ouais. Vous n'avez pas de bonnes nouvelles pour moi ?

Il a souri.

— Quand j'aurai fini de vous parler, je vais voir un type qui s'appelle Ezekiel Green. Vous le connaissez ?

— Un mec chauve, maigre, au visage tatoué ?

— Je ne sais pas, je ne l'ai jamais vu.

— Je crois bien que c'est lui. Il a une case en moins. Ils l'ont gazé une fois, il n'a même pas toussé, il ne s'est pas étouffé, rien. Il s'est juste marré. Il parle tout le temps tout seul. Ce mec garde ses chaussures pour prendre sa douche.

— Merci. Je vous enverrai l'appel. Je ne vous reverrai sans doute pas. Prenez soin de vous, je vous passerai un coup de fil.

Il a posé la main sur la vitre qui nous séparait. J'y ai posé la mienne à mon tour.

Le meurtre est peut-être le crime le plus affreux, c'est pourquoi il est si choquant que la plupart des assassins aient une apparence tellement ordinaire. Taille moyenne, poids moyen, moyens en tout. Même après tant d'années, quelque chose en moi s'attend à ce que les gens qui commettent des actes monstrueux aient l'air de monstres. Quand je les rencontre, je vois qu'ils me ressemblent.

Je regarde leurs yeux ou leurs mains, et tente de les imaginer en train de commettre leur terrible forfait. C'est ainsi que je me figurais la scène à l'époque : elle dormait sur le canapé lorsqu'elle a senti le canon de l'arme contre sa tempe. Elle aurait pu penser que c'était l'un des enfants qui chahutait si elle n'avait entendu le sifflement d'un « chuuuut » puis : « Ouvre les yeux, salope. »

Elle les a ouverts. A-t-elle cru que c'était un rêve ? Le pistolet ressemblait à celui qu'elle gardait dans un tiroir à la maison, et elle s'est peut-être demandé si c'était bien celui-là. Ce fut sa dernière pensée. Le tueur tira une seule balle, la tuant sur le coup.

Il avait choisi une arme de petit calibre car elle n'était pas très bruyante, les voisins n'entendraient rien. Mais le coup de feu attira l'attention d'un des enfants qui jouait dans une autre pièce. Le tueur leva les yeux et vit le garçon. Il ne s'attendait pas à ce qu'il y ait des enfants. Le gamin avait l'air d'avoir douze ans, assez âgé pour se rappeler ce qu'il avait vu. Il courut se réfugier dans sa chambre. L'assassin marcha vers lui, du sang dégoulinant de son arme. Le gosse était sous le lit, sa petite sœur dans ses bras. Le tueur posa le canon de son pistolet sur la poitrine du gamin et fit feu une fois. La petite fille hurla. Il pointa l'arme sur son cœur, appuya encore sur la détente, et elle se tint tranquille.

Le jour où j'ai rencontré Winston, je n'ai pas eu le temps d'aller voir Henry Quaker, mon client, condamné à mort pour ce triple meurtre. Mais c'est à cause de son affaire que je me trouvais à la prison. Ezekiel Green m'avait écrit une lettre affirmant qu'il détenait d'importantes informations qui démontreraient l'innocence de Quaker. Certaines lettres ne peuvent être ignorées.

Green m'attendait dans le box. Un *E* au graphisme élaboré était tatoué sur sa joue droite, et un *G* sur la gauche. Je me suis présenté, et adressé à lui en l'appelant « Green ». Il a dit :

— C'est plus mon nom. J'ai changé. Je suis Shaka Ali.

Il a fait une pause et regardé par-dessus son épaule, pour s'assurer que le gardien n'était pas derrière lui. Il m'a demandé si j'avais reçu sa lettre. Je lui ai dit que c'était à cause d'elle que j'étais là.

— Je sais tout sur vous, a-t-il ajouté. J'ai lu votre livre.

Les gens comme moi ne parlent pas souvent des gens comme Green. La plupart des abolitionnistes aiment axer leurs arguments sur l'innocence. Je comprends bien leurs motifs. Ils pensent qu'aussitôt qu'on utilisera les tests ADN pour démontrer avec certitude qu'un homme innocent a été exécuté – et ce jour viendra sûrement –, même les shérifs et les procureurs texans s'opposeront à la peine de mort.

Mais mon livre, que Green disait avoir lu, affirmait que les coupables devaient eux aussi être épargnés. J'étais autrefois favorable à la peine de mort. J'ai changé d'avis quand j'ai appris à quel point le système se moque de la loi. Si vous avez des doutes à l'idée de soutenir un système raciste, reposant sur l'appartenance de classe, un système sans scrupule dans lequel la peau blanche vaut beaucoup plus que la peau foncée, où les procureurs dissimulent les preuves et les policiers mentent allègrement, où les juges décident des exigences de la justice en consultant la dernière enquête d'opinion, où les riches peuvent tout se permettre et ne sont jamais condamnés à mort, alors vous n'avez pas fini de vous poser des questions sur la peine de mort telle qu'elle existe en Amérique.

Je suis devenu avocat parce que je crois que les règles importent, mais sans doute peut-on inverser la cause et l'effet. Quoi qu'il en soit, j'affirmais dans ce livre que l'objectif unique des abolitionnistes, centré sur l'innocence, laisse à croire qu'ils se préoccupent au fond assez peu des principes. Je suis peut-être allé trop loin. Un jour, une association abolitionniste m'a invité à faire un discours lors de sa conférence annuelle, puis a annulé l'invitation quand leur président a compris qui j'étais.

Je ne sais pas si Green avait vraiment lu mon livre, mais si c'était bien le cas, je parie qu'il lui avait plu. Il parlait de gens comme lui : des criminels qui ont fait exactement ce que leur reprochent les procureurs. Il a dit :

— Vous êtes un activiste, comme moi. Vous saviez que mon paternel avait aidé des ouvriers à se syndiquer ?

J'ai haussé les sourcils et dit que je n'étais pas au courant, puis j'ai regardé ma montre. Il a poursuivi :

— Je vais organiser un syndicat ici. On ne peut pas rester enfermé toute la journée, mon vieux. Ils nous traitent comme du bétail. C'est du harcèlement. L'autre jour, le gardien-chef a fait un rapport parce que j'avais dit « putain ». J'ai droit à la liberté d'expression, mec. Je peux dire ce que je veux. J'ai parlé aux gens de l'ACLU [1], voir si on pourrait porter plainte. Ils l'ont fait dans le Mississippi et en Oklahoma. Vous le saviez ?

Oui, je le savais, mais Green n'a pas attendu ma réponse :

— Ils devraient nous laisser travailler, écouter la radio, au moins, vous voyez ce que je veux dire ?

Sa paupière droite battait comme si un grillon essayait de s'en échapper. Il a passé sa main sur sa tête rasée. Souri. Ses deux incisives étaient en or.

— Quand je fais ça à mes cheveux, les gardiens savent qu'il faut pas me chercher. Ils peuvent pas m'attraper par ma coupe afro. Je suis prêt pour la baston, mon pote. Vous voyez ce que je veux dire ? Ça fait presque un an que je suis rasé. Ils m'envoient des lacrymos quand ils m'emmènent à la douche, mais ça me dérange pas. Je peux retenir ma respiration pendant

---

1. American Civil Liberties Union : association défendant les droits et les libertés inviduels.

vingt minutes. J'attends jusqu'à ce que les gaz soient partis.

J'ai de nouveau regardé ma montre. Il a dit :

— Vous avez un rendez-vous ?

— Je dois retourner à mon cabinet pour préparer un recours.

— Dans quelle affaire ?

J'ai secoué la tête et n'ai pas répondu.

— Ça fait rien. Ça me fait plaisir que vous soyez venu me voir. Il faut qu'on dialogue. On peut s'apprendre des choses. Vous savez écrire des livres. Moi, je sais ce qui se passe ici. Je vous le raconte, et vous, vous en faites votre affaire. Vous pouvez venir me voir régulièrement, non ? Vous pouvez m'apporter quelque chose à manger ?

Il y a quatre distributeurs automatiques dans le couloir de la mort, remplis de cochonneries comestibles et de sodas. Les gens qui rendent visite aux prisonniers peuvent leur acheter à manger en mettant des pièces dans les machines, et en laissant le gardien prendre ce qui sort pour le donner aux prisonniers. Les visiteurs ne peuvent pas apporter de billets de banque dans la prison. Il y a beaucoup de règles en prison.

— Je n'ai pas de monnaie sur moi.

Il avait tué deux personnes. Il avait dit que Dieu lui avait ordonné de le faire. Son avocat avait demandé au jury de déclarer qu'il était fou. Le jury avait dit qu'il ne l'était pas, et il avait eu raison. Green connaissait la différence entre le bien et le mal. Il n'était pas fou. Il était juste dingue. Je lui ai demandé :

— On peut parler de la lettre ? Que savez-vous qui pourrait m'aider ?

— Une seconde, mon frère. Tu dois d'abord faire quelque chose pour moi. Gagner ma confiance.

Il s'est remis à parler. Il voulait porter plainte contre la prison afin d'obtenir d'autres médicaments et la radio par satellite. Les seules stations qu'il recevait diffusaient des débats chrétiens. Il se plaignait de discrimination contre les musulmans. On punissait les gens arbitrairement. Les gardiens laissaient les détenus utiliser des téléphones portables en échange de faveurs sexuelles ou de pots-de-vin.

Une bonne partie de son discours était sans doute vraie, mais ce qu'il demandait était légèrement en dehors de ma compétence, et largement en dehors de mes centres d'intérêt. Je le fixais, faisant semblant d'écouter. Soudain, je l'ai entendu dire « Tu écoutes quand je te parle, mon frère ? » et j'ai senti que je hochais la tête en signe d'assentiment. Je fixais les tatouages sur son visage, essayant d'imaginer comment transformer le *E* en *S*, et le *G* en *A*. Il a dû me poser une question à laquelle je n'ai pas répondu. Il s'est levé et a frappé la vitre avec le téléphone. Il a hurlé : « Tu m'écoutes ? » Je l'ai regardé. Il a encore frappé la vitre :

— Je ne suis pas obligé de te parler, fils de pute, pas vrai ?

— Non, pas plus que je ne le suis.

— Alors casse-toi, fils de pute.

Je dois faire un aveu. Ma poche était pleine de pièces de 25 cents. Je n'aime pas tous mes clients, et je n'aimais pas Green. Il commettait la même erreur que la plupart des partisans de la peine de mort, en croyant que, si je représentais des types comme lui, je devais les aimer. Que, parce que je suis opposé à la peine de mort, je lui pardonnais ce qu'il avait fait. Ce n'est pas mon rôle de pardonner à des gens comme Green et, si ça l'était, je ne le ferais sans doute pas. Je suis le genre de type qui porte des jugements catégoriques et ne pardonne pas facilement. Vous n'avez qu'à demander à ma femme. Je serais parti au milieu de sa tirade si je n'avais pas voulu en savoir plus. Il était clair qu'il n'allait pas me le dire, je n'avais donc pas de raison de rester là. Je me suis levé et j'ai dit :

— Profite bien de la vie, connard.

Un dimanche de septembre, Katya et moi nous sommes mariés à l'hôtel Doubletree, près du centre commercial Houston Galleria. Trois mois plus tôt, nous étions avec le chef dans sa cuisine, goûtant des vins, du thon, du flétan, et des filets d'agneau. Tandis que nous choisissions le menu de notre repas de noces, la famille Quaker mourait à l'autre bout de la ville.

Dorris Quaker devait assurer le service de nuit à l'hôpital Ben Taub. Ce soir-là, elle prépara du poulet frit et des gâteaux secs pour ses enfants, Daniel, douze ans, et Charisse, huit ans. Leur voisine, Sandra Blue, était avec eux, buvant du thé glacé tandis que les Quaker dînaient. Sandra partit à 21 heures, quand Dorris mit les enfants au lit. Quelques minutes plus tard, Dorris appela Sandra et lui dit qu'elle allait faire une courte sieste avant d'aller à l'hôpital une heure plus tard. Elle serait de retour chez elle à 7 h 30 le lendemain matin, juste au moment où les enfants se réveillaient. Daniel savait qu'il devait appeler Sandra s'il avait besoin de quoi que ce soit, et Sandra qu'elle devait à son tour appeler Dorris. Ils en avaient pris l'habitude depuis que Dorris et Henry s'étaient séparés, trois mois plus tôt.

À 8 heures, le lendemain matin, Sandra sortit chercher son journal. La voiture de Dorris était dans l'allée, la maison tranquille. Sandra pensa que les enfants regardaient la télé, et que Dorris dormait. C'était un jour férié, il n'y avait pas école. À 11 heures, la maison était toujours calme, ce qui lui sembla bizarre. Personne ne répondit quand elle sonna à la porte. Elle n'était pas verrouillée.

Elle appela la police dès qu'elle vit Dorris gisant sur le canapé, puis entra dans la chambre du fond et trouva les enfants. Quand la police arriva, Sandra était assise par terre, dans la chambre des enfants, serrant ses genoux contre sa poitrine. Un inspecteur prit sa déposition et lui dit de rentrer chez elle.

Après avoir vu Green, je suis rentré à Houston. Pendant le trajet, mon portable a sonné. C'était l'épouse de Jeremy Winston, Marie. Son filet de voix était aussi mince que son mari était gros. Elle appelait pour me remercier de l'aide que je tentais d'apporter à son époux. Simplement, sans arrière-pensée. J'ai remarqué que lorsque vous faites un geste, aussi minime soit-il, pour quelqu'un qui n'a jamais reçu la moindre attention, on vous en remercie par de grandes effusions de gratitude, quelque peu ridicules.

Quand j'ai franchi la porte, Katya m'a tendu un verre de bourbon.

— Bon anniversaire, a-t-elle dit.

— On ne devrait pas boire du champagne ?

— Si, mais goûte ça. C'est un cadeau.

J'ai avalé une gorgée.

— Ouah. Combien il t'a coûté ?

— Il est bon ?

— Oui. Incroyable.

— Alors c'était donné. Allez, Lincoln est déjà couché, il attend que tu lui racontes une histoire. Je lui ai dit que nous sortions dîner, et que Nana s'occuperait de lui.

Lincoln était au lit, il lisait Amelia Bedelia [1]. Sa nounou, Maria, travaille pour nous depuis que Lincoln a six semaines. Il l'appelle Nana.

— Bonsoir p'pa. Tu sais ce que c'est, un jeu de mots ?

— Bien sûr, amigo, j'adore les jeux de mots.

— Moi aussi. C'est rigolo, non ? Tu veux bien me raconter une histoire vraie ?

— D'accord. Quand j'étais enfant, j'avais à peu près ton âge, j'ai lu une histoire d'Amelia Bedelia. Dans le livre, elle faisait cuire un œuf sur une voiture. J'ai demandé à mon papa si c'était possible, il a dit que oui, s'il faisait assez chaud. Le samedi suivant, il est rentré de sa partie de tennis, et pendant qu'il nageait dans la piscine j'ai cassé un œuf sur le capot de sa voiture.

— Qu'est-ce qui s'est passé ?

— Un désastre. L'œuf a séché et il est resté collé sur le capot. J'ai dû le nettoyer, et mon papa m'a fait laver toute la voiture.

— Même l'intérieur ?

— Ouais, même l'intérieur. Je n'ai jamais recommencé.

— Elle est marrante, ton histoire.

— Bonne nuit, amigo.

1. Personnage principal d'une série de livres pour enfants très populaires, écrits par Peggy Parish (1927-1988) puis par son neveu, Herman Parish.

Au Café Annie, nous avons demandé une table en fond de salle. J'ai raconté ma journée à Katya. Elle a eu l'air pensif :

— Il faut que tu lui écrives pour t'excuser.

— M'excuser de quoi ?

— Tu ne peux pas dire à un condamné à mort de bien profiter de la vie.

— Ce type est un connard. Je n'ai pas l'intention de m'excuser.

Le garçon a apporté des amuse-gueule et une bouteille de Veuve Clicquot. Nous avons commandé un bifteck d'aloyau rôti au café, et du loup grillé. J'ai levé ma coupe de champagne pour porter un toast. Katya avait les yeux pleins de larmes.

— Qu'est-ce qu'il y a, Kay ?

— Ce type est complètement perturbé. Il ne peut pas se comporter autrement. Ce que tu lui as dit, c'est du mauvais karma pour toi.

— Du mauvais karma ? Sérieusement ? Tu veux que je te dise ce qu'il a fait ? Il a tué sa femme enceinte à coups de poing. Leur fils de cinq ans le regardait. Il a emmené le gamin chez sa belle-mère et il a l'a étranglée, toujours devant son fils.

Katya a commencé à dire quelque chose, je l'ai interrompue :

— Attends, je n'ai pas fini. Il est allé dans un motel et, quand le gamin s'est endormi, il l'a laissé là. Il l'a abandonné. Le lendemain matin, le gosse s'est réveillé tout seul dans la chambre et a erré dans les environs à la recherche de son père. C'est une femme de chambre qui l'a trouvé. On a arrêté Green à 9 heures du matin, il regardait la télé dans son mobile home. Il en était à sa sixième bière.

Katya a fait glisser son doigt sur le bord de sa coupe de champagne.

— Je ne sais pas comment il en est arrivé là. Mais il faisait appel à toi parce qu'il te respecte. Tu ne peux pas le laisser tomber.

— Je n'ai pas l'intention de m'excuser.

Nous sommes restés assis en silence. On nous a servi notre dîner. J'ai coupé la viande et le poisson en deux, les ai servis sur nos assiettes, et mangé un morceau de steak. J'ai dit que c'était délicieux. Katya a souri. Triste et heureuse à la fois. Je suis soit de bonne humeur soit, plus fréquemment, de mauvaise humeur. Elle est plus compliquée que moi. Elle peut être en même temps de bonne et de mauvaise humeur. J'ai mis fin au silence :

— Je vais lui écrire et le remercier de m'avoir reçu. Ça te va ?

— Ça me va. Merci.

Et la tristesse s'est envolée, aussi simplement que ça.

— D'où venait ce bourbon, au fait ?

— Pappy Van Winkle. Vingt ans d'âge. Je suis contente qu'il te plaise.

— Tu as acheté combien de bouteilles ?

— Une seule. Il n'était pas donné.

— Je m'en doutais. Je le boirai lentement.

Nous avons pris un café et un cognac. Je me souvenais de l'expression de Green me regardant tandis que je m'en allais. Katya m'a demandé :

— Où étais-tu parti ?

— Je m'imaginais vivant le reste de ma vie dans un espace clos de la taille de ma penderie. Ça serait peut-être plus confortable si c'était *ta* penderie.

— Ah ah.

Katya a été avocate pendant sept ans. Elle était compétente, mais elle a trop de sens artistique, elle est trop sincère, pour trouver son bonheur dans cette profession. Elle est donc allée à l'école des beaux-arts et a commencé à enseigner la photographie au lycée. Elle y serait sans doute encore si Lincoln n'était pas arrivé. Mais dès la naissance de notre fils, elle s'est consacrée à sa fonction de mère avec une intensité que je ne lui connaissais pas ; et, tâche plus difficile encore, elle a fait de moi un père.

J'étais d'humeur sentimentale et, quand c'est le cas, je dis plus de banalités qu'à l'ordinaire. Je n'avais pas encore porté mon toast. J'ai levé mon verre de cognac :

— Toi et notre fils, vous êtes ce qui m'est arrivé de mieux. Merci.

Katya avait déjà entendu ce toast. J'avais déjà entendu sa réponse :

— Il t'a fallu du temps pour te décider.

Quand on se marie sur le tard, la liste des qualités que l'on recherche chez une épouse peut croître jusqu'à devenir très longue et très précise.

Katya est une danseuse de premier ordre. Moi, je ne peux pas aller de la cuisine à la bibliothèque sans me cogner au piano. Elle aurait pu être flûtiste professionnelle, mais ses parents étaient des Allemands à l'esprit pratique qui ne voyaient pas d'avenir pour leur fille dans la musique. Mes arrière-grands-parents sont morts pendant la Shoah. La première fois que j'ai rencontré le père et la mère de Katya, je me suis demandé ce qu'avaient fait leurs parents à cette époque.

— Quand je pense à la liste que j'avais faite, tu te souviens ? Tu n'es pas loin d'être à l'opposé de ce que je cherchais, ai-je dit. Il m'a fallu un moment pour me rendre compte que ma liste était peut-être à côté de la plaque.

— *Peut-être ?*

J'ai souri :

— Je voulais dire, complètement à côté de la plaque.

— Tu devrais peut-être arrêter de faire des listes.

Le lendemain matin, je me suis réveillé avant l'aube, et suis allé courir avec la chienne. Au retour, j'ai fait du café pour moi et du thé pour Katya. J'ai préparé le petit-déjeuner de Lincoln pendant que Katya finissait d'emballer son déjeuner et l'aidait à s'habiller. Je me suis douché, rasé, puis j'ai mis un costume. Pour aller au bureau, je porte en général un jean et un tee-shirt ; Lincoln m'a demandé pourquoi je m'habillais bizarrement. Je lui ai dit que j'avais une réunion. Katya a ajouté qu'il était l'heure d'aller à l'école. Je les ai embrassés et suis parti pour le tribunal.

Je suis entré dans la salle de la 175e cour fédérale du comté de Harris et j'ai bavardé avec Loretta, l'une des greffières. Je ne l'avais pas vue depuis août, et l'exécution de Leroy Winter, mon client. Il était emprisonné pour une agression sexuelle sur un mineur quand il a tué un gardien. Il justifiait son acte en disant que celui-ci l'avait violé. C'était peut-être vrai, mais ce n'est jamais une bonne idée de tuer un gardien de prison. Loretta m'a dit qu'elle était désolée pour Winter. Elle mentait. La plupart de ses amis sont flics. Elle disait ça par politesse, et je lui en ai su gré.

— Merci, Loretta.

— C'est votre femme qui a dû choisir votre chemise et votre cravate : elles sont assorties.

J'ai souri :

— Vous me connaissez bien… Pouvez-vous appeler la procureur, et lui dire que je suis là ?

Quelques minutes plus tard, Shirley, la procureur, est entrée dans la salle d'audience. En attendant que la juge arrive, nous avons bavardé à propos des vacances, dont la date approchait.

— Avec ma femme, nous allons faire du kayak, lui ai-je dit.

— Et nous, ça sera la côte nord-ouest du Pacifique.

Elle m'a demandé depuis combien de temps je pratiquais le kayak, et moi si elle était déjà allée à Seattle.

La plupart de mes confrères ne l'aiment pas, mais Shirley et moi nous entendons très bien. Pour moi qui ai jadis été partisan de la peine de mort, il n'est pas trop difficile de ressentir de la sympathie pour ceux qui y sont encore favorables.

J'ai discuté avec deux de mes anciens étudiants, qui sont devenus procureurs adjoints. Ils m'ont demandé comment ça se passait à la faculté de droit où j'enseigne, et nous avons parlé de leur carrière. La juge est entrée, un huissier nous a crié de nous lever. Les avocats et les procureurs s'affairaient, essayant de conclure des marchés, ou se contentant d'échanger les potins du tribunal. Lorsque aucun procès ne s'y déroule, les salles d'audiences criminelles ressemblent beaucoup à un bazar du Moyen-Orient.

Un homme accusé de possession de stupéfiants se tenait devant la juge, entre la procureur et son avocat, qu'il avait rencontré à peine cinq minutes plus tôt. Il plaidait coupable. Il avait déjà vécu ce rituel. Il était aussi calme que vous, lorsque vous faites la queue afin de payer une contravention pour stationnement illicite. La juge l'a condamné à une peine de prison couvrant sa détention préventive. À la fin, Shirley et moi sommes allés la voir. Nous avions confronté nos agendas, et nous voulions savoir si elle était disponible le

4 février. La juge a regardé le sien, et noté la date. Shirley lui a tendu un papier. La juge l'a signé sans le regarder.

C'était un ordre d'exécution. Shirley et moi venions de choisir le jour de la mort de mon client. Nous avions planifié l'exécution en fonction de nos vacances. L'ordre donnait instruction au directeur du département de la justice criminelle du Texas de mettre Henry Quaker, le 4 février, « dans une pièce conçue pour y mener à bien une exécution », puis de lui injecter « une ou des substance(s) en quantité suffisante pour causer [sa] mort », et de poursuivre l'injection « jusqu'à ce que ledit HENRY QUAKER soit mort ».

J'arpentais le hall tandis que Shirley faisait une copie de l'ordre d'exécution. Voilà près de vingt ans que je lis ces ordres au style stéréotypé, mais ils me coupent toujours le souffle. J'ai appelé Jerome, qui était en route vers la prison pour rendre visite à Henry. Jerome lui annoncerait lui-même la nouvelle. Je n'aime pas que mes clients soient prévenus de la date de leur exécution par la poste, ou même par téléphone. Je me rends bien compte que c'est absurde. Quelle importance peut avoir la manière dont on vous apprend la date de votre mort ? Sans doute aucune. Sans doute. Mais nous avons tous nos petites habitudes.

Je suis monté dans ma voiture pour me rendre à mon bureau de la faculté de droit. Vous ne verrez pas beaucoup de sans-abri à Houston. Ils sont là, bien sûr, mais à la différence de New York ou San Francisco, où vous devez les enjamber sur les trottoirs, à Houston vous pouvez prétendre qu'ils ne sont pas là, parce qu'il n'y en a pas dans le quartier que vous habitez. Mais je les vois quand je vais au tribunal. J'ai donc toujours sur moi vingt ou trente billets de un dollar. On dit qu'ils se servent de l'argent pour acheter de l'alcool. C'est sans doute vrai, mais je n'ai jamais compris pourquoi ça devrait m'empêcher de leur donner de l'argent. Si j'avais vécu cinq siècles plus tôt, et si j'avais été catholique, j'aurais évidemment été l'un de ces pécheurs qui achètent des indulgences.

Un SDF, Stan, habite avec ses trois chiens et un caddie de supermarché sous l'autoroute où je tourne à gauche. Comment ignorer un homme qui partage avec ses chiens la nourriture qu'il récupère dans les bennes à ordures ? Dans son caddie, il a une raclette, et je lui donne généralement un dollar pour qu'il s'abstienne de laver mon pare-brise, et des biscuits pour ses chiens. La première fois que je lui ai donné de l'argent, il m'a demandé mon nom. Je lui ai dit que mes amis m'appellent Doc.

— D'accord, je vous appellerai Doc, a-t-il dit.

Quand je lui donne des boîtes de thon, ou des crackers et du fromage, il dit :

— C'est gentil, mais je préférerais de la bière.

L'année dernière, à Noël, je lui ai donné un pack de Shiner.

— Ouah. Ça c'est de la bière de qualité. Merci, Doc.

J'ai vu Stan le jour où la juge a signé l'ordre d'exécution de Quaker.

— Eh, Doc, je vous ai déjà vu plus en forme.

J'ai hoché la tête et lui ai donné toute la liasse de billets.

L'histoire de Henry Quaker avait des relents de roman à l'eau de rose. Dorris et lui sortaient déjà ensemble au lycée de Yates. Il portait son cartable, littéralement, et la tenait par la main dans les couloirs. Ils se marièrent une semaine après avoir eu leur bac, en 1983. Daniel, leur fils, naquit sept mois plus tard. Henry voulait subvenir aux besoins de sa femme et de son fils, mais il avait fait de médiocres études. Il n'avait pas de compétences, pas de perspectives. Il s'engagea donc dans l'armée. C'était un gagne-pain, et il pensait qu'il pourrait apprendre un métier afin de s'occuper de sa famille. Ils vivaient dans une base militaire ; Dorris allait à l'école de pharmacie, tandis que Henry apprenait à réparer des machines, et lisait beaucoup. Ils formaient un cliché charmant. Charisse naquit quatre ans plus tard. Henry fit son temps dans l'armée, devint réserviste, et commença à travailler comme soudeur à Houston. Il gagnait deux fois plus qu'à l'armée. Il disait vivre le bonheur parfait. Il buvait une bière avec ses copains à la fin de sa journée de travail, mais rentrait chez lui à temps pour donner leur bain à ses enfants et les mettre au lit. Les samedis soir, Dorris et lui payaient un ado du quartier pour qu'il garde leurs enfants, et ils allaient dîner au restaurant, puis au cinéma.

En 1989, Henry travaillait dans une usine chimique, à Pasadena. Une fuite de gaz déclencha une explosion, d'intensité 3 sur l'échelle de Richter. On sentit la terre trembler à des kilomètres à la ronde. Henry s'en sortit sans une égratignure, mais ses deux meilleurs amis périrent brûlés dans un énorme incendie que les pompiers mirent un jour et demi à éteindre. Henry les entendit crier, d'abord au secours, puis dans leur agonie. Leurs corps furent littéralement consumés par les flammes.

Une semaine plus tard, il était de retour au travail. Entre la date de son retour et celle où il tua sa famille, il ne s'absenta pas un seul jour de son travail. Mais il arrêta de lire et d'aller boire une bière à la fin de sa journée. Selon ses collègues, il était devenu maussade et renfermé. Ils disaient qu'il avait l'air d'un homme sous hypnose. Personne ne se souvenait de la dernière fois où il avait ri ou même souri.

Lorsque les policiers arrivèrent après l'appel d'urgence, Sandra Blue leur dit que Dorris et Henry étaient séparés depuis quelques mois. Elle ne le connaissait pas très bien, ajouta-t-elle. Il était calme. Lorsqu'elle le voyait le matin avant qu'il déménage, il était toujours poli, la saluait de la main, lui disait bonjour, demandait de ses nouvelles. Il passait encore beaucoup de temps avec les enfants, à jouer au basket ou à chat, à leur acheter des glaces. Même après leur séparation, Henry venait deux fois par semaine à la maison pour chercher les enfants. Il les adorait. Sandra ne l'avait jamais entendu leur crier dessus, et elle n'avait jamais vu ou entendu Henry et Dorris se disputer.

Selon elle, il était exclu que Dorris ait eu une liaison. Son mari était l'amour de sa vie.

La police trouva Henry sur un chantier de construction, au centre médical. Il était assis à califourchon sur une poutre, au onzième étage, en train de souder. On le soupçonnait, car le conjoint est toujours suspect. Quand les flics lui dirent pourquoi ils étaient là, il se mit à hurler.

Il gagnait plus de trente mille dollars par an, avait une bonne couverture médicale. Lorsque le divorce commença à se profiler, il dit à Dorris qu'ils feraient mieux de rester mariés jusqu'à ce qu'elle trouve quelqu'un d'autre, afin qu'elle et les enfants continuent à bénéficier de son assurance maladie, nettement meilleure que celle de Dorris. La police demanda à Henry si elle pouvait fouiller son véhicule. Il donna son accord. Un inspecteur vit des taches ressemblant à du sang. Il lut ses droits à Henry. Le lendemain, après avoir fait un test ADN, le laboratoire annonça que c'était le sang de Daniel.

Après que nous eûmes choisi la date de la mort de Henry Quaker, j'ai quitté le tribunal pour aller à mon bureau de la faculté. J'ai demandé à mon assistant d'envoyer un e-mail à mes étudiants leur annonçant que mon cours était annulé. J'ai fermé ma porte et me suis assis pour jouer au poker sur Internet. J'ai misé deux dollars dans un tournoi. Quatre heures et demie plus tard, j'en avais gagné trente-sept. Je me suis servi un petit verre de bourbon, et je suis rentré chez moi.

Katya était dans la cuisine, préparant des pâtes pour Lincoln qui était assis à table en train de lire. Il a levé les yeux :

— Salut, p'pa.

Katya m'a regardé et a demandé ce qui n'allait pas. J'ai essayé de me forcer à sourire, mais n'y suis pas parvenu. Lincoln a demandé :

— Tu as encore donné tout ton argent, p'pa ?

Quand il a eu deux ans, je me suis rendu compte qu'il était plus intelligent que moi. J'ai dit :

— Quaker, ça sera le 4 février.

Katya a enlacé mes épaules. Lincoln s'est approché et a passé ses bras autour de ma taille, en disant :

— On dirait que c'est l'heure des embrassades en groupe.

J'ai touché ses cheveux, puis le lobe de son oreille. Il a demandé :

— M'man, les pâtes sont prêtes ? J'ai faim.

Henry avait dit à son avocat, Jack Gatling, que, selon lui, Dorris avait peut-être une liaison, commencée six mois environ avant sa mort. Il n'en était pas sûr. Il n'en savait pas plus car il n'avait pas posé la question. Il ne l'avait pas posée parce qu'il ne voulait pas savoir. Il ne voulait pas savoir parce que, quoi qu'elle ait fait, c'était sa faute à lui.

Son avocat lui demanda s'il avait une liaison. Henry le regarda comme s'il venait de cracher une souris. Il secoua la tête et lui dit que Dorris était la seule femme qu'il avait aimée et avec laquelle il avait couché. Sur son bloc, Gatling écrivit le mot « amoureux ». Il griffonna un cœur brisé. Ces morceaux de papier se trouvaient dans mon dossier. Lorsque je les ai montrés à Henry, il a souri. Il avait dit à Gatling que Dorris avait parlé pour la première fois de divorce deux ans avant leur séparation. Il avait rapporté leur conversation :

— Tout ce que tu veux, chérie.

— J'aimerais que tu redeviennes comme avant.

— Moi aussi. Je ne sais pas comment faire, mais je vais essayer.

Il dit à son avocat qu'il aimait sa famille, même s'il ne le montrait pas. Il aurait été incapable de lui faire du mal. Gatling mit un point d'interrogation derrière le mot « amoureux ».

Le contremaître du chantier où travaillait Henry témoigna lors du procès que ce dernier était déprimé. Le voisin de Sandra Blue, à deux maisons de celle des Quaker, dit au jury qu'il avait vu dans l'allée un véhicule semblable à celui de Henry aux environs de 20 heures. Il se souvenait d'une partie de l'immatriculation. Un expert en tests ADN expliqua que le sang trouvé dans le véhicule de Henry était celui de son fils.

Un policier dit que les trois victimes avaient été abattues avec un pistolet de calibre .22, et que Henry possédait une arme de ce type. Les policiers fouillèrent la maison et le véhicule de Henry à la recherche du pistolet. On ne le retrouva jamais. Un employé du service des ressources humaines de l'entreprise où travaillait Henry montra au jury des copies des formulaires sur lesquels celui-ci s'était désigné lui-même comme bénéficiaire des assurances vie qu'il avait contractées pour son épouse et ses enfants ; leur mort lui rapportait un demi-million de dollars. Gatling ne convoqua aucun témoin pour la défense. Il dit au jury que l'accusation contre Henry reposait entièrement sur des présomptions. C'était vrai, bien sûr, mais il n'avait mis en doute aucune de ces présomptions. Dire qu'il avait bâclé sa plaidoirie serait le flatter. Malgré tout cela, il fallut plus de six heures au jury pour déclarer Henry coupable.

Pendant la phase du procès visant à déterminer la peine, au cours de laquelle le procureur demande au jury de condamner l'inculpé à mort, et l'avocat de la défense plaide pour sa vie, Gatling ne fit comparaître aucun témoin. Il n'avait rencontré personne qui ait connu Henry par le passé et aurait pu parler de lui au jury. Toujours la même chanson : il s'attendait à un acquittement, et ne s'était donc pas préparé à une telle procédure. Quand Henry dit à Gatling qu'il voulait témoigner, il lui répondit que c'était une mauvaise idée, et Henry se plia à son avis. Gatling ne prononça pas de plaidoirie finale. Il expliqua plus tard qu'il en avait décidé ainsi car il pensait qu'en ne disant rien, il coupait l'herbe sous le pied du procureur. La juge dit que c'était le seul procès pour meurtre dont elle ait entendu parler au cours duquel l'avocat de la défense n'ait pas imploré le jury d'épargner la vie de son client.

Il fallut trois heures au jury pour condamner Henry à mort.

J'ai lu les minutes du procès après qu'un juge fédéral m'eut désigné pour représenter Henry lors de son appel devant la cour fédérale. Comme disait Yogi Berra [1], c'était encore de nouveau du déjà-vu. Entre-temps, Gatling était mort d'une cirrhose du foie, mais sa tactique lors du procès de Quaker avait été exactement la même que celle qu'il avait employée pendant le procès de Derrick Raymond, mon premier client. Il n'avait rencontré aucun témoin. Produit aucune preuve. Il ignorait totalement quels témoins le ministère public allait appeler à la barre. Henry me dit que Gatling empestait l'alcool dès 8 heures du matin, et s'était endormi à l'audience, ce que me confirma le greffier.

Le cas de Quaker présentait une autre ressemblance avec celui de mon premier client. L'avocat qui avait représenté Quaker pendant le premier appel devant le tribunal d'État avait oublié de se plaindre des insuffisances de l'avocat lors du procès en première instance. Or celui-ci n'avait pas dépassé la date limite pour remettre ses conclusions, mais il aurait aussi bien pu le faire. Il ne présenta pas un seul argument bien construit, alors qu'il avait l'embarras du choix. C'est un problème : comme je l'ai dit plus tôt, les cours fédérales ne tiennent compte d'aucun argument que les tribunaux d'État n'ont pas examiné auparavant. Le tribunal

1. Joueur et entraîneur de base-ball, célèbre pour ses formules souvent incohérentes.

d'État ne s'était pas penché sur l'incompétence éventuelle de l'avocat de Quaker en première instance, car celui qui le représentait en appel n'avait pas soulevé ce point. En d'autres termes, Gatling n'était pas le seul mauvais avocat à s'être occupé de cette affaire. Celui qui défendait Quaker lors de l'appel était lui aussi incompétent. Je comptais tenter de retourner devant le tribunal d'État pour stigmatiser l'incompétence de Gatling, mais ces tribunaux ont une règle : si on ne soulève pas un problème la première fois, on ne peut plus l'évoquer par la suite. J'allais me retrouver paralysé. La cour fédérale refuserait d'examiner cette question parce que le tribunal d'État ne l'avait pas fait, et quand je demanderais à ce dernier de l'examiner afin que je puisse m'en servir devant la cour fédérale, il refuserait parce que les avocats précédents de Quaker avaient oublié de l'évoquer.

— Je ne suis pas optimiste, ai-je dit à mon client.

— C'est une situation à la *Catch 22* [1], non ?

J'ai hoché la tête.

— J'adore ce livre, a-t-il ajouté.

Normalement, la première chose que fait un avocat avant un procès en appel où se joue la vie de son client, c'est de mener une enquête complète : trouver des témoins auxquels les avocats précédents n'ont pas parlé, rencontrer les jurés, reconstruire toute l'affaire. Mais une telle enquête n'avançait à rien si je ne trouvais pas d'abord une manière de la rendre utile. Pourquoi passer des journées entières à échafauder des arguments qui

1. Roman de Joseph Heller (1961) dont le personnage principal, un officier, feint la folie pour éviter les missions dangereuses, mais l'armée de l'air affirme que ce désir même prouve qu'il n'est pas fou.

ne serviraient à rien ? Les avocats spécialistes de la peine de mort ont de nombreux clients, et nos journées ne comptent que vingt-quatre heures, comme celles du reste de la population. Une heure passée sur une affaire est une heure que l'on ne consacre pas à une autre affaire. Selon Jerome, les doutes sur la culpabilité de Henry étaient suffisants pour que nous cherchions à montrer qu'il était peut-être innocent. En cas de succès, la cour nous faciliterait peut-être les choses. Je n'étais pas d'accord. Il était vain de chercher une aiguille dans une meule de foin sans même savoir si elle s'y trouvait. Au lieu de cela, mieux valait essayer d'obtenir du tribunal qu'il accepte de nous laisser reprendre l'enquête depuis le début. Nous ne trouverions peut-être rien, mais au moins, si nous dénichions de nouveaux éléments, la cour nous écouterait.

Nous avons donc adressé une requête à la cour fédérale, affirmant que Henry avait été représenté par un avocat incompétent, et que si ce problème n'avait pas été soulevé lors de l'appel devant le tribunal d'État, c'est pour l'unique raison que son avocat était là aussi terriblement nul. Nous ajoutions que la justice la plus élémentaire demandait soit que la cour fédérale se penche sur ces questions, soit que nous soyons autorisés à retourner devant le tribunal d'État afin qu'il les examine. Les juges fédéraux nous ont envoyés bouler. Nous avons essayé les mêmes arguments, cette fois devant le tribunal d'État. Les juges nous ont dit qu'il y avait eu une fenêtre de tir, mais qu'elle était derrière nous.

Rien ne marchait. Henry n'aurait pas droit à un procès en appel sérieux, dans lequel un juge examinerait la validité de ses procès précédents.

— Nous devrions quand même enquêter sur le fait qu'il est peut-être innocent, a dit Jerome. S'il n'est pas coupable, la justice devra en tenir compte.

— On a trouvé le sang de son fils dans son véhicule ; il avait pris une assurance sur la vie de sa famille ; son arme, du même calibre que celle du meurtrier, a disparu ; il n'y a pas d'autres suspects. Comment prouver qu'il est innocent ?

Gary et Kassie ont regardé Jerome.

— C'est la seule possibilité qu'il nous reste, a-t-il répété.

C'était un argument de poids.

Une semaine après que la cour d'appel fédérale se fut prononcée contre nous, je vis l'un des juges devant un restaurant, attendant que le voiturier aille chercher son véhicule. Il avait rédigé les conclusions défavorables à Quaker. C'est un homme soi-disant débordant de compassion, catholique fervent, et capable d'efforts extraordinaires pour confirmer une condamnation à mort. Moi aussi, j'avais l'habitude de diviser ma vie en cases. J'avais différents groupes d'amis, qui ne s'étaient jamais rencontrés, et tous connaissaient des aspects différents de ma personnalité. J'ai de la sympathie pour les gens dont les vies sont divisées en compartiments séparés par des murailles de Chine. Je comprends ce juge. Il me rappelait l'être malheureux que j'avais été. Je me tenais derrière lui, espérant qu'il ne remarquerait pas ma présence. Mais il me vit quand sa voiture arriva. C'était un petit homme, il me donna une accolade, et ses bras ne dépassèrent pas mes épaules. Il me dit qu'il avait assisté une semaine plus tôt à une conférence de sœur Helen Prejean [1]. Jamais il n'avait été aussi ému, c'était une femme exceptionnelle. Il monta dans sa voiture, me fit un signe de la main, et s'en fut.

1. Religieuse catholique militant pour l'abolition de la peine de mort.

Quelques années plus tôt, sœur Helen avait donné une conférence à la faculté de droit où j'enseigne. La salle était bondée. Elle avait parlé plus d'une heure, sans notes. Elle présentait un mélange d'humilité et d'autorité morale comme jamais je n'en ai vu. Peu après, nous sommes allés, quelques collègues et moi, boire un verre avec elle. C'était la première fois que je buvais un coup avec une bonne sœur. Elle a dit :

— Vous savez, le soutien à la peine de mort est long d'un kilomètre, mais profond de quelques centimètres seulement. Voilà ce que j'en pense.

— Moi, ma sœur, ai-je répondu, je pense qu'il suffit de quelques centimètres d'eau pour se noyer.

Elle s'est mise à glousser comme une poule dans une basse-cour.

Trois mois plus tard, j'ai reçu un courrier. La Cour suprême avait refusé d'examiner notre appel.

Le jour où je suis allé lui annoncer la nouvelle, le visage de Henry Quaker s'est fermé. Comme c'est presque toujours le cas, il conservait de l'espoir. J'avais essayé de le réduire, mais mes efforts s'étaient révélés infructueux. Là est le problème : s'il reste en vous une étincelle d'espoir, l'homme désespéré qui vous observe va s'en rendre compte, l'alimenter, l'attiser, et s'y accrocher, quoi que vous lui disiez. Cela ne relève pas seulement de la nature humaine, mais de l'instinct de survie. Je lui ai parlé en jargon de juriste pour éviter d'avoir une vraie conversation : nos demandes avaient été rejetées par le tribunal d'État et nous n'avions pas pu les mener à leur terme. Ce tribunal avait pris une décision qui nous était défavorable sur des bases légales indépendantes et justifiées, et la cour fédérale ne pouvait donc pas examiner la valeur de nos conclusions. J'ai ajouté que la Cour suprême ne s'intéressait pas à la manière dont les barrières procédurales faisaient obstacle à ses droits fondamentaux. J'ai fait une pause. Quaker a secoué la tête, comme s'il sortait d'une piscine. Il a dit :

— Jamais je n'aurais tué ma famille.

Une seule chose est pire que d'être un dégonflé : c'est de se sentir coupable de l'être. Je pouvais à peine le regarder en face.

Depuis notre première rencontre, Quaker avait clamé son innocence. Je n'y avais guère prêté attention. Il est difficile de prouver l'innocence de quelqu'un. Où vous trouviez-vous à 20 heures, jeudi soir, il y a dix ans ? Mon seul espoir était de trouver un juge qui s'intéresse à la manière injuste dont Quaker avait été traité. J'avais une bonne raison de dire à Jerome que nous n'allions pas perdre de temps et d'argent à prouver son innocence : même si je ne pouvais pas prouver qu'il n'était pas coupable, je pouvais en revanche démontrer qu'il n'aurait jamais été condamné s'il avait eu un avocat compétent. Mais je n'avais pas su trouver de chemin dans le dédale des procédures qui nous avaient empêchés de présenter nos arguments. J'étais désarmé.

Ou presque. Lorsqu'il me reste une dernière flèche, il me faut la tirer, même si la cible est hors d'atteinte. Ils peuvent exécuter mes clients, mais je peux leur compliquer la tâche. Certains avocats appellent cela « mettre un grain de sable dans les rouages ». Pour moi, il s'agit simplement de faire mon travail. Mon but est de sauver la vie de mes clients. Je refuse d'échouer sans avoir utilisé toutes les armes dont je dispose. J'étais également soutenu par la conviction que Quaker ne devait pas être exécuté, même s'il avait tué sa femme et ses enfants. Je ne sais pas pourquoi je pensais ça. Il n'y a rien de pire que les gens qui s'en prennent à des enfants. Mais on ne décide pas toujours de ses pensées.

— Je peux présenter un nouvel appel devant le tribunal d'État affirmant que vous êtes innocent, mais il sera impossible d'en apporter la preuve. On perdra, mais on peut essayer.

— Vous donnez pas cette peine, mon vieux.

— Qu'est-ce que vous voulez dire ?

— Je sortirai d'ici que les pieds devant, non ? Je suis prêt.

— Si vous êtes en train de me demander de renoncer à faire appel, je ne peux pas le faire sans qu'un psychologue vous examine d'abord.

Je bluffais. Il ne lui restait plus aucune possibilité d'appel. Il m'a demandé :

— Vous avez une famille, non ?

Je suis resté muet, il a poursuivi :

— Vous voudriez rester en vie s'ils étaient tous morts, et si tout le monde était convaincu que c'est vous qui les avez tués ?

Depuis la classe de quatrième, jusqu'à ma dernière année d'université, je ne me suis jamais senti rassasié. Je mangeais des hamburgers et des glaces au petit-déjeuner. Au lycée, je sortais du campus pour déjeuner dans des pizzerias où on mangeait à volonté, et j'engloutissais quinze ou vingt parts de pizza, suivies d'une demi-douzaine de morceaux de poulet frit. D'autres jours, je mangeais quatre doubles hamburgers au Burger King, avec deux portions de frites et une de rondelles d'oignon en beignet. Après l'école, avant le dîner, je mangeais une demi-douzaine de tacos. Au lycée, nous mangions le week-end dans un restaurant où on servait des steaks à volonté, juste à côté de la plus célèbre boîte de strip-tease de Houston ; je mangeais six ou sept steaks, une pomme de terre au four, une salade, et une miche de pain. Le dimanche, avec mon colocataire, nous allions dans une pizzeria et commandions chacun deux grandes pizzas. Pendant les vacances d'été, avec mes deux frères, nous discutions jusqu'à l'aube : je m'installais, un pot de glace de deux litres sur les genoux. Je mesurais 1,78 mètre et pesais 85 kilos.

Quand j'étais enfant, ma famille mangeait kascher. Les huit jours de la pâque juive, il n'y avait pas de pain à la maison. Pendant ma première année au lycée, j'eus faim dès le milieu de l'après-midi du troisième jour de la pâque. J'allai au Jack-in-the-Box commander un triple hamburger et quatre tacos. Je pensais manger le tout en route vers la maison. Il n'y aurait aucune preuve de mon infraction. Je finis les tacos et attaquai le burger. À trois pâtés de maison de chez moi, une voiture brûla un feu rouge. Je freinai à mort. De la laitue, des pickles, des oignons, des tomates, du ketchup et de la sauce se répandirent partout. Je m'arrêtai et ramassai les morceaux de laitue sur le sol de la voiture. Quand ma mère me demanda d'où je venais, je répondis que j'étais à la bibliothèque.

Ce soir-là, à l'heure du dîner, je déclarai que je n'avais pas très faim. Cela faisait des années que je n'avais pas dit une chose pareille. Les gens coupables disent et font des choses inexplicables.

En rentrant chez moi depuis la prison, j'ai appelé le cabinet et dit à Jerome qu'il avait raison. Je lui ai demandé de coucher par écrit les meilleurs arguments dont nous disposions pour prouver l'innocence de Quaker.

Deux jours après ma visite à Quaker, j'ai reçu deux lettres de la prison. L'une venait d'Ezekiel Green. Comme je l'avais promis à Katya, je lui avais écrit pour le remercier de m'avoir reçu. Et comme d'habitude, Katya avait raison. Green s'excusait de s'être mis en colère. Il disait que ses médicaments ne lui faisaient pas assez d'effet, et qu'il était constamment à cran. Il me priait de retourner le voir.

L'autre lettre venait de Quaker : « Je comprends combien c'est dur pour les gars qui font ce que vous faites, mais je sais ce que je veux. On m'a dit que vous aviez représenté Van Orman. C'est un mec sympa, vraiment cool. Je vous félicite d'avoir fait ça, mais je ne veux pas être comme lui, vous voyez ? J'espère que ça ne vous mettra pas en colère. »

Je comprenais son point de vue. Van Orman avait été condamné à mort pour avoir poignardé un livreur de pizzas. La police l'avait arrêté parce qu'il avait payé sa bière dans un bar du voisinage avec un billet de dix dollars couvert de sang frais. Une date d'exécution fut fixée. Un juge nous désigna pour représenter Van Orman lors d'un procès où la seule question à trancher était de savoir si c'était un arriéré mental. C'était bien le cas. Il ne sait pas compter la monnaie, attacher ses lacets, ou faire bouillir de l'eau. Même si sa vie en dépendait, il serait incapable de lire un plan de la ville. Van Orman est un grand type doux, si évidemment débile que le procureur s'est contenté de jouer son rôle en disant qu'il ne l'était pas ; quand le juge s'est rendu à nos arguments, le procureur n'a pas fait appel.

Mais ce n'est pas à cela que faisait allusion Quaker.

Au cours de notre enquête, nous avions également appris que Van Orman n'était pas l'auteur du meurtre. Il se trouvait sur les lieux du crime, mais il n'avait pas poignardé le livreur, et jusqu'au bout il n'a pas eu la moindre idée de ce qui allait arriver. Il croyait qu'avec deux de ses copains, il allait manger des pizzas en regardant un match de base-ball. La sonnette de la porte a retenti, et l'un des autres types a poignardé le livreur, puis pris ses pizzas et son portefeuille. Van Orman, un costaud, a aidé son ami à mettre le corps dans sa voiture. Lors du procès, nous avons présenté la preuve de l'innocence de Van Orman. À la fin de l'audience, l'un des huissiers s'est approché de moi, m'a serré la main, et a dit que selon lui, le juge devrait ordonner la libération de Van Orman. Mais ce n'était pas le problème : il s'agissait de savoir s'il était débile, et nous avons pu démontrer qu'il l'était. Voilà comment il a quitté le couloir de la mort.

C'est pour cela que Quaker me félicitait, et pour cela qu'il disait qu'il ne voulait pas subir le même sort : au lieu d'être exécuté, Van Orman passera le reste de sa vie en prison pour un crime qu'il n'a pas commis.

Mais je suis avocat, je défends des condamnés à mort, et Van Orman ne sera pas exécuté. Je considère donc cela comme une victoire. L'un de mes clients s'est suicidé une semaine avant son exécution. C'est une victoire. Un autre est mort du sida. Une victoire.

Randy Baze, un autre de mes clients, a lui aussi quitté le couloir de la mort. Il avait dix-sept ans quand, avec deux de ses copains, il a volé une voiture en tuant son propriétaire. Je perdais un appel après l'autre quand la Cour suprême a accepté de statuer sur le droit des États à exécuter des gens âgés de moins de dix-huit ans lorsqu'ils commettent un meurtre. Après que la Cour eut pris une décision qui nous était favorable, Baze a essayé de rester quand même dans le couloir de la mort. Il ne voulait pas s'en aller. Il savait que s'il se retrouvait dans une prison ordinaire, il tomberait tout en bas de ma liste de priorités, comme ce fut le cas pour Van Orman, et il avait raison. Son affaire présente encore de nombreux aspects litigieux, mais ce n'est plus une question de vie ou de mort. Je ne sais même plus de quoi il s'agit.

Un jour, si j'ai le temps, je retournerai devant les tribunaux pour obtenir la liberté de Van Orman et de Baze.

Si j'ai le temps.

Je suis rentré à la maison et me suis servi un verre du coûteux bourbon qu'avait acheté Katya pour notre anniversaire de mariage. Elle buvait du vin.

— Tu as gagné le droit de boire ça, aujourd'hui ? a-t-elle demandé.

— Je crois que oui. Personne n'a été exécuté.

— Pour une fois...

Nous avons trinqué, elle a ajouté :

— J'ai acheté un poulet pour que tu le fasses rôtir. Et Lincoln voudrait que tu mettes le bréchet de côté.

Depuis la bibliothèque, celui-ci a crié :

— Salut, p'pa. Maman a dit que tu le garderais pour qu'on le casse demain matin, quand je prendrai mon petit-déjeuner.

— D'accord.

— Tu veux bien me lire une histoire ?

Nous sommes montés tous les trois dans sa chambre. Après lui avoir lu un livre et raconté une histoire, avant que Katya et moi lui souhaitions bonne nuit, j'ai dit :

— Eh, amigo, quel vœu tu vas faire si tu as le plus gros morceau de l'os demain ?

— Je ne devrais pas te le dire, mais je vais quand même le faire. Je vais souhaiter d'avoir une belle vie. Et tu sais quoi, p'pa ? Mon vœu s'est déjà réalisé.

J'ai parlé à Katya de la lettre de Quaker. Elle a dit :

— Tu ne peux pas l'obliger à faire appel s'il ne le souhaite pas.

— En fait, je crois que si. Il n'a pas le droit de laisser l'État l'exécuter pour un crime qu'il n'a pas commis.

— Comment vas-tu prouver qu'il est innocent ?

— C'est une bonne question. Il a parlé de Van Orman.

— Van Orman est incapable de vivre hors d'une institution. S'il n'était pas en prison, il serait interné, ou SDF. Tu ne l'as pas trahi. Grâce à toi, il a la meilleure vie possible.

— Il y a eu bien des compromis sur la route qui mène à mon horizon.

— Heureusement que tu ne me l'as pas chanté. On passe à table ?

Selon celui à qui vous posez la question – Katya ou moi –, nous sommes sortis ensemble sept ans, ou deux, avant de nous fiancer. Elle me taquine à propos du temps qu'il m'a fallu pour me décider. C'est parce que Katya est exactement le genre de femme que je n'aurais jamais cru épouser. Elle est belle, athlétique, compréhensive, et elle a un tempérament d'artiste. Je suis studieux, bûcheur, et rancunier. Le fait de tomber amoureux d'elle a créé en moi une dissonance cognitive qui a mis du temps avant de se dissiper. Je n'écris pas assez bien pour savoir le dire sans avoir l'air idiot, mais j'ai décidé de la demander en mariage le jour où j'ai compris qu'avec elle, les sujets de conversation ne feraient jamais défaut, et que je ne me lasserais jamais de la regarder. Après deux ans et demi de mariage, elle était enceinte.

Nous n'essayions pas de ne pas avoir d'enfant, pas plus que d'en avoir un. Notre vie nous plaisait. Une ou deux fois par semaine, nous sortions au restaurant ou au cinéma, ou nous allions boire un verre quelque part. Nous parlions de livres. Environ une fois par mois, Katya allait danser. (Ça, elle le faisait sans moi ; comme disait l'inspecteur Harry, un homme doit connaître ses limites.) Pendant le petit-déjeuner, nous nous lisions des histoires que rapportait le journal.

La nuit où nous avons appris l'arrivée prochaine de Lincoln, nous avions vu *American Beauty* avant de retrouver trois autres couples pour dîner. Nous avions bu de nombreux cocktails. À 2 heures du matin, Katya a été malade. Elle a vomi sa nourriture, puis des sucs gastriques, puis a été secouée de spasmes sans plus rien vomir, avant de rejeter du sang écumeux, rouge. J'étais terrifié. Elle était trop épuisée pour avoir peur. Je l'ai emmenée à l'hôpital. Elle a encore vomi deux fois en marchant de la voiture à l'entrée des urgences. Avant qu'elle ait fini de remplir les papiers, l'infirmière a dit :

— C'est un calcul rénal, mon ange. Vous en avez déjà eu ?

Ils lui ont administré par intraveineuse un sédatif et un médicament contre la nausée. Ses yeux se sont fermés. J'ai demandé à l'infirmière :

— Vous pouvez me donner quelque chose ?

Elle a souri, croyant que je plaisantais. Je lui ai dit :

— Non, vraiment, j'en ai besoin.

À 4 heures, le médecin est arrivé, a jeté un coup d'œil à sa feuille de température, et dit qu'il était presque sûr qu'il s'agissait d'un calcul rénal. Mais pour s'en assurer, ils allaient quand même faire une radio. J'ai senti que je m'affaissais tant j'étais soulagé. Ils l'emmenaient sur un fauteuil hors du box quand une infirmière est entrée, un papier à la main, qu'elle a tendu au médecin. Il l'a regardé et a souri comme on sourit dans les films. Un test de grossesse fait apparemment partie de la procédure de routine. Il nous a félicités.

Deux mois après la naissance de Lincoln, nous étions assis sur un banc, dans Hermann Park, à regarder passer les bateaux à aubes. On sentait les prémices de l'automne. L'air était chargé de fumée émanant des barbecues, et l'odeur des hamburgers en train de cuire me donnait faim. À ce moment-là, j'essayais d'obtenir un nouveau procès pour un immigrant illégal, car les procureurs avaient écarté du jury tous les Noirs et les Latino-Américains. Mon client avait tué une femme enceinte et sa fille, âgée de quatorze ans. Cela n'avait absolument rien à voir avec les questions juridiques soulevées lors de l'appel, mais les juges ne pouvaient en aucune manière ne pas en tenir compte. Je me disais que je n'avais aucune chance de gagner.

Winona était couchée à nos pieds, Lincoln dans sa poussette. Katya le poussait en avant, puis en arrière. Elle regardait l'eau. Elle a dit :

— Si tu es absent quand tu es avec nous, tu ferais aussi bien de rester à la maison.

Un matin, peu avant que Lincoln ait deux ans, je préparais du café dans la cuisine tandis que Katya l'habillait. Elle me demanda d'allumer la télé pour regarder *Today*. Là, parlant à Katie Couric, la journaliste, se tenait la mère de Clay Peterson. Il était mort. Il avait été tué par mon client, Johnny Martinez, lors d'un hold-up dans un commerce de proximité. Martinez l'avait poignardé à huit reprises. La caméra du magasin avait enregistré le meurtre, et la mère de Clay Peterson avait regardé la vidéo de son fils en train de mourir en se vidant de son sang. Elle m'a dit qu'elle l'avait visionnée au moins cent fois. Elle avait ainsi l'impression d'être proche de son fils, de l'accompagner pendant son agonie. Elle passait à la télé parce que cette semaine-là, on faisait des sondages d'audience, et le public était plein de curiosité à son égard. C'était une femme profondément croyante dont le fils faisait des économies pour étudier afin de devenir pasteur, avant que sa vie ne s'achève brutalement. Elle avait rendu visite à Martinez pendant près de quatre heures, une semaine avant la date prévue pour son exécution. Après cette rencontre, elle avait écrit au gouverneur du Texas pour l'implorer d'épargner la vie de Martinez.

La mère de Johnny était une héroïnomane qui vendait les jouets de ses enfants pour s'acheter sa dose. Son voisin le filmait en train de se masturber. Je crois qu'on trouve toujours la vidéo sur Internet. Aucune décision de justice n'a jamais éloigné Johnny de sa mère, mais elle n'aurait pas pu être plus absente. C'est sa grand-mère qui a élevé Martinez. La mère de Clay Peterson me dit à la prison, après l'avoir rencontré, qu'elle ne voulait pas que la grand-mère de Johnny perde un enfant et soit obligée de vivre à son tour ce qu'elle-même venait d'endurer. Elle déclara la même chose à Katie Couric.

Le gouverneur du Texas ne peut accorder de grâce si le comité des grâces ne l'y autorise pas. Par huit voix contre sept, celui-ci se prononça contre la commutation de la peine de Martinez, de la mort à la détention perpétuelle. L'un des membres du comité, qui faisait partie de la minorité, m'appela pour me faire part du résultat du vote avant qu'il soit annoncé. Il me demanda de ne parler à personne de ce coup de téléphone. C'était une entorse aux règles. Il avait des larmes dans la voix.

Deux heures avant l'exécution, j'allai voir Martinez dans la cellule de détention provisoire. Quand le membre du comité des grâces m'avait appelé la veille, il m'avait dit :

— Je veux juste vous dire que je ne crois pas que M. Martinez devrait mourir. Depuis dix ans que j'examine ces demandes, j'en ai lu des centaines, et c'est la première fois que je vote pour sauver une vie. Je suis impressionné par l'homme qu'est devenu M. Martinez. J'aurais aimé pouvoir convaincre un autre membre du comité. Vraiment. Je suis désolé, monsieur.

J'ai répété ces mots à Martinez. Il a hoché deux fois la tête et dit :

— Ça n'a aucun sens, mais ça me fait du bien de savoir que tout le monde ne souhaite pas ma mort.

Je suis allé assister à l'exécution avec son frère et sa sœur. Il ne voulait pas que sa mère soit là, mais avait insisté pour que je lui dise qu'il l'aimait. Il savait que son frère ne lui transmettrait pas ce message. Le gardien a dit qu'il était temps d'y aller. Les mains de Johnny étaient menottées et attachées à une ceinture de cuir autour de sa taille. Il a essayé de lever les mains pour serrer la mienne. Je lui ai donné une accolade et dit que j'aurais aimé en faire plus. Il a répondu :

— Vous avez tout fait. Vous avez été le seul. Maintenant, retournez tout droit chez vous quand vous quitterez cet enfer, et prenez votre fils dans vos bras, d'accord ? Serrez Lincoln contre vous jusqu'à ce qu'il s'endorme ce soir, vous voulez bien ?

Je ne lui avais jamais dit le nom de mon fils. Je ne sais pas comment il l'avait appris.

J'ai promis à Martinez que je le ferais, mais quand je suis rentré chez moi après l'avoir vu mourir, Lincoln était déjà endormi. Je l'ai porté de son lit dans le nôtre, et l'ai serré dans mes bras jusqu'à ce que je m'endorme. Il m'a semblé que c'était assez proche de la promesse que j'avais faite.

Je note mes rêves par écrit car ils m'effraient. Ils m'effraient parce que je comprends leur signification.

La nuit de l'exécution de Martinez, j'ai rêvé que Lincoln et moi étions dans une chambre d'hôtel. Il a ouvert la fenêtre. Il faisait froid dehors, je lui ai dit :

— Referme-la, Lincoln.

Il ne m'a pas écouté, et il est monté sur le bord de la fenêtre. Il menaçait de sauter.

— Vas-y, je lui ai dit.

Il m'a regardé, blessé. À la télévision, les consignes de sécurité de l'hôtel passaient en boucle, disant aux gens de ne pas utiliser les ascenseurs en cas d'incendie. J'ai tendu la main vers le dos de Lincoln, voulant le retenir par sa ceinture, mais avant que j'aie pu le faire, il a sauté. Pendant sa chute, je n'ai entendu que le silence. Puis un grand plouf. Il était tombé dans la piscine de l'hôtel. Lorsque je suis arrivé en bas, il s'accrochait au bord, et Katya était déjà là. Je me suis réveillé, baigné de sueur.

Il était presque 3 heures du matin. Pris de violents frissons, je n'ai pas pu me rendormir. Je me suis assuré que Lincoln allait bien, et j'ai enfilé un sweat-shirt. J'ai embrassé Katya sur la joue et me suis servi un verre. La chienne s'est dit que c'était l'heure de sortir, et m'a suivi au rez-de-chaussée. Mais quand elle a regardé dehors, elle a vu qu'il faisait encore nuit, elle a remonté les marches et sauté sur le lit. Je suis allé dans la bibliothèque, avec mon verre, et j'ai détruit l'un après l'autre tous mes fichiers informatiques relatifs à Martinez.

Dans *L'Interprétation des rêves*, Freud prend le parti de ceux qui affirment que « la conscience garde le silence dans nos rêves. L'indifférence éthique règne en maître ». Il se trompait, au moins en ce qui me concerne. Pendant mes rêves, ma conscience hurle jusqu'à me réveiller, me faisant trop peur pour que je retourne au lit.

Quelques jours plus tard, Katya et moi avions invité des amis à dîner. Deux de mes clients avaient été exécutés au cours des dix derniers jours. Elle m'a demandé si je préférais qu'on annule. J'ai dit que non. Ça me détend de cuisiner. J'ai fait cuire une longe d'agneau, avec beaucoup de thym et d'ail, et frire du chou-fleur dans une pâte à la bière. Pendant l'apéritif, Sharon, qui est oncologiste comme son mari, a parlé de sa journée à l'hôpital. J'ai raconté ma semaine, et nous avons comparé nos métiers. Elle a fini son verre et dit :

— Tu n'as jamais envisagé de t'arrêter ?

J'ai réfléchi un instant. Katya a répondu pour moi :

— Non, parce que la culpabilité le torture dès qu'il y pense. S'il passait à autre chose, il aurait l'impression de s'apitoyer sur son propre sort.

Elle a bu une gorgée de vin et m'a regardé. J'ai posé la main sur sa cuisse. Elle m'a demandé :

— Ce n'est pas vrai ?

Ce que vous faites s'explique peut-être par qui vous êtes, mais pourquoi vous êtes qui vous êtes, personne n'a jamais su me l'expliquer. Un jour, j'ai viré un avocat qui quittait tous les jours le cabinet à 17 heures. Il disait qu'il voulait se prémunir contre l'épuisement. Je comprends les gens qui disent qu'ils doivent prendre soin d'eux. Mais je ne peux pas comprendre *pourquoi* ils le disent. Le jour où je l'ai viré, j'ai passé la nuit à travailler à une demande de grâce pour un condamné à mort que je ne représentais pas.

Lorsque mes clients me demandent comment je pense agir dans leur affaire, je ne leur dis pas que je ne le saurai que le lendemain, parce que ce soir-là j'ai des projets : je vais acheter une pizza, puis rentrer chez moi pour jouer au Scrabble et regarder *Bob l'éponge* avec ma femme et mon fils. Quand vous êtes à deux doigts de la mort, vous n'avez pas envie que la seule personne qui peut vous sauver regarde sa montre et décide qu'il est temps d'aller déjeuner.

C'est ce que les patients de Sharon ont en commun avec mes clients : personne ne veut que sa vie dépende d'un étranger qui a peut-être mieux à faire.

Une semaine plus tard, Katya et moi étions attablés devant des martinis dry dans un pub de Downing Street. Je fumais un havane que j'avais rapporté du Mexique. Katya mangeait des olives.

— Tu crois que Quaker est coupable ? a-t-elle demandé.

— Je n'en sais rien.

— À mon avis, tu penses qu'il est innocent, mais tu ne veux pas le dire tout haut.

— Tu me connais bien, hein ?

J'ai rencontré un tas d'avocats qui aimeraient bien représenter un condamné à mort innocent. Prouver son innocence, le faire libérer, devenir un héros, passer à la télé, être adulé, content de soi. Je comprends cette impulsion, mais je tente de les dissuader. J'ai répondu à Katya :

— Tu sais, Kay, quand Jeremy Winston a été exécuté le soir de Halloween, il était vraiment plein de remords. Je m'en suis rendu compte la première fois que je l'ai rencontré. D'un certain point de vue, il avait l'impression qu'il méritait de mourir. C'est pour ça qu'il n'a pas été touché quand je lui ai dit qu'on n'allait pas gagner. Il ne voulait pas gagner.

Winston était entré par effraction par une fenêtre du rez-de-chaussée, et avait enlevé Lucy Romer de son lit, au milieu de la nuit, le vendredi suivant Thanksgiving. À 8 heures, le lendemain matin, la mère de Lucy a trouvé le lit vide. Il y avait du sang sur le bord de la fenêtre, et du verre sur le lit. La police a retrouvé Lucy dans l'après-midi. Elle avait été violée et sodomisée. Elle était morte étouffée. Son crâne était fracassé, sans doute après qu'on eut roulé dessus. Elle avait cinq ans.

Le père de Winston avait été assassiné sous les yeux de son fils quand il avait huit ans. Pendant les sept années qui suivirent, sa mère vécut avec onze hommes différents. Au moins six d'entre eux battaient Winston et sa mère avec une certaine régularité. L'un d'eux tira un coup de feu sur Winston. Un autre le frappa à coups de brique. Un troisième le sodomisa.

— Tu voulais sauver Winston, a dit Katya, mais ce n'est pas ta faute s'il est mort.

— Ça ne m'a jamais beaucoup aidé de me dire ça, tu sais bien. Et pour le coup, si je me mets à croire que Quaker est innocent, c'est la fin des haricots.

— Le fait que tu croies qu'il est innocent n'a rien à voir là-dedans.

J'y ai réfléchi. Je n'arrivais pas à savoir si elle avait mis l'accent sur le mot « tu » ou sur « croies ». Je ne voyais pas la nécessité d'éclaircir ce point. Ça revenait au même.

Jerome, Gary, Kassie et moi nous sommes réunis pour mettre notre stratégie au point. Jerome avait lu le dossier. Il avait remarqué qu'en arrivant sur les lieux du crime, les policiers avaient cherché des traces de poudre sur les mains de Dorris. Les rapports de police ne donnaient pas les résultats du test. Mais Jerome trouvait significatif le fait qu'ils l'aient pratiqué. Ils avaient dû penser qu'elle avait tué ses deux enfants avant de se suicider. Mais pourquoi auraient-ils fait ça, pourquoi auraient-ils examiné ses mains, s'ils n'avaient pas trouvé d'arme près de son corps ? Et si ç'avait été le cas, pourquoi n'était-ce mentionné nulle part dans le dossier ? J'ai dit à l'équipe que j'allais déjeuner avec Melissa Harmon pour essayer d'en apprendre davantage.

Gary et Kassie pensaient qu'il fallait interroger Green à nouveau. Gary avait étudié les registres pénitentiaires, et constaté que Green était détenu à la prison du comté pendant le procès de Quaker. Il avait peut-être entendu parler de quelque chose. Je les ai mis en garde contre le caractère de Green.

— Dis donc, toi tu dis à ce type de bien profiter de la vie, et c'est *lui* qui a mauvais caractère, a dit Kassie.

Je n'ai pas relevé. J'ai dit à Gary de laisser Kassie diriger les opérations lors de la conversation avec Green. Puis j'ai conseillé à celle-ci de mettre son plus joli tailleur.

— Si tu m'invites à déjeuner, c'est que tu as besoin de quelque chose, a dit Melissa Harmon.

Je la connais depuis près de vingt ans. Elle appartenait à la brigade criminelle avant de quitter la police pour ouvrir sa propre agence de détective. Elle mesure 1,57 mètre et pèse peut-être 45 kilos après un solide petit-déjeuner. Elle est aussi ceinture noire troisième dan. Elle a été mariée pendant dix ans à un époux violent. Un jour, je lui ai demandé pourquoi elle ne cassait pas la gueule à ce type. Elle a tourné la tête et ignoré ma remarque. Je n'ai plus jamais posé cette question. Elle m'a rendu un grand service quand je débutais, et j'ai finalement pu le lui retourner en lui trouvant un avocat spécialisé dans les divorces, qui a infligé à son ex-mari toutes les avanies que celui-ci méritait. Quand j'ai besoin du point de vue d'un flic, je fais appel à elle. Je rétribue même parfois ses services.

— Si tu enquêtais sur les lieux d'un crime, peut-il y avoir une raison qui te pousse à croire que la victime s'est suicidée si tu ne trouves pas de pistolet près d'elle ? lui ai-je demandé.

— De quels lieux du crime veux-tu parler ?

Je le lui ai dit, elle a repris :

— C'est Lucas Wyatt qui s'est occupé de cette affaire, non ?

— C'est ça.

— Il est parfois un peu rapide en besogne, mais pas corrompu.

— Ce n'est pas exactement la question que je te posais.

Elle mangeait une saucisse et a regardé mon assiette :

— Je ne comprends pas que tu manges cette espèce de jambon. On dirait un machin diététique. Ce n'est pas aussi bon que ça.

Elle a planté sa fourchette en plastique dans un morceau de saucisse et me l'a agité sous le nez. J'ai attendu, et elle a lâché :

— Non, je ne crois pas que j'imaginerais une chose pareille.

— Et si la victime était une femme ?

Elle a réfléchi un moment :

— Elle avait des enfants ?

— Oui.

— Si les enfants étaient morts, je pourrais envisager l'hypothèse d'un meurtre-suicide.

— Même s'il n'y avait pas d'arme ?

— S'il n'y avait pas d'arme, ce serait une hypothèse très très hypothétique.

— Si Wyatt avait trouvé un pistolet à côté de son corps, ce n'est pas le genre de flic qui oublierait de le mentionner dans son rapport ?

— Non, certainement pas.

— Tu es sûre ?

Elle a fait une pause avant de dire :

— Oui. Sûre.

— Tu as hésité une seconde.

Elle a souri :

— Je te l'ai dit : il n'est pas corrompu. Si je devais passer du temps sur cette affaire bizarre, je ne le perdrais pas à courir ce lièvre-là. Mais on parle de toi, pas de moi… Et je te connais, tu n'en feras qu'à ta tête.

Elle s'est essuyé la bouche et s'est levée pour partir.

— Merci pour le déjeuner, Doc. On remet ça quand tu auras besoin de mes lumières.

Lincoln m'a appelé alors que je retournais au bureau. Il avait appris deux semaines plus tôt à faire du vélo sans petites roues et, depuis lors, c'était la seule occupation qui l'intéressait. Il se levait avec moi à 5 heures, attendait que le jour se lève et, toujours en pyjama, parcourait l'allée de haut en bas jusqu'à l'heure du petit-déjeuner.

— P'pa, tu peux rentrer un peu à la maison pour m'aider à faire du vélo ?

— Nana peut le faire.

— Elle ne court pas assez vite. Elle ne pourra pas me rattraper si je tombe.

— Il faut que tu te débrouilles.

— Tu m'as dit ce matin que tu serais là à l'heure du déjeuner.

Il avait raison. J'avais oublié.

— J'ai eu un souci au bureau, on fera ça demain

— D'accord, p'pa.

Il a attendu que je raccroche.

Pourquoi, quand mon fils de six ans disait « D'accord, p'pa », ma vie tout entière m'apparaissait-elle comme une perte de temps ?

Jerome et Bud Lomax m'attendaient quand je suis arrivé au cabinet. Jerome m'a regardé par-dessus l'épaule de Bud, et a fait les gros yeux.

Bud Lomax était le frère cadet de Dorris – le beau-frère de Henry Quaker. Il avait dix-sept ans quand sa sœur et ses enfants avaient été tués. Au procès de Henry, Lomax avait témoigné : Dorris lui avait dit que Henry était violent. Je ne pouvais pas concevoir qu'un jury ait pu le croire. Ses yeux voletaient comme ceux d'un oiseau qui regarde un chat. C'était un raté, et j'avais du mal à imaginer comment on pouvait croire que Dorris lui ait confié quoi que ce soit d'important. Il avait ajouté que Dorris avait peur de Henry et qu'un jour, elle lui avait dit qu'il avait menacé de la tuer. L'avocat de Henry ne lui avait pas posé une seule question lors du contre-interrogatoire. Trois mois plus tôt, Bud avait appelé notre cabinet, parlé à Jerome, et dit qu'il avait besoin de nous voir. Il avait alors avoué à Jerome qu'il avait menti au cours du procès.

Jerome se rendit à l'appartement de Bud. Celui-ci lui dit que le lendemain de la découverte des corps, un inspecteur était venu le voir et lui avait parlé on ne peut plus clairement :

— C'est Henry le meurtrier. Ça nous aiderait si vous pouviez vous rappeler les disputes entre Henry et Dorris dont vous avez été témoin.

— Je ne me souviens d'aucune dispute. Henry et Dorris s'aimaient.

— Ça serait honteux que Henry soit disculpé du meurtre de votre sœur, simplement parce que votre mémoire est défaillante.

L'inspecteur revint quatre ou cinq fois. Au bout du compte, Bud retrouva la mémoire.

Dans cette affaire, ni le premier témoignage de Bud ni sa rétractation n'avaient grande importance. Le mobile est surévalué dans les procès criminels. Les gens tuent pour de bonnes raisons, de mauvaises raisons, et pas de raisons du tout. Mais dans ce cas particulier, les preuves contre Henry étaient si minces que tout importait.

Bud avait passé vingt mois en prison pour détention de stupéfiants. Lorsqu'il a appelé Jerome, il avait vingt-sept ans, ce n'était plus un enfant. Ce jour-là, dans mon bureau, il avait l'odeur d'un type qui a pris son bain dans du schnaps à la menthe. J'ai dit :

— Aujourd'hui, on a avancé l'heure de l'apéritif, hein, mon vieux ?

Il m'a regardé d'un air absent. Jerome lui a demandé de nous raconter de nouveau ce qui s'était passé après le meurtre. Il a répété l'histoire que Jerome avait déjà entendue.

— Où ont eu lieu ces conversations ? lui ai-je demandé.

— Chez moi.

— À l'intérieur ou dehors ?

— Je ne me souviens pas.

— L'inspecteur a trouvé de la drogue chez vous ?

Partagé entre crainte et incrédulité, il m'a regardé comme s'il m'était poussé une paire de cornes.

— À quelle heure de la matinée je dois prévoir un rendez-vous avec vous pour que vous soyez à jeun ?

Il a passé son pouce sur sa lèvre inférieure. J'ai demandé à Jerome de le ramener chez lui.

Plus tard, celui-ci a dit :

— Le fait que les flics ont trouvé de la drogue ne veut pas dire que Bud a menti, et même si nous prouvons qu'il a menti, ça ne signifie pas que Henry est innocent.

— C'est vrai. Tu sais s'il a des enfants ?

— Quatre. Trois fils, une fille, trois mères différentes.

— La paternité peut avoir des effets imprévisibles. À demain.

Kassie a appelé pendant que Katya et moi étions en train de dîner. Green s'était montré amical. Elle m'a rapporté leur conversation.

— Je suis certain que Henry est innocent, avait-il dit. Je sais qui a fait le coup, c'était à cause d'une histoire de drogue. Le type s'appelait Ruben. J'étais détenu avec lui à la prison du comté pendant le procès de Henry.

— Pourquoi étiez-vous en prison ?

— J'avais pas respecté ma conditionnelle.

— Et Ruben, pourquoi était-il là ?

— J'en sais rien.

— Vous connaissez son nom de famille ?

— Je m'en souviens plus.

Elle ne l'a pas pressé pour obtenir plus de détails, elle l'a juste laissé discourir. C'est la plus grande qualité de Kassie en tant qu'avocate : son instinct concernant les gens généralement peu dignes de foi. Elle m'a dit :

— Peut-être qu'il s'est foutu de moi. Peut-être pas. C'est difficile à dire. Il me faut du temps pour fouiner un peu. Je vais enquêter sur cette histoire de drogue, voir si Sandra Blue, la voisine, se souvient de quelque chose d'utile.

— Parfait. Demande à Gary de t'aider. Autre chose ?

— Ouais. Le type m'a demandé si j'avais des recettes de cuisine cajun qu'il pourrait préparer sur sa plaque chauffante. Et un autre truc, aussi. Il se masturbait en me parlant, sans essayer le moins du monde d'être discret. C'est un sacré numéro, Doc. Je préférerais ne pas retourner le voir.

J'ai répété à Katya ce que venait de me raconter Kassie. Elle a soupiré :

— Tu vois. Tu devrais m'écouter plus souvent.

— J'attendrai pour en décider de savoir s'il y a du vrai dans ce qu'a dit Green.

Je lui ai parlé de la masturbation. Elle a conclu :

— Je dis simplement qu'il essaye vraiment de vous aider. Le fait qu'il soit cinglé ne signifie pas forcément qu'il ment.

Plus tard, ce soir-là, alors que nous étions en train de lire dans la bibliothèque, j'ai commencé à penser aux enfants de Jeremy Winston. Je les avais vus à la prison le jour où je l'avais rencontré, lui, pour la première fois. Je leur avais donné mon numéro de portable, et ils m'ont appelé au moins vingt fois en une semaine. Ses fils avaient douze et quinze ans quand il est mort. Je me suis demandé ce qu'ils faisaient pour Halloween, le jour anniversaire de son exécution. Qu'arrive-t-il aux enfants dont le père est un assassin ? Je suis censé connaître la réponse à cette question, mais il n'en est rien. La grande majorité de mes clients ont des pères épouvantables, mais à ma connaissance, le père d'un seul d'entre eux a tué quelqu'un. N'est-ce pas étrange ? Lincoln veut faire de la lutte parce que j'en ai fait, pourtant mes clients deviennent des assassins tout seuls. Mais qu'en sera-t-il de leurs enfants ? Que disent-ils aux gens à propos de leur père ? Comment leurs professeurs les traitent-ils ? Est-ce que leurs camarades de classe ont peur d'eux ?

À quel stade d'une relation amoureuse allez-vous dire à votre petite amie que l'État a exécuté votre père ?

J'ai souvent rencontré les parents de mes clients, mais je ne les connais pas vraiment. Je me demande s'ils s'en veulent. Je me souviens d'avoir vu le père de Timothy McVeigh [1] aux actualités, assis sur sa tondeuse

1. Extrémiste américain qui fit sauter un bâtiment fédéral à Oklahoma City en 1995, faisant 168 victimes. Il fut exécuté en 2001.

à gazon dans son petit jardin, refusant de fuir les caméras. J'avais l'impression qu'il essayait de dire : « Je n'ai tué personne. Laissez-moi tondre mon gazon en paix. » Lorsque la peine capitale est en jeu, et que la mère d'un assassin vient à la barre implorer les jurés d'épargner la vie de son fils, le procureur s'en prend à elle comme si elle avait commis un crime, lui jetant au visage toutes les saletés que son fils a pu faire, insinuant que d'une façon ou d'une autre, c'est sa faute. Est-ce que le procureur déteste sa propre mère, ou est-ce que pour lui cette mère-là est fondamentalement différente de la sienne ?

Je ne me mets à méditer que lorsque j'en ai le temps. Socrate n'avait rien compris. Il pensait qu'il ne vaut pas la peine de vivre sans s'interroger sur soi. Je crois qu'aucune vie ne résiste à l'introspection. Plus vous passez de temps à réfléchir, plus vous vous rendez compte que tout le monde fait quelque chose de mieux ou de plus important que vous. Il n'existe pas de relation entre *oisiveté* et *idolâtrie*, mais il devrait y en avoir une.

À quinze ans, Winston s'était enfui de chez lui. Il n'avait jamais revu sa mère. Quelques jours avant l'exécution, elle m'appela pour me dire qu'elle avait été une mauvaise mère pour Winston, et elle me demanda si elle pouvait se rendre utile d'une façon ou d'une autre.

— Je pourrais voir mon fils en prison ?

— Non, ce n'est pas possible.

— Je comprends. Merci, monsieur. Si vous pensez que c'est opportun, je vous prie de dire à Jeremy que je l'aime.

Quand j'appelai Winston peu avant son exécution, je lui répétai ce que sa mère avait dit. Pour autant que l'on puisse ressentir une émotion par téléphone, je jurerais que je le sentis sourire, un sourire de soulagement plutôt que de bonheur – non, un sourire de libération, ce qui est différent, le sourire de celui qui sent qu'un poids vient de lui être enlevé.

Lincoln s'est mis à pleurer. J'ai couru jusqu'à sa chambre. J'ai essayé de le réveiller, mais il était profondément plongé dans son rêve. Il disait : « Arrête, éteins, arrête. » Je l'ai sorti de son lit, j'ai allumé la lumière. Il criait toujours. Je me suis assis au clavier électrique qui se trouve dans la chambre, Lincoln sur mes genoux. J'ai joué deux mesures de « Everything Happens to Me », de Thelonious Monk. Il s'est enfin réveillé et m'a raconté son cauchemar. Il était dans notre salle de gym, et le tapis de jogging s'était mis en route tout seul, s'emballant, de plus en plus vite. Lincoln a débranché la prise, mais la machine a continué à marcher :

— J'ai essayé de l'arrêter, p'pa, mais elle n'a pas voulu.

— Tout va bien, c'est fini maintenant.

Je l'ai remis au lit et suis resté avec lui, caressant ses cheveux trempés jusqu'à ce qu'il se rendorme.

Katya était dans le couloir, devant la chambre, prête à entrer et apporter son aide. Quand il avait trois, quatre ans, Lincoln faisait des cauchemars une ou deux fois par semaine. De nous deux, Katya était la seule qui parvenait à le calmer. J'essayais, je n'y arrivais pas, et elle devait intervenir. C'était son premier cauchemar depuis plusieurs mois, et je ressentais une joie absurde à l'idée que Katya m'avait laissé m'en occuper tout seul. Je n'étais donc pas un raté complet. Je suis sorti de sa chambre, plein de sérénité. Katya m'attendait là, juste devant la porte. Elle m'a embrassé doucement et a dit :

— Tu es un super papa.

Elle trouve toujours les mots justes quand elle doit mentir.

Le lendemain matin, lorsque je suis arrivé au bureau, Kassie et Gary étaient déjà là. Ils faisaient des recherches sur le type qui, selon Green, avait tué la famille de Henry Quaker. Green était en prison lors du procès de Quaker. Au même moment y avait été détenu deux jours durant un certain Ruben Francisco Cantu, le seul Ruben à être prisonnier en même temps que Green. Il avait été arrêté en voiture pour un contrôle de routine, et quand les flics avaient ouvert son coffre, ils avaient trouvé des briques de marijuana. On l'avait libéré sous caution deux jours plus tard.

— Mmmhhh… À mon avis, on va mettre un petit moment à le trouver, ai-je dit. Vous avez une idée de l'endroit où il est ?

— Il a pris dix ans, en a purgé trois, et obtenu la liberté conditionnelle il y a cinq ans, a répondu Kassie. L'adresse qu'on a est vieille de deux ans, mais on n'a rien d'autre.

— Je crois que je vais aller faire un tour dans les quartiers est.

Quand souffle le vent d'ouest, sec, transportant les fumées pétrochimiques vers Lafayette, en Louisiane, le seul indice de leur toxicité est la vision du soleil couchant, comme une orange sanglante, plongeant dans les eaux de la Sabine. Les gens qui vivent dans de l'air pollué ont droit aux plus beaux couchers de soleil, ce qui compense le fait qu'ils en verront moins que les autres. Cantu vivait près d'une église en bardeaux couleur coquille d'œuf, posée sur des parpaings, avec un panneau amovible qui disait : « *Jesús Cristo es el Hombre.* » Je me suis garé et j'ai traversé le parking pour voir s'il y avait quelqu'un dans l'église. À l'intérieur, un homme était assis au piano, cherchant un air de la main gauche tout en écrivant les notes de la droite. Je lui ai demandé :

— *Perdón, Señor. Yo quiero saber si usted conoce a uno de sus vecinos, un hombre que se llama Ruben Cantu*[1] ?

— Vous êtes de la police ? a-t-il répondu en anglais.

— Non.

— Il y a beaucoup de Cantu par ici. Mais je n'en connais pas qui s'appellent Ruben.

— Je peux laisser ma voiture dans votre parking ?

— Bien sûr.

— *Muchísimas gracias.*

J'ai descendu la rue. La maison qui, je l'espérais, était celle de Cantu, ressemblait à une cabane de métayer, peinture blanche écaillée et vitre brisée. Venant de l'intérieur, j'entendais une émission de télé en espagnol et des rires en conserve. J'ai frappé, un homme portant un caleçon et un sweat-shirt à capuche a ouvert la porte. Je me suis présenté, et j'ai demandé :

— *Usted prefiere que hablar en inglés o español ?*

Mon idée était de faire comme s'il s'agissait de Cantu, quitte à ce qu'il me reprenne au bout d'un moment :

— Vous parlez espagnol comme Unabomber[2] écrit. Je parle anglais. Qu'est-ce que vous voulez ?

Il ne m'a pas invité à entrer.

---

1. « Pardon, monsieur. Je voudrais savoir si vous connaissez un de vos voisins, un homme qui s'appelle Ruben Cantu ? »

2. Terroriste américain (Theodore Kaczynski) qui envoya des bombes par la poste entre 1978 et 1995. Il exigeait la publication par la presse de manifestes au style et à la typographie fantaisistes.

— Vous connaissez un certain Henry Quaker ?

— Non.

— Un condamné à mort m'a dit que vous aviez des informations qui pourraient aider mon client. Vous savez pourquoi il dit une chose pareille ?

— Non.

— Vous connaissez Ezekiel Green ?

— Non.

Il avait hésité une demi-seconde, et son regard avait changé. Bien sûr qu'il le connaissait.

— Vous savez qui a tué la famille de Quaker ?

— J'ai déjà dit à l'autre mec que je sais rien de tout ça.

C'était une erreur. Le nom de Green l'avait ébranlé. Aussitôt qu'il a prononcé cette dernière phrase, il s'est rendu compte qu'il aurait mieux fait de se taire. J'ai bluffé :

— Comment s'appelait le flic ?

Il a penché la tête de côté et n'a pas répondu, mais j'en étais sûr : un policier était venu le voir.

— Pendant combien de temps vous avez parlé ?

Il a plissé les yeux et m'a regardé comme s'il se demandait si j'étais vraiment idiot ou si je faisais semblant.

— Combien de temps ? Vous êtes *loco* ? Je m'en souviens pas, mon vieux, c'était il y a longtemps.

Il s'est détendu à nouveau. J'ai insisté :

— Longtemps ? Quelques jours ? Quelques semaines ? Quelques mois ?

— Nan, des années, juste après que votre client a tué sa famille.

— Un flic vous a interrogé là-dessus il y a des années ?

— Qu'est-ce que ça peut faire ? Vous êtes sourd, ou quoi ?

Alors que je cherchais ce que je pourrais lui demander de plus, il a dit :

— *Adios, abogado.*

Et il a fermé la porte. Je suis resté là un moment, hésitant à frapper de nouveau, mais il n'aurait sans doute pas répondu, et de plus, aucune autre question ne me venait à l'esprit. J'ai acheté une limonade à un marchand de tacos qui s'était installé sur le parking de l'église, et repris le chemin de la ville.

Sur la route, j'ai appelé le bureau pour dire à Jerome de déposer un nouvel appel. Il me semblait que nous en avions appris assez pour avoir droit à une nouvelle audience devant le tribunal d'État, Green assurant qu'il savait que Cantu avait commis le crime, Cantu disant qu'il avait été interrogé, et Lomax affirmant qu'il avait accusé Henry parce qu'un policier avait fait pression sur lui. Ce n'était pas énorme, mais c'était là, et même si ça laissait de nombreuses questions en suspens, ça en soulevait d'autres – c'est tout ce qu'il était raisonnable d'espérer à ce stade-là. Les flics avaient vraisemblablement parlé à Cantu à l'époque du crime ; ce détail aurait dû se trouver dans les rapports de police, et donc être connu des avocats de Quaker, mais il n'y était sans doute pas, ou alors l'avocat de Quaker, aussi mauvais soit-il, serait au moins allé le voir. Sans parler de la police qui avait fait un test sur les mains de Dorris, à la recherche de traces de poudre, alors qu'aucun rapport ne mentionnait la présence d'une arme sur les lieux. Beaucoup de choses ne collaient pas. Le premier avocat de Quaker n'avait pas tenu compte de plusieurs pistes, et nous devions les suivre pour voir ce qui se trouvait au bout. Mais je devais avant toute chose avoir une nouvelle conversation avec Henry.

J'avais rendez-vous avec Katya pour dîner, et je suis arrivé au restaurant un peu en avance. J'ai commandé un martini dry au bar. Jocelyn Truesdale était assise au bout du comptoir. Elle s'est approchée de moi :

— Vous buvez tout seul, maître ?

— Bonsoir, Votre Honneur. J'attends mon épouse.

— Je la connais ?

Non, elle ne la connaissait pas, mais je n'avais pas envie de parler de ma femme avec la juge Truesdale. Elle a fait signe au barman, lui a montré son verre vide, puis m'a demandé :

— Vous m'offrez un verre ?

Ça ne me disait rien du tout. J'ai répondu :

— Oui, bien sûr.

— J'ai entendu dire que vous alliez me demander de rouvrir le dossier Quaker. C'est vrai ?

J'ai essayé de me persuader que cette conversation n'était pas totalement déplacée. J'ai menti :

— Nous n'avons pas pris de décision. Nous allons peut-être demander une nouvelle audience.

— Je me souviens de cette affaire. Elle m'a toujours un peu chiffonnée.

Elle buvait du scotch. Elle en a avalé une gorgée puis a suçoté un glaçon.

Katya est arrivée. Elle m'a vu et s'est dirigée vers le bar. Je me suis levé avant qu'elle arrive, et j'ai dit à la juge :

— Je vous tiendrai au courant. Je dois y aller. C'est un plaisir de discuter avec vous, Votre Honneur.

J'ai presque couru jusqu'à Katya et l'ai guidée vers notre table.

— C'était qui ?

— C'est la juge de l'affaire Quaker. J'aurais besoin de l'avis d'une experte, mais j'ai l'impression qu'elle était en train de me draguer.

Nous avons passé la commande, et j'ai raconté notre conversation à Katya.

— Oui, c'est possible qu'elle t'ait dragué, mais peut-être qu'elle était simplement un peu pompette. Franchement, tu n'as jamais brillé par ta perception de la psychologie féminine.

J'ai raconté à Katya l'histoire de la juge Truesdale : elle avait été mariée à un flic. Elle travaillait dans l'immobilier le jour, et étudiait le droit le soir. Un matin, tôt, son mari arrêta un type pour conduite en état d'ivresse. Il lui demanda de sortir de la voiture. Il ignorait que l'homme venait juste de dévaliser une station-service. Il sortit en tirant des coups de feu. Le mari de Truesdale fut touché deux fois à la poitrine, et une à la tête. Il mourut sur le coup. Le conducteur remonta dans sa voiture et prit la fuite. La police l'arrêta le lendemain, mais il n'y avait pas d'enregistrement vidéo de l'incident, et ils ne trouvèrent pas son arme. Ils agirent alors comme le font souvent les flics quand l'un des leurs est tué. Ils cognèrent sur le type jusqu'à ce qu'il leur dise où il avait jeté l'arme. Ils la retrouvèrent dans le bayou, à l'endroit exact qu'il avait indiqué.

Le juge Dan Steele fut chargé de l'affaire. C'était un ancien marine. Il avait servi plusieurs années au Vietnam avant d'entrer à la faculté de droit. Ses références en matière d'ordre public ressemblaient à celles de Clint Eastwood jeune. Mais il était intègre. Il jugea que les policiers avaient trouvé l'arme uniquement parce qu'ils avaient frappé le suspect. Il conclut que le procureur ne pouvait pas l'utiliser comme preuve. Sans arme, le dossier s'effondrait. Le tireur fut libéré. Tout le monde était sidéré, en particulier les associations défendant le droit des victimes. Elles se firent un devoir de couler Steele lors des élections suivantes, et convainquirent Truesdale de se présenter contre lui. Elle remporta une victoire écrasante. Six mois après avoir passé l'examen lui permettant de s'inscrire au barreau, elle jugeait des affaires criminelles.

— Cette histoire ne l'a sûrement pas chiffonnée, ai-je dit à Katya. Rien ne la chiffonne. Un jour, nous avons prouvé qu'un type qu'elle avait condamné pour viol ne pouvait pas être coupable, car son ADN ne correspondait pas. Tu sais ce qu'elle a dit ? « Peut-être qu'il avait mis une capote. » Même si un type n'a pas commis le délit dont on l'accuse, il est de toute façon coupable de quelque chose. Il n'y a rien de sympathique en elle. Je ne marche pas.

— Tu ne sais pas comment tu réagirais si j'étais assassinée. Tu crois peut-être le savoir, mais tu te trompes. Peut-être que son neveu est un délinquant. Peut-être qu'elle a découvert de la drogue dans les poches de ses enfants. Peut-être qu'elle a trouvé la foi. Peut-être qu'elle a lu un très beau livre. Peut-être qu'elle s'est mise à écouter Bob Dylan. Peut-être qu'elle a fait un rêve. Peut-être qu'elle a simplement passé du temps à méditer. Peut-être qu'elle a enfin rencontré quelqu'un. Qui sait ? Mais les gens changent d'avis, tu sais. Je parie que ça l'a vraiment chiffonnée. C'est une affaire bizarre.

On nous a servi notre dîner. J'ai attendu que le garçon s'en aille :

— Bon, je crois quand même qu'elle me draguait.

— Quel ego tu as, a répondu Katya en souriant.

Quaker était déjà dans la cage quand je suis arrivé à la prison. Il mangeait un sandwich au jambon et des chips. Je me suis dit que quelqu'un que je ne connaissais pas lui avait rendu visite.

— Qui vous a donné ça ?

— C'est Nicole.

Nicole est une gardienne du couloir de la mort. Elle est connue pour sa dureté. Il devait s'agir d'une autre Nicole.

— Nicole, la gardienne ?

— Ouais.

Je l'ai regardé.

— Elle est pas si méchante, a-t-il ajouté. Elle a une sale réputation, c'est tout. Mais si on est réglo, elle est réglo.

— Elle vous achète souvent à manger ?

— Seulement quand je lui demande. Pas très souvent. C'est peut-être la troisième fois. Je lui donne l'argent. C'est pas comme si elle régalait.

— Il y a un sujet que vous aimeriez qu'on aborde ?

— Pas vraiment. Vous vouliez me voir, non ?

Il était de mauvaise humeur. Je suis moi-même assez souvent sujet à ce genre d'accès pour savoir sans me tromper les reconnaître chez les autres. Il avait évidemment une meilleure excuse que toutes celles que j'aurai jamais. Il vivait vingt-trois heures par jour dans une cellule de six mètres carrés, équipée d'un lit de camp, de toilettes en inox, et d'une bande de plexiglas opaque en guise de fenêtre. Les gardiens lui passaient ses repas par une fente dans la porte d'acier massif. Petit-déjeuner à 4 heures, déjeuner à 10 h 30, dîner à 16 heures. Il n'avait pas la télévision. Son poste de radio captait deux stations – l'une de musique country à Huntsville, et l'autre de débats chrétiens à Livingston.

Une heure par jour, les gardiens le faisaient sortir de sa cellule pour l'emmener dans ce qu'ils appelaient la zone de jour, trois mètres sur trois entourés de grillages où il pouvait faire de l'exercice en même temps qu'un autre détenu dans une cage adjacente.

Les gens pensent que les condamnés à mort ont la belle vie, ils font de la musculation tous les matins et regardent la télé toute la nuit, avec trois solides repas par jour, l'accès à des ordinateurs et des livres, et des audiences en appel à n'en plus finir. Je ne sais pas si ceux qui ont fabriqué ce mythe sont ignorants ou simplement cyniques. Quoi qu'il en soit, ils se trompent sur toute la ligne. Le couloir de la mort est une cage de la fourrière. Ça ne vous pose peut-être aucun problème. Vous pensez peut-être que quelqu'un qui commet un assassinat doit être emprisonné dans une cage. Je ne partage pas ce point de vue, mais je le comprends. Un jour nous pourrons en débattre : je défendrai la position selon laquelle une grande nation, un État de droit, ne devrait pas traiter ses prisonniers comme le font les Iraniens ou les Chinois. Mais ce n'était pas le sujet ce jour-là avec Quaker. Au lieu de cela, je devais me souvenir que, parvenu à un certain point du peu de vie qu'il reste aux détenus, la cage extérieure devient aussi intérieure. Une fois que cela arrive, votre client réagit à des stimuli que vous ne pouvez pas percevoir. C'est comme de regarder une comédie musicale sans le son. Il y a tant de choses qui semblent incongrues, ou inexplicables, que ça me rend furieux – bon, pas exactement furieux ; « impatient » serait plus juste.

— Vous connaissiez Ruben Cantu ?

— Non.

Je lui ai rapporté ce que nous avait dit Green, et ma conversation avec Cantu.

— Je connais Green. Je crois pas un mot de ce qu'il dit. Je suis pas avocat, mais j'ai l'impression que vous avez pas grand-chose, juste un tas de questions, pas grand-chose d'autre.

— Vous avez raison.

— Ici, ils tuent tous les jours des types qui ont cent questions. Mille, peut-être.

Je ne pouvais pas contester ce point.

— Dorris était déprimée ?

Il n'a pas répondu tout de suite. Après un moment, il a dit :

— Si vous étiez marié à quelqu'un qui a des secrets qu'il ne peut pas partager, qui se réveille toutes les nuits trempé de sueur, qui reste assis là comme un zombie et vous repousse quand vous essayez de l'aider, vous ne seriez pas déprimé ?

— Elle l'était assez pour se suicider ?

Il a violemment secoué la tête, s'est penché vers moi.

— Elle se serait immolée par le feu avant de faire du mal à ses enfants.

J'ai acquiescé, il a poursuivi :

— Ça m'intéresse pas d'essayer de m'en sortir en donnant une mauvaise image de Dorris, vous voyez ce que je veux dire ?

— Oui.

— Un tas de questions, ça ne prouve pas que je suis innocent.

Il a baissé les yeux, regardant ses doigts. Il a tapoté la table, comme s'il jouait du piano. Son visage s'est adouci et ses yeux se sont emplis de larmes. Une pensée m'a traversé : je ne veux pas aimer cet homme. Il a repris :

— Je ne sais pas comment vous faites ce que vous faites. Il vous arrive de dormir ?

Je me suis dit que Johnny Martinez, mon client, m'avait posé la même question. Je lui ai demandé :

— Quel air vous jouiez, là ?

Quaker avait joué du piano à l'église, depuis l'âge de huit ans jusqu'à l'incendie dans son usine. Au cours de l'une de nos premières rencontres, il m'avait dit :

— Je suis pas très croyant, mais j'adore la musique.

Il avait souri et ses yeux s'étaient mis à briller.

— Vous me rappelez un peu Bud Powell.

— Ouais, Dorris me disait la même chose. Et je parle tout seul quand je joue, aussi, comme ce vieux Bud.

Il s'est remis à tambouriner.

— Le piano me manque. Je dormais bien ici. Il y a toujours du bruit, mais je dormais bien, dix ou onze heures. Ces derniers temps, je dors plus du tout. Je sais pas ce que j'ai. J'ai rempli un formulaire pour qu'on me donne des médicaments, un truc qui m'assomme.

J'ai hoché la tête. Il m'a répondu par un sourire venu de nulle part :

— Mes problèmes ont pas l'air de tellement vous intéresser.

— Je ne peux rien à la plupart d'entre eux.

— Je sais. Ça ne me dérange pas.

J'ai pensé à un poème de Zbigniew Herbert : « J'imaginais tes doigts / avais foi dans tes yeux / l'instrument sans cordes / les bras sans mains. » Et, de nombreuses strophes plus loin : « Les héros ne sont pas revenus de l'expédition / il n'y avait pas de héros / les indignes ont survécu. »

— Je ne peux sans doute pas résoudre vos problèmes, mais nous avons soulevé de nombreuses questions, et nous pouvons peut-être obtenir un sursis.

C'était la première fois que j'utilisais ce mot, qui était chargé d'électricité : il admettait la proximité de la mort. Pas de sursis, et Quaker mourrait dans quelques semaines. Un sursis, et il survivrait pour poursuivre le combat. Survivre, pas vivre. Une personne qui vit attend le lendemain avec impatience. Pour quelqu'un qui survit, le lendemain n'est qu'une journée qui le rapproche un peu plus de la mort.

Je pense constamment à ce que je ferais si je savais combien de semaines, combien de jours, combien d'heures il me reste. J'entourerais la date sur un calendrier. C'est tout ce que je sais. Le reste n'est que questions. Je dormirais beaucoup, ou pas du tout ? Je mangerais beaucoup, ou n'aurais pas d'appétit ? Est-ce que je goûterais des aliments inconnus, ou bien je me gaverais de ceux que je préfère ? Je regarderais la télé ou des films ? Je lirais des livres ? Est-ce que je serais capable de me concentrer ? Je ferais de l'exercice ? À quoi bon ? Je voyagerais ? Je sauterais encore en parachute, traverserais d'énormes rapides en kayak, piloterais un avion à réaction ? J'appellerais tous ceux que je connais pour leur dire au revoir ? Est-ce que je resterais le plus possible avec ma famille, les gens que j'aime, ou serait-ce trop douloureux ?

Tout le monde ne pense-t-il pas à ça ?

Je ne voulais pas que Quaker cesse d'y penser. Je ne voulais pas lui donner d'espoir. Comme je l'ai dit, je suis toujours plein d'espoir, mais jamais optimiste.

À ce point de mon discours, la plupart de mes clients hochent la tête. Certains courbent l'échine. Ils perçoivent mon espoir comme un parfum qui se dissipe. Ils en inspirent une bouffée et mémorisent son odeur. Ils s'y accrochent quand leurs parents ou leurs enfants leur rendent visite, car c'est ce qui leur permet de croire qu'ils les verront encore. Ils ne veulent pas me laisser le temps de dire autre chose, qui pourrait leur apprendre à quel point le fil est mince. Mais pas Quaker. Il a demandé :

— Pourquoi ?

Je n'ai pas répondu tout de suite. Je me suis dit que Katya avait raison. Une lueur de foi s'était glissée dans ma tête, et je ne pouvais pas l'éteindre. C'était comme l'arôme du pain au four. Comment douze jurés avaient-ils pu voir en lui un assassin ?

— Parce que rien ne colle dans tout ça.

— Si vous vous posez la question, je n'ai pas tué ma famille.

J'ai presque dit « je sais », mais je n'étais pas prêt à capituler. J'ai hoché la tête, il a repris :

— Je ne sais pas où est passé ce pistolet, vraiment pas.

Je voulais hocher la tête à nouveau. Je voulais ménager la chèvre et le chou. Je voulais le soutenir et me protéger. Il a expiré par le nez. Et c'est sorti tout seul :

— Je sais. Je sais que vous ne l'avez pas fait.

Ses yeux se sont aussitôt emplis de larmes. Ses lèvres se sont ouvertes puis refermées. Il a posé la main gauche sur sa bouche et son nez. Il a baissé la tête puis l'a relevée. Mon cœur battait si fort que je pouvais l'entendre. Je me suis demandé : « Et maintenant, qu'est-ce qu'on fait ? » J'ai dit :

— L'idée, c'est d'amener un juge à le croire aussi.

J'avais envie de m'enfuir en courant. Je me suis levé. Il a dit :

— Merci. Merci.

Nous avons posé nos mains sur la vitre qui nous séparait.

C'était Nicole qui manœuvrait la porte électronique ce jour-là.

— Thanksgiving s'est bien passé ? m'a-t-elle demandé.

— Oui. Je vous souhaite un joyeux Noël. On se reverra au début de l'année prochaine.

— Quaker est un bon gars. Il fait jamais d'histoires. Si vous avez besoin d'une déclaration, de moi ou de quelqu'un d'autre, dites-le-moi, d'accord ? Il y a beaucoup de types ici qui sont prêts à l'aider.

J'ai émergé à 14 heures du couloir de la mort dans la cour goudronnée. À ce moment-là, le ciel est passé de l'ocre au noir. L'air était plein d'une odeur de soufre. Je me suis dépêché de traverser la cour de la prison, pour arriver à ma voiture avant la pluie. Peut-être que le gardien ne voulait pas que j'y parvienne. Pendant que j'attendais qu'il ouvre à distance le dernier des trois portails, des gouttes d'eau ont commencé à s'abattre, de la taille de grains de raisin. Des éclairs ont transpercé les nuages. Le tonnerre, comme un bang supersonique, m'a rappelé la nuit où Tim Robbins s'échappe de Shawshank, dans *Les Évadés*. Lorsque j'ai atteint mon véhicule, je frissonnais violemment, et j'étais tellement trempé que j'en glapissais.

Il arrive un moment, au milieu de chaque nuit, où je suis seul au monde. Je me glisse hors du lit et j'enfile un sweat-shirt. Je remplis une grande tasse d'eau chaude, y ajoute un citron pressé. Je l'emporte dans la chambre de Lincoln et le regarde dormir. S'il est assez calme, je caresse ses cheveux ou sa joue. Je l'imagine assis au piano avec Katya, jouant à quatre mains, ou dansant avec elle à un mariage. Chaque année, le jour de l'an, ils vont nager ensemble dans l'océan. Je n'ai pas besoin de vivre plus longtemps. J'ai fait mon travail. Je m'assois à mon bureau sans penser à rien. Je mets un casque et j'écoute Art Tatum ou Teddy Wilson. J'attends. Parfois, je m'endors là. Parfois, je reste simplement assis. Parfois, il me vient une idée. Cette nuit-là, ce fut le sang. Le sang pouvait peut-être nous apprendre quelque chose.

Je me suis glissé dans le lit.

— Ça va ? a demandé Katya.

— Non, pas vraiment.

— Ça va aller.

Elle a posé sa jambe droite sur la mienne, son bras sur mon épaule. Pendant les quelques instants qui me séparaient du sommeil, elle a eu raison.

Lorsque je suis arrivé au bureau le lendemain matin, tout le monde était déjà dans la salle de réunion. Un tableau chronologique de l'affaire et une dizaine de photos des lieux du crime étaient punaisés au mur. Je suis sorti, j'ai pris ma balle en caoutchouc, et je suis revenu. Les deux enfants avaient été tués dans leur lit. Dorris sur le canapé du salon, couchée sur le dos, d'une balle dans la tempe. Une traînée de sang reliait les deux pièces. Selon moi, les gouttes semblaient moins épaisses près des enfants, et plus épaisses du côté de Dorris. Cela signifiait que les enfants étaient morts les premiers, puis le meurtrier était allé vers Dorris, laissant derrière lui des taches de sang, qui coulait soit de son arme soit de son corps. On voit bien sûr souvent ce qu'on a envie de voir. En outre, le sang était peut-être déjà là avant les meurtres, mais il ne sert à rien de croire aux coïncidences, en particulier quand elles ne servent à rien. Il nous fallait supposer que c'était le meurtrier qui avait laissé cette traînée de sang entre les victimes. Mais si les enfants avaient été tués en premier, Dorris aurait entendu les coups de feu, et se serait levée. Or elle ne s'était pas levée ; elle avait été tuée allongée sur le canapé, et il n'y avait pas de traces de lutte. Personne ne dort aussi profondément. Ça voulait dire qu'elle avait dû être tuée la première, probablement dans son sommeil. Si c'était le cas, les traces de sang venaient d'elle. Si ce n'était pas son sang, si c'était celui de l'un des enfants, peut-être s'était-elle en fin de compte suicidée, après avoir tué ses enfants. Les traînées de sang racontaient l'histoire. Nous devions faire analyser ce sang, savoir à qui il appartenait, afin de comprendre dans quelle direction marchait l'assassin.

J'ai dit à Gary, notre chimiste maison, de demander au juge de nous permettre de pratiquer des analyses, puis de contacter un laboratoire pour qu'il les mène à bien. Jerome allait s'occuper de faire passer Quaker au détecteur de mensonges. Les résultats de cet examen ne constitueraient pas une preuve aux yeux de la cour, mais si à la dernière minute nous devions demander au gouverneur d'intervenir, nous pourrions affirmer que Quaker avait passé le test avec succès.

Gary et Kassie s'occuperaient de trouver les témoins pour le procès. Nous ferions venir Green du couloir de la mort pour qu'il témoigne de ce qu'il avait entendu, et Bud, le frère de Dorris, dirait qu'il avait menti lors du procès. Nous appellerions à la barre l'inspecteur Wyatt, qui dirait avoir fait rechercher des traces de poudre sur les mains de Dorris, et nous pourrions lui demander pourquoi il avait fait faire cette recherche, pour voir où ça nous menait. Il nous fallait aussi mettre la main sur Ruben Cantu, afin qu'il déclare que des inspecteurs l'avaient interrogé, mais j'avais le sentiment que nous aurions du mal à le retrouver. C'était loin d'être suffisant pour prouver l'innocence de Quaker, mais ce n'était pas notre but. Nous voulions créer un peu de remue-ménage pour gagner du temps. Si nous parvenions à maintenir Quaker en vie, nous pouvions essayer de comprendre ce qui s'était réellement passé. Si nous comprenions ce qui s'était réellement passé, nous pouvions le maintenir en vie.

Je suis sorti faire un tour, il n'y avait rien d'autre à faire. Assis l'un à côté de l'autre sur un banc, près d'une fontaine, deux hommes semblaient si sereins que j'eus l'impression qu'ils étaient factices, jusqu'à ce qu'ils hochent la tête dans ma direction, à l'unisson. L'automne précédent, j'avais suivi pendant une semaine un stage de méditation bouddhiste. La salle sentait les pieds, et quand j'essayais de faire le vide dans mon esprit, il s'emplissait d'images de cellules virales couleur lavande, vues au microscope. J'ai marché un bon moment, me sentant incapable de penser à autre chose qu'à Henry Quaker.

Mon portable a sonné. C'était la juge Truesdale. Je me suis figé, avant de m'approcher d'un immeuble. J'ai regardé derrière moi. J'avais l'impression qu'on m'observait.

— Je viens de signer une ordonnance vous accordant une nouvelle audience dans l'affaire Quaker, a-t-elle dit.

J'avais oublié que nous en avions fait la demande. Nous le faisons toujours, et on ne nous les accorde jamais. Je me suis demandé comment elle avait eu mon numéro de portable. Puis j'ai compris qu'elle avait sans doute d'abord appelé le cabinet, où quelqu'un le lui avait donné.

— Merci, Votre Honneur.

— Je vous en prie, maître. Je vous ai dit que cette affaire me chiffonnait. L'audience est fixée à la dernière semaine de janvier.

— Je vous verrai à ce moment-là.

— Peut-être avant.

Au bureau, tout le monde était dans la salle de réunion en train de manger des beignets. J'ai posé mon téléphone sur la table et l'ai fait tourner, comme quand je jouais au jeu de la bouteille. J'ai dit à l'équipe que nous avions obtenu une audience, dans moins de cinq semaines.

— Comment le sais-tu ? a demandé Kassie.

— La juge Truesdale vient de m'appeler.

— Elle t'a appelé sur ton portable pour t'annoncer qu'elle avait signé une ordonnance ?

Je ne suis pas maître zen, mais j'essaye en général de ne pas m'énerver. Quand l'avion s'écrasera, je serai aussi terrifié que les autres passagers, mais je serai celui qui ne crie pas.

— Lequel d'entre vous lui a donné mon numéro de portable ?

Gary a enfourné un demi-beignet. Kassie m'a fixé. J'ai regardé Gary et demandé :

— C'est toi ?

— Tu rigoles ?

— Il y a forcément quelqu'un qui le lui a donné.

— C'est plutôt bizarre, cette histoire.

— Je crois que l'affaire la chiffonne vraiment.

— Oui, a dit Kassie.

J'ai pris un beignet, mangé une bouchée, et je me suis senti heureux. Noël était dans trois jours. L'exécution devait avoir lieu dans six semaines, l'audience dans cinq, nous n'avions pas beaucoup de temps. J'ai dit :

— Tic-tac, les amis.

La seule parente de Quaker encore en vie était sa mère, Evelina. Henry était le cadet de ses deux fils. Son frère aîné, Herbert, était mort d'une overdose d'héroïne quand Henry avait huit ans. Il avait trouvé Herbert étendu sur le sol de la chambre qu'ils partageaient, un garrot autour du biceps, une aiguille fichée dans le bras. Il appela les urgences et dit que son frère dormait et qu'il n'arrivait pas à le réveiller. On le retrouva à côté du corps, répétant :

— Ouvre les yeux, Herbie. S'il te plaît, ouvre les yeux.

Evelina apprit qu'une nouvelle audience allait avoir lieu. Elle m'appela :

— Excusez-moi de vous déranger, monsieur. Je sais que vous êtes très occupé.

— Vous ne me dérangez pas du tout.

— Je dois faire ce que je peux pour aider Henry. Mon patron veut bien me donner une semaine de congé pour que je puisse venir à Houston. Vous êtes d'accord ?

Elle habite Temple, à quatre heures de route. Elle est caissière dans une épicerie. Je lui dis qu'elle n'avait besoin de rien faire, et qu'il n'y avait pas de raison qu'elle vienne à Houston. J'essayai de lui expliquer que l'audience avait pour seul but d'examiner des points de droit d'ordre technique. Je lui promis de l'appeler tous les jours pour la tenir au courant.

— Vous croyez que Henry est innocent, n'est-ce pas, monsieur ?

Je décidai de m'arrêter à la piscine sur le chemin du retour, et d'aller nager. Il me restait une heure avant le dernier entraînement de base-ball de Lincoln cette année. Il était 16 heures. La piscine était vide. J'essayai de compter les longueurs que je parcourais, mais perdis le compte. Je ne pouvais empêcher le chiffre 4 d'apparaître. Il défilait devant ma rétine, comme ce compte à rebours qui commence à 10 avant le début d'un film, mais chaque image portait le chiffre 4, et ça ne s'arrêtait pas. 4, 4, 4, 4, 4. En noir et blanc. La zone de mon cerveau qui perçoit les couleurs était tombée en panne. Je me demandai quel effet ça ferait de voir le monde sans couleurs, comme un chien. Je me rendis compte que je le savais déjà, grâce à la télé de mon enfance. Si l'aîné est délinquant, le cadet a-t-il une chance de s'en sortir ? Un autre 4 apparut, et je perdis le fil de mes pensées. Je regardai ma montre et décidai de nager pendant vingt minutes. J'ai demandé la main de Katya un 4 février. Nous nous promenions dans le parc avec Winona. J'ai détaché la chienne de sa laisse et elle est restée près de moi, collée à mes jambes, désireuse d'être encore plus proche, sans se rendre compte des limites physiques de la proximité. Katya et moi nous sommes assis sur un banc, j'ai ouvert une bouteille de champagne que j'avais apportée dans mon sac à dos. Je lui ai dit qu'elle était la personne la plus extraordinaire que j'aie jamais rencontrée, et lui ai demandé de m'épouser. Le fait de le dire était plus chargé de sens que sa réponse. Pour moi, ce moment est encore plus magique que le jour de notre mariage, car nous étions seuls tous les deux. Avais-je oublié tout ça quand nous avons choisi la même date pour l'exécution de Quaker ?

Je regardai ma montre. Je nageais depuis plus d'une demi-heure. Je sortis de l'eau. Mon cœur s'était emballé, comme celui d'un nouveau-né. N'était-ce pas Rousseau qui aimait l'humanité et détestait l'homme ? C'est tout moi. Je ne veux pas que mes clients soient exécutés, mais je ne peux pas les supporter. Pourquoi ne puis-je pas aider quelqu'un qui n'a tué personne ?

Avant de quitter mon cabinet ce jour-là, j'avais décidé que nous ne tenterions en aucune manière de retarder l'exécution de Ronnie O'Neill. Ce serait la première personne exécutée après le nouvel an : le 12 janvier, si tout se passait selon la volonté de l'État. Nous ne pouvions pas aider tout le monde, il fallait rester concentrés sur Quaker.

Il est toujours difficile de décider de ne rien faire. En particulier dans cette affaire. O'Neill est cinglé. Les assassins sont souvent des inadaptés, mais la plupart ne sont pas fous. O'Neill l'est. Il entendait des voix lui disant de tuer son ex-femme. Il avait fait quatorze séjours en hôpital psychiatrique. Quand les flics vinrent l'arrêter après le meurtre, ils connaissaient son nom. Par la fenêtre, O'Neill leur cria d'attendre : il allait sortir et se rendre. Ils attendirent. O'Neill prit une douche, revêtit un costume, une cravate, sortit, et se coucha sur la pelouse jusqu'à ce qu'un policier lui passe les menottes. Lors de son procès, le juge l'autorisa à virer ses avocats pour assurer lui-même sa défense. Le juge savait une chose : on ne perd aucun vote en savonnant la planche à un meurtrier. À l'audience, O'Neill portait un costume de cow-boy violet, bottes, jambières de cuir et éperons inclus. Un sombrero mexicain était fixé à son cou par une cordelette, comme un collier. Sur sa hanche, dans un holster, un pistolet d'enfant. Il avait convoqué comme témoins le pape Jean-Paul II, Anne Bancroft et John F. Kennedy Jr. Il se lança dans des discours extravagants pendant que le juge somnolait. Il fallut moins d'un quart d'heure au jury pour le condamner à mort. Le juge désigna un nouvel avocat pour le défendre en appel. Puis il laissa O'Neill virer aussi cet avocat-là. O'Neill ne fit pas appel. Il écrivit au juge pour lui demander qu'on l'exécute rapidement, et celui-ci accéda à sa requête. J'allai le voir dans le couloir de la mort pour savoir s'il voulait que je relance la procédure d'appel. S'appuyant à la vitre, il murmura dans le téléphone :

— Vous en faites pas, monsieur. Leurs produits chimiques ne peuvent pas me tuer. Ils me rendront invisible et je sortirai d'ici. Si vous voulez, je vous mettrai sur ma liste de témoins pour que vous voyiez le miracle de vos yeux. Jésus a tout organisé. Demain matin, à l'aube, je prêcherai la bonne parole.

— Vous voulez que je fasse quelque chose ?

— Vous avez pas intérêt. Et excusez-moi de dire ça, monsieur, mais si vous essayez, je serai obligé de vous faire taire. Tenez compte de cet avertissement, monsieur. Je vous en supplie.

Je le remerciai d'avoir accepté de me voir. Il posa un doigt sur ses lèvres et me fit un clin d'œil.

Jerome est la conscience du cabinet. Il m'a demandé ce que nous allions faire pour O'Neill. Il tenait à la main une demi-baguette fraîche, sa seule nourriture de la journée. J'ai remarqué comme ses bras étaient maigres.

Afin de ne pas avoir à le regarder dans les yeux, j'ai fixé le tableau sur lequel sont affichées les tâches assignées à chaque avocat de mon cabinet :

— Personne n'a le temps d'essayer de sauver la vie d'O'Neill. On ne va rien faire. Rien. On n'a pas les capacités pour ça, et en plus, O'Neill ne veut pas de notre aide.

Il a ouvert grand les yeux et m'a regardé un moment. Il semblait réfléchir à ce qu'il allait dire. Puis il a fait demi-tour, et il est sorti sans un mot.

Lincoln m'attendait dans l'allée quand je suis entré pour me garer. Je me suis changé et nous avons pédalé jusqu'au stade sur notre tandem. Les entraîneurs essayaient d'apprendre aux gamins à contrôler les balles basses. Lincoln défendait la deuxième base. L'entraîneur lui a envoyé une balle facile, elle a roulé entre ses jambes vers le champ droit. Alexander, le bloqueur, s'est approché de Lincoln et lui a donné une bourrade dans la poitrine.

— Eh, pourquoi tu fais ça ? a demandé Lincoln.

En rentrant à la maison, après l'entraînement, il a dit :

— Alexander est méchant. Il n'avait pas de raison de me pousser.

— Il y a des enfants comme ça.

— Pourquoi ?

— Je ne sais pas.

Je suis prêt à prendre le pari : Alexander va devenir une petite brute. Il ira en prison. Il sera impliqué dans des bagarres. Mais c'est un gamin de la classe moyenne, avec des parents de classe moyenne qui vivent dans une maison en brique, dans un joli quartier où les gens promènent leur chien et où les enfants font du vélo au milieu de la rue. Il ne tuera jamais personne. J'en mettrais ma tête à couper.

Sur le chemin du retour, nous nous sommes arrêtés à la supérette. Lincoln voulait une part de pizza. J'ai pris un poulet bio, que je projetais de faire rôtir avec de l'huile d'olive, du citron, et beaucoup d'ail.

— S'il te plaît, p'pa, n'achète pas de poulet.

Quand il avait quatre ans, Lincoln adorait les beignets de poulet. Il me demanda un jour d'où ils venaient. Je le lui dis.

— Ils doivent tuer les poulets ? demanda-t-il.

— Oui.

— Alors je n'en mangerai plus jamais. C'est pas bien de tuer des petits poulets.

Il n'a pas mangé de viande ou de volaille depuis lors. À l'école, il a un ami hindou. Un jour, au restaurant, quand la serveuse lui a demandé s'il voulait un sandwich ou un hamburger au fromage, il a répondu :

— Je vais prendre un sandwich au fromage. Je suis végétarien, comme mon copain Vijay. Et je voudrais aussi une limonade, s'il vous plaît. Et un gâteau aux carottes pour le dessert.

Quand Katya était enceinte et que l'obstétricien nous a dit que nous allions avoir un garçon, j'ai su que j'allais aimer mon fils. La paternité n'est qu'une succession de clichés. Ce que j'ignorais, c'est que j'allais l'admirer.

— Amigo, je t'admire vraiment. Mais moi, j'aime la viande.

— Tu ne devrais pas. Les animaux ne t'ont rien fait, non ?

Ce soir-là, après que Lincoln se fut couché, j'ai parlé à Katya de ma conversation avec Evelina. Elle a bu un peu de vin et dit :

— Tu ne peux pas sauver tout le monde, tu sais.

La secrétaire du cabinet m'a appelé par l'interphone le lendemain matin pour me dire qu'Ezekiel Green était en ligne. Les condamnés à mort ne peuvent pas passer de coups de fil. Ils ont le droit de parler à leurs avocats, mais seulement après y avoir été autorisés.

— Vous êtes sûre que c'est lui ?

— Sûre. C'est ce qu'il a dit.

J'ai pris l'appel.

— Je peux pas m'attarder, mais j'ai entendu parler de votre audience. Il faut que vous me fassiez convoquer pour que je vous aide.

Le juge peut signer une ordonnance afin qu'un détenu vienne témoigner au tribunal.

— Avec quoi m'appelez-vous ?

— Sur un portable, mec. Vous en faites pas, c'est cool.

Je ne voulais pas savoir en échange de quels services rendus à un gardien Green pouvait m'appeler d'un portable.

— Je ne crois pas que le juge va entendre des témoins. Mais je vous tiendrai au courant. Et si vous m'appelez encore, je le dirai au directeur de la prison.

— Joyeux Noël, maître, a dit Green avant de couper.

C'est en hiver que je préfère aller à la plage. Chaque année, je vais avec Katya à Galveston, un jour ou deux avant Noël, et nous y restons jusqu'au début de la nouvelle année. La plage est à nous. Nous faisons de longues balades, nous lisons, nous regardons les vagues, et nous buvons des margaritas sur la véranda. Cette année, j'étais prêt à annuler, mais de toute façon, Quaker allait être exécuté, alors pourquoi s'en faire ?

La veille de Noël, Lincoln a voulu faire du vélo sur la plage. Quand il est arrivé dans le sable mou, sa roue avant a commencé à osciller. Il a freiné et s'est envolé par-dessus le guidon. Son visage a heurté le sable. Il s'est mis à saigner juste au-dessous de l'œil gauche. Il s'est mordu la lèvre. Le sang coulait sur son visage, il pleurait. Je lui ai dit que c'était normal de tomber, et qu'il allait remonter sur son vélo. Il a pleuré de plus belle. En grandissant, il va croiser le chemin de sales types. Il doit être capable de les vaincre, ou au moins d'éviter qu'ils lui fassent du mal.

— Remonte sur ton vélo, amigo, ou il va falloir qu'on le rapporte au magasin.

Une femme qui se promenait sur la plage m'a regardé d'un drôle d'œil, mais j'étais calme. Très calme. Lincoln sanglotait si fort qu'il en tremblait.

Katya est accourue, Lincoln s'est serré contre elle. Tandis qu'elle lui caressait les cheveux, je lui ai raconté ce qui s'était passé. Elle m'a dit en aparté :

— Je peux rentrer à la maison avec lui ?

— Bien sûr.

C'était plus un sifflement qu'un aparté.

À vingt et un ans, O'Neill se promenait dans son quartier sur un tricycle. J'ai vu des photos. Il avait l'air d'un clown dans un cirque. Il ne faisait pas ça pour amuser la galerie. Il jouait avec des enfants de six ans. Les voisins pensaient qu'il était simple d'esprit, mais inoffensif. Ils n'avaient qu'à moitié raison.

J'ai poussé un moment le vélo de Lincoln, puis l'ai soulevé pour le porter jusqu'à la maison. D'habitude, la chienne court devant moi, attaque quelques vagues, pourchasse quelques mouettes, et attend que je la rattrape. Ce jour-là, elle me suivait à dix pas, comme si elle était gênée.

Lincoln a mangé un peu de soupe avant d'aller se coucher.

— Tu veux rentrer à Houston ? m'a demandé Katya.

— Non.

— D'accord. Mais Lincoln et moi, nous comprendrions que tu changes d'avis.

Elle a lu sur le canapé et s'est endormie. Je l'ai portée jusqu'au lit, et j'ai installé Lincoln à côté d'elle. Je me suis assis sur la véranda, muni d'une bouteille de bourbon, et j'ai écouté le bruit des vagues. Il faisait si sombre que la mer était invisible. Je me suis couché à 3 heures du matin et levé à 5 heures. J'ai commencé à travailler à mon plan pour l'audience de Quaker. Mon téléphone a sonné. C'était un texto : « Quaker a besoin de vous voir », signé « EG ».

J'ai appelé Jerome à 8 heures. C'est lui qui s'occupe des questions d'éthique au cabinet, je lui ai donc demandé si je devais dénoncer Green au directeur de la prison. J'étais presque sûr qu'il est illégal pour un pensionnaire du couloir de la mort d'avoir accès à un portable. Cela voulait dire que j'étais au courant d'un délit. Green n'était pas mon client, je n'étais donc pas tenu de me montrer loyal envers lui.

— Tu ne crois pas qu'il faut que nous tenions Green au chaud au cas où il saurait vraiment quelque chose sur Quaker ? a demandé Jerome.

— Prends rendez-vous pour moi avec Quaker le 30 décembre.

— Autre chose. J'ai pris les devants, et j'ai rédigé une requête dans l'affaire O'Neill. Je te l'envoie par e-mail. Je voudrais la déposer au tribunal le lendemain de Noël, tu peux la regarder aujourd'hui ?

— Je croyais que nous avions décidé de ne rien faire pour O'Neill.

— En fait, c'est toi qui as décidé ça. Mais tu as dit que c'était parce que personne n'avait le temps de s'en occuper. J'ai eu une insomnie la nuit dernière, j'avais donc huit heures pour rédiger la requête. Je ne me suis dit que tu n'aurais pas d'objection puisque je l'ai fait sur mon temps libre.

— Je vais la regarder tout de suite.

Il n'y a rien de tel que d'être le patron.

Pendant les jours qui ont suivi, je n'ai pas allumé mon ordinateur, ni écouté mes messages. Je me suis entièrement concentré sur une seule chose : essayer d'éviter d'être un mauvais père.

Mes rêves n'étaient pas si cléments. La nuit qui a précédé ma visite à la prison, j'ai rêvé que Katya, Lincoln, la chienne et moi faisions une randonnée dans le col de Guardsman. C'était la fin du mois de novembre. Une fine couche de neige couvrait le sol dur comme de l'acier. Au plus profond de la forêt, nous avons mangé des biscuits salés et du chocolat. En remontant dans la voiture, j'ai demandé à Katya où Lincoln était parti. Elle croyait qu'il était avec moi. Winona courait çà et là, le nez sur le sol, agitée. La nuit allait tomber dans moins d'une demi-heure. Katya et Winona sont revenues sur nos pas. Henry Quaker est alors sorti du bois, portant Lincoln sur son dos. Winona a émis un aboiement joyeux. Lincoln disait :

— Bravo Henry, bravo Henry.

Katya et moi, nous aimons notre fils sans doute comme vous, vous aimez le vôtre. Mais ce qui est sûr, c'est que nous l'aimons bien plus que les parents de mes clients ne les ont aimés, eux, quand ils étaient enfants. Henry était peut-être une exception.

Le matin du 30 décembre, je suis sorti courir avec la chienne. En rentrant, j'ai laissé un mot à Katya et Lincoln disant que je serais de retour pour dîner. Je suis parti voir Quaker.

Je lui ai dit que sa mère m'avait appelé.

— C'est pour ça que vous êtes là, la veille du réveillon ?

— J'ai reçu un message de Green disant que vous vouliez me voir.

— Je ne parle à ce type que pour lui demander comment ça va. Je ne lui ai rien dit de mon affaire.

J'avais passé quatre heures au volant pour rendre visite à un client qui n'avait pas besoin de me voir.

— Vous voulez quelque chose à manger ?

— Il y a de la bière dans ces machines ? a-t-il demandé en souriant. Vous savez, je voulais aller voir Dorris le jour où la police m'a arrêté.

J'avais toujours évité de lui demander ce qui s'était passé entre Dorris et lui, et pourtant, ça me travaillait. Leur histoire ressemblait à un conte de fées. Il était allé voir un match de basket avec elle quand il était en troisième, et ce soir-là, en rentrant chez lui, il dit à sa mère qu'il avait rencontré la femme qu'il allait épouser. Il a ajouté :

— Ça a l'air idiot, mon vieux, mais la première fois que je lui ai parlé, c'est comme si je l'avais connue depuis toujours. Je savais que nous étions faits l'un pour l'autre.

Nicole, la gardienne, s'est approchée :

— Ça va, Henry ?

Je jurerais qu'elle m'a fait un clin d'œil. Elle m'a souhaité une bonne année et s'en est allée. J'ai regardé Quaker. Il a haussé les épaules et demandé :

— Pour vous aussi, ç'a été le coup de foudre ?

— Je croyais que l'amour n'existait que dans les contes de fées [1].

— Pas en ce qui me concerne. J'adore cette chanson. Vous saviez que Neil Diamond l'a écrite pour les Monkees ?

— Vraiment ?

---

1. Allusion aux paroles de la chanson « I'm a Believer », de Neil Diamond.

— Ouais. Un critique de jazz, la première fois qu'il a écouté Bill Evans, il a cru que c'était un musicien de bar. Vous le croyez, vous ? Bill Evans ?

J'avais déjà entendu cette histoire.

— Il y a un certain type de talent qu'il faut apprendre à apprécier.

— Le revers de la médaille, dans le fait d'être nés l'un pour l'autre, c'est que Dorris avait besoin de moi, terriblement besoin de moi. C'était une de ces filles qui ont besoin de parler, et de parler encore. Moi, je n'avais pas besoin de dire quoi que ce soit, tant que je l'écoutais, vous voyez ? Et elle aimait qu'on la touche. Qu'on lui tienne la main, qu'on lui masse le cou. N'importe quoi. Elle voulait que je sois près d'elle.

Une mouche voletait à l'intérieur de la cage où nous étions assis. Elle s'est posée sur sa main. Il n'a pas essayé de la tuer, s'est contenté de la chasser.

— Elle avait besoin d'*intimité*.

Il a appuyé sur ce mot, comme si je ne savais pas ce qu'il veut dire.

— Après l'incendie, je ne pouvais plus lui donner ce dont elle avait besoin. J'ai essayé, j'ai vraiment essayé.

Son regard s'est perdu dans le vague, comme s'il revoyait la scène. Il a poursuivi :

— Un jour, j'ai fait ce rêve, j'avais les mains coupées, mais je ne m'en étais pas rendu compte, jusqu'à ce que je me mette au piano à l'église, et là, impossible de jouer. J'ai baissé les yeux, il ne restait que des moignons. Je sentais que tous les gens, sur les bancs, me regardaient. C'était la même sensation avec Dorris. J'essayais, mais ce dont elle avait besoin n'était plus là.

Il n'avait pas besoin que je le rassure. Je ne sais même pas s'il avait besoin que je l'écoute, mais j'en avais envie. Il m'a parlé de la matinée où c'était arrivé. Il préparait le petit-déjeuner de Daniel et Charisse. Assis devant la cuisinière, une cuiller de bois à la main, il se rendit compte qu'il n'était plus celui dont Dorris avait besoin. Ce fut une vision, pas une pensée, et elle ne lui vint pas progressivement, mais le submergea complètement, soudaine, inattendue :

— Ça m'a rappelé l'histoire d'Ésaü dans la Bible, le frère jumeau de Jacob, qui est né entièrement développé. Je reconnaissais plus rien, tout sonnait faux.

Tout d'un coup, il s'était demandé si les enfants lui avaient demandé une saucisse avec leurs œufs, ou s'ils voulaient du beurre sur leurs tartines.

— C'était comme si j'avais perdu la mémoire, sauf que j'avais assez de souvenirs pour savoir que j'étais en train de la perdre. C'est bizarre, non ?

Quand il lui dit qu'il avait perdu ce qui les rendait complémentaires, Dorris lui répondit qu'elle pouvait attendre, attendre qu'il revienne à son état normal, aussi longtemps qu'il le faudrait. Mais il allait rester l'homme qu'il était devenu. Il le savait. Il s'imaginait partant en voiture dans le désert, ou nageant dans l'océan, et capitulant :

— Dieu a un plan pour chacun de nous. J'étais prêt à ce qu'Il me prenne afin qu'Il puisse s'occuper de ma famille.

— Pourquoi ne l'avez-vous pas fait ?

Il m'a regardé avec une expression que j'ai interprétée comme de la surprise, mais c'était peut-être de la pitié.

— Les enfants, mon vieux. J'avais deux enfants. Le Seigneur leur donnera du pain, mais il n'ira pas aux matches de base-ball ou aux compétitions de natation avec eux. Je n'étais plus l'homme qu'il fallait à Dorris, mais ça ne voulait pas dire que Daniel et Charisse pouvaient se passer de leur père.

Un instant, j'ai cru que nous avions établi le contact. L'instant suivant, j'ai senti entre nous une distance irrémédiable. Je me suis levé pour aller aux toilettes. Je me suis aspergé le visage d'eau et j'ai regardé dans le miroir d'acier les cernes noirs sous mes yeux. Il n'y avait pas de poubelle où jeter la serviette en papier. Je l'ai expédiée dans les toilettes et j'ai tiré la chasse d'eau. Une envie irrésistible de rentrer à la maison s'est emparée de moi. Quand je suis sorti, un détenu que je ne connaissais pas m'a fait de grands signes pour que je m'approche. J'ai décroché le téléphone :

— Vous me connaissez ? a-t-il demandé.

— Non.

— Je suis Greg Whitaker. Vous viendrez me voir, d'accord ? J'ai tué personne. J'étais là, mais c'est pas moi qui ai tiré. Vous voudrez bien venir me voir ?

— J'essayerai.

J'ai raccroché le téléphone. Whitaker ? On m'avait parlé de cette affaire, mais je ne savais plus en quels termes. J'avais le cerveau embrumé.

Je suis retourné voir Quaker. Il était en train de lire.

— Qu'est-ce que vous avez dit à votre avocat au sujet de l'assurance ?

Il avait l'air tellement sincère, si intégralement honnête. J'avais envie qu'il me mente. Qu'il me donne une raison de ne pas croire un mot de ce qu'il disait.

— Ah… l'assurance. Je me demandais quand vous alliez me poser cette question. C'est l'agent d'assurances qui a eu l'idée. Je voulais juste assurer les voitures. Elle m'a dit que c'était un bon moyen de faire des économies. J'en ai parlé à Dorris. Elle m'a conseillé de le faire. On avait deux enfants. Il fallait qu'on mette de l'argent de côté pour payer leurs études. Alors je l'ai prise. Bon, je trouvais que c'était de l'argent gaspillé, mais ils le prélevaient sur mon salaire. Vous avez une assurance vie, vous ?

— Non.

— Vous voyez ? C'est ce que je veux dire. Les types malins dans votre genre n'en prennent pas. Pourquoi je devais le faire ?

Un silence est passé, puis il a repris :

— Pourquoi vous ne m'avez pas interrogé à propos du sang ?

J'ai haussé les épaules. Je t'en prie, ai-je pensé, sors-moi un putain de mensonge.

— Si c'était vraiment le sang de Danny, il devait venir d'un de ses saignements de nez. Il en avait tout le temps.

Je n'avais pas pensé que le sang n'était peut-être pas celui de Daniel.

— Vous avez parlé de ces saignements de nez à votre avocat ?

— Bien sûr. Et aussi à la police.

— La prochaine fois que je vous verrai, ça sera à l'audience. Vous avez besoin de quelque chose en attendant ?

— Je veux bien quelques livres. Je lis ce type, là, Tim O'Brien. Il a écrit des bouquins sur la guerre du Vietnam. C'est bizarre, mais je me sens totalement en empathie avec ce qu'il raconte.

— En empathie ? C'est une jolie manière de voir les choses.

Il m'a fait un clin d'œil.

— Ici, j'ai tout le temps qu'il faut pour faire mon éducation.

— Je vais vous envoyer des livres.

Je me suis levé pour sortir. Il a hésité, je m'en suis rendu compte, mais il a posé sa main sur la vitre pour me dire au revoir.

C'est démodé de croire en la vérité, mais que dire ? Il y a le bien et le mal, le juste et l'injuste, le vrai et le faux. Ma conversation avec Quaker m'avait donné des vertiges. Dehors, le temps était gris. J'avais l'impression que le crachin me piquait comme de la glace. J'hallucinais. J'ai vu Quaker tourbillonnant dans l'eau noire, sa combinaison blanche ressemblant au centre d'un biscuit Oreo. Connaissez-vous la force de Coriolis ? Les mathématiques sont compliquées (tapez « équations de Laplace » sur Google si vous voulez en apprendre plus), mais ce n'est pas avec elles que j'étais aux prises. C'était autre chose. La force de Coriolis existe, mais il est faux de croire qu'elle influence le sens dans lequel tourne l'eau en s'évacuant des toilettes. Et cela demeure faux, même si un million, un milliard de gens pensent que c'est vrai. Peu importait le sens dans lequel tourbillonnait Quaker. Voilà ce que je pensais : dans quelque sens qu'il tourne, il est mort.

Dans *À propos de courage*, Tim O'Brien écrit : « Une chose peut survenir et être un mensonge total ; une autre chose peut ne pas survenir, et être plus vraie que la vérité. » Il a raison et, plus important, il n'est pas en désaccord avec moi. Un jury de Blancs de la classe moyenne passa une semaine à observer un Noir maussade, mal rasé, et à écouter une procureur passionnée pendant que l'avocat du Noir dormait ; il y avait trois cadavres, deux d'entre eux des enfants, et quand on voit les photos d'un enfant mort, surtout quand il a été tué par balle, on a *besoin* de savoir qui a fait ça, croyez-moi. Ils crurent à la version de la procureur : *une histoire vraie qui ne s'est jamais produite.*

Mais le simple fait que vous croyiez au noir et blanc ne signifie pas que vous ne pouvez pas croire aussi au gris, parce que même si une chose vraie peut être un mensonge, même si un mensonge ne peut jamais être la vérité, toutes les vérités ne sont pas égales. *La vérité des faits* n'est pas fausse ; elle est simplement moins vraie que *la vérité d'une histoire.*

La vérité des faits se contente d'*être* ; la vérité d'une histoire nécessite un conteur. C'est la nature de la loi. Les faits sont importants, mais l'histoire l'est davantage. Le problème auquel nous étions confrontés, c'est que l'histoire de Quaker était morte, et la seule vérité qui importait maintenant était celle que je ne pouvais pas raconter, faute de faits.

Le deuxième prénom de Lincoln est Peter, le prénom du père de Katya. Il est mort à soixante ans d'un mélanome métastatique, un mois avant notre deuxième anniversaire de mariage. La mère de Katya n'a jamais envisagé de se remarier. Elle croyait aux âmes sœurs. Son mari était sa vie.

J'enviais leur relation. Elle faisait peur à Katya. Elle ne voulait pas que le monde s'arrête si je mourais prématurément, ou si je me réveillais un matin, décidé à la quitter afin d'être en tête à tête avec moi-même. Elle créa un profil sur Facebook et se fit deux cents amis. Elle commença à participer à des concours de tango.

J'avais l'impression qu'elle s'organisait une vie parallèle, au cas où la nôtre se terminerait trop tôt. Je le lui dis. Elle me répondit que j'étais ridicule, mais je remarquai qu'elle ne m'avait pas démenti.

Un soir, avec quelques danseurs de son cours, elle alla manger des sushis, puis ils firent la tournée des boîtes. Elle m'appela à minuit pour me dire qu'elle arrivait. La boîte était à un quart d'heure de route. Une demi-heure plus tard, elle n'était toujours pas là. Je l'appelai sur son portable mais tombai sur sa boîte vocale. Je m'assis dans la bibliothèque, au premier étage, un roman de Cormac McCarthy sur les genoux et, à travers les baies vitrées, je scrutai la rue par laquelle elle devait arriver. Je rappelai son portable dix minutes plus tard, de nouveau cinq minutes après, puis une quatrième fois. À 1 h 15, elle répondit.

— Merde, où est-ce que tu es ?

— Qu'est-ce qui te prend ? Janet a perdu ses clés. J'ai essayé de l'aider à les retrouver.

— Tu m'as dit il y a plus d'une heure que tu rentrais.

— Depuis quand tu te fais du souci pour moi ? Je pensais que tu dormais. Tu es toujours endormi quand je rentre tard.

La véracité de cette observation me secoua :

— Ça m'arrive de m'endormir tôt, mais ça n'est pas une raison.

— C'est vrai.

J'essayai de savoir si j'étais furieux ou inquiet. La colère, paraît-il, n'est jamais la première émotion qui s'empare de vous. J'avais peut-être d'abord été inquiet, puis furieux. Ou bien jaloux, puis furieux. Si j'ai besoin d'elle, ne devrait-elle pas, elle aussi, avoir besoin de moi ?

Avant que j'épouse Katya, alors qu'elle était encore avocate, il nous a fallu aller à New York pour la réunion annuelle de son cabinet. Notre avion décollait le vendredi matin. La veille de notre départ, j'allai voir Moises Ramirez à la prison. Il devait être exécuté la semaine suivante. Ce n'était pas l'un de nos clients.

Il m'avait écrit cinq lettres en trois jours, implorant mon aide.

Lorsqu'il entra dans la cage, il portait des lunettes à monture d'écaille et avait du duvet sur le menton. Il ressemblait au personnage que joue Michael J. Fox dans le premier épisode de *Retour vers le futur*. Le nom « Clara » était tatoué sur son avant-bras gauche. Je n'avais pas la moindre idée de ce qu'il avait fait. J'étais venu lui dire que je ne pouvais pas l'aider.

— J'ai dit à vos avocats que j'allais venir vous voir.

— Ça fait genre cinq ans que j'ai pas eu de nouvelles de mes avocats. Ils habitent plus au Texas, non ?

Ses avocats avaient en effet quitté l'État. Mais j'étais étonné qu'ils ne lui aient même pas écrit.

— Qui vous a appris la date de votre exécution ?

— La première fois que j'en ai entendu parler, c'est quand le gardien-chef m'a convoqué dans son bureau, il y a un mois.

Je regardai mon calepin, et griffonnai le mot « apeuré ».

— J'ai écrit à mes correspondants. Cheryl, elle habite en Virginie-Occidentale, elle m'a répondu, elle m'a donné votre adresse. J'ai juste besoin d'un peu d'aide, mec. J'ai besoin que vous autres, vous me représentiez. Mes correspondants peuvent vous donner de l'argent.

— Le problème n'est pas l'argent. Il est trop tard pour déposer un recours.

Sa lèvre inférieure se mit à trembler. Je me suis dit : « Je t'en prie, ne pleure pas. »

Ce matin-là, la Cour suprême avait rendu une décision dans une affaire concernant les obligations des avocats commis d'office pour représenter des condamnés à mort devant la cour fédérale. Au cabinet, nous avions commencé à construire une argumentation reposant sur cette décision, pensant que cela pourrait nous permettre de gagner un peu de temps pour quelques-uns de nos clients. Je ne voulais pas en perdre avec Ramirez.

— La Cour suprême a rendu une décision aujourd'hui dont nous pourrions nous servir pour vous obtenir un sursis.

— C'est quoi, ça ?

— Un sursis, ça veut dire que nous seriez pas exécuté la semaine prochaine.

— Non. Je sais. Mais après, quoi ? Ça veut dire que j'aurai un mois de plus, c'est ça ?

— À ce stade, la seule chose possible est d'obtenir un sursis. Si vous n'êtes pas exécuté mercredi prochain, nous pourrons réfléchir à ce que nous ferons ensuite.

Les mots « regard absent » ont été inventés pour décrire le coup d'œil qu'il me jeta. Je ne saurais dire s'il ne comprenait pas ce que je disais, ou si ça ne lui plaisait pas :

— Je ne vais pas déposer de requête à moins que vous soyez d'accord.

— Je veux que vous fassiez tout ce que vous pouvez.

— D'accord, mais laissez-moi vous expliquer comment ça marche avant de prendre une décision.

Je lui fis mon discours habituel, lui expliquant que nous perdrions probablement, que nous ne l'apprendrions qu'à 17 h 40, que je l'appellerais, et qu'il n'aurait pas la possibilité de se préparer ou de faire ses adieux à qui que ce soit.

— Y a personne à qui je dois dire adieu.

— D'accord, mais vous n'aurez quand même pas beaucoup de temps pour vous préparer.

— Alors vous croyez pas que j'aurai un sursis ?

— Il y a au mieux un pour cent de chances que vous l'obteniez.

— C'est quoi ça ?

— Un sursis ?

— Non, un pour cent. Qu'est-ce que vous avez dit ?

— J'ai dit qu'il y a moins d'un pour cent de chances que nous gagnions.

— Ce truc, là, un pour cent, ça veut dire quoi ?

— Un pour cent ? C'est comme s'il y avait cent balles de ping-pong. Une chance de gagner. Quatre-vingt-dix-neuf chances de perdre.

— D'accord. Ouais. On y va.

Ce soir-là, j'ai parlé à Katya de cette rencontre. Elle savait ce qui allait venir avant que je le dise :

— Je ne peux pas aller à New York.

— Pour quelqu'un qui ne veut pas que les gens dépendent de lui, tu te crées vraiment beaucoup de dépendances.

— Je sais que ça n'y changera rien, mais ça aide ce type de savoir que quelqu'un essaye de s'occuper de lui.

Katya est restée coite. J'ai continué :

— La pire chose qui soit, c'est de se sentir complètement seul au milieu de l'univers.

Katya était furieuse que je n'aille pas à New York. Elle a dit :

— Je comprends.

Lincoln et Katya regardaient *Bob l'éponge* quand je suis revenu de la plage. Lincoln est accouru et m'a serré dans ses bras. J'ai fait semblant de tomber sous le choc, nous avons roulé à terre, je l'ai chatouillé jusqu'à ce qu'il me demande d'arrêter.

— Comment ça s'est passé ? m'a demandé Katya.

— Quaker voulait savoir si, quand je t'ai rencontré, j'ai eu le coup de foudre.

Elle a ri :

— Tu as menti et tu as dit oui ?

— Si j'avais dit oui, ça n'aurait pas été un mensonge. Il m'a simplement fallu quelques années pour m'en rendre compte.

— D'accord.

— C'est quoi, le coup de foudre ? a demandé Lincoln.

Katya lui a expliqué : c'est quand deux personnes savent au premier coup d'œil qu'elles veulent passer leur vie ensemble.

— C'est impossible, a dit Lincoln.

Katya m'a regardé en souriant :

— Pas de doute, c'est bien ton fils.

À l'extrémité ouest de l'île de Galveston, là où se rencontrent le golfe du Mexique et la baie, seuls les ignorants s'éloignent du rivage. Les courants vicieux, tourbillonnants, entraînent les nageurs trop sûrs d'eux vers le large, et noient chaque année une dizaine de pêcheurs sans méfiance. Je suis monté dans mon kayak et je suis allé jusque-là. Je naviguais au-dessus d'un maelström mais, à la surface, où je comptais bien me maintenir, l'eau semblait pacifique et calme. Le secret, à en croire les nageurs expérimentés, est de ne jamais lutter contre le fleuve. J'ai décidé d'aller là où me porteraient les courants.

J'ai vu deux nageoires dorsales. J'ai pensé que les dauphins étaient venus jouer, puis me suis rendu compte qu'il n'y avait qu'un aileron, qui appartenait à un requin. Il mesurait un peu moins de deux mètres, bien assez grand toutefois quand vous flottez au milieu de l'océan dans un bateau de plastique à peine plus long que lui. Un banc de plusieurs milliers de méduses a dérivé vers moi, puis s'est déployé le long de mon bateau, la moitié vers la proue, l'autre vers la poupe, formant un anneau qui se rejoignait de l'autre côté. Il faisait froid, un fort vent soufflait du nord ; en ce 2 janvier, à 15 heures, le soleil déclinait déjà. Quatre pélicans volaient en ligne, serrés l'un derrière l'autre, à trente centimètres à peine au-dessus des flots. Je les ai regardés jusqu'à ce qu'ils ne soient plus qu'un point dans le ciel. Vers le sud, en direction de Cuba, rien en vue, pas un bateau, pas une voile, pas un homme, seulement l'horizon et un croissant de lune. La marée m'a déporté à plus d'un kilomètre vers l'est, là où les vagues commençaient à clapoter, me ramenant vers le rivage. Une heure plus tard, j'ai regagné la terre ferme. J'ai lacé mes chaussures et couru sur la grève jusqu'à ma voiture. Quand je suis arrivé à la maison, Katya et Lincoln étaient revenus des courses, et j'avais l'esprit nettoyé.

— On fera un château de sable avant de dîner ? a demandé Lincoln.

— D'accord.

Avec Katya, nous avons mangé des truites frites sur la véranda pendant que Lincoln regardait la télé devant une assiette de spaghettis. Quand j'avais dix ans, mon frère Mark, qui en avait alors huit, décida de devenir végétarien. Notre gouvernante s'appelait Evelina, comme la mère de Quaker. Le lendemain du jour où Mark devint végétarien, elle prépara des steaks au poivre, son plat préféré, en faisant revenir du flanchet coupé en fines tranches dans un poêlon de fonte, avec un filet d'huile, un peu d'ail, une cuillerée de poivre fraîchement moulu, et des poivrons *jalapeños* émincés. Mark en reprit deux fois. Ce soir-là, alors que nous allions nous coucher, il me dit :

— Si je deviens végétarien, je ne pourrai plus manger certaines choses que j'aime beaucoup.

— C'est vrai.

Il hocha la tête comme s'il venait d'énoncer une grande vérité, et me souhaita une bonne nuit. Il s'abstint de manger de la viande pendant plus de quinze ans.

— Où étais-tu parti ? m'a demandé Katya.

— Je me disais que la mère de Henry a le même nom que la dame qui faisait la cuisine chez nous.

— C'est officiel, tu as cette affaire dans la peau.

— Tu as peut-être raison.

Nous avons décidé qu'elle reviendrait à Galveston avec Lincoln et la chienne dans un mois, quand je serais pris par les audiences de l'affaire Quaker, afin que je ne les rende pas fous, et réciproquement. Nous l'avons annoncé à Lincoln le lendemain, sur la route qui nous ramenait à Houston.

— Mais ça ne sera pas drôle sans toi, p'pa.

— Tu vas bien t'amuser avec ta mère.

— Je sais. Ça sera quand même pas mal, mais pas super.

Il a écarté ses mains de soixante centimètres.

— Si ça, c'est super...

Il les a écartées de cinq centimètres.

— ... et si ça c'est nul...

Il les a écartées de quinze centimètres.

— ... aller à Galveston sans p'pa, ça serait bon comme ça.

Katya s'est penchée vers lui et l'a embrassé sur la tête. Il a dit :

— J'ai faim, p'pa.

Les terreurs nocturnes de Lincoln ont commencé un peu avant qu'il ait deux ans. Il se mettait à sangloter doucement, et ses pleurs allaient crescendo, jusqu'au hurlement. Il avait les yeux fermés. Katya ou moi le sortions du lit, il se crispait puis se détendait, les yeux fermés, hurlant. Nous faisions les cent pas, allumions la lumière, lui parlions fort. Les minutes passaient, parfois cinq, parfois dix. Il s'arrêtait enfin, sans jamais se réveiller et, au matin, il ne se souvenait de rien.

Je savais que ces terreurs nocturnes n'étaient pas de ma faute, tout en l'étant. Elles avaient commencé la nuit de la mort de Julius Anthony. Il vivait depuis vingt-deux ans dans le couloir de la mort. Avec deux potes de son gang, il avait tué une vieille dame pour lui voler sa Cadillac. Il avait dix-neuf ans. C'étaient ses amis qui avaient tiré. Anthony s'était contenté de conduire la voiture, mais les autres avaient deux ans de moins que lui, ils n'étaient pas assez âgés pour être exécutés, et il fut le seul à être condamné à mort. Dans le couloir de la mort, il mûrit. À la fin, il était devenu un autre homme. Six gardiens écrivirent au gouverneur, lui demandant de le gracier. Ils étaient favorables à la peine de mort, mais pas pour Anthony. Il contribuait à maintenir la paix ; il était intervenu dans des bagarres et avait sauvé la vie de plusieurs gardiens, ajoutèrent-ils. Il avait aidé d'autres prisonniers. Il ne faisait courir de risques à personne et, grâce à lui, les autres étaient moins dangereux. Le gouverneur ne les écouta pas et diffusa un communiqué passe-partout le jour de son exécution, disant que le jury s'était prononcé. L'aumônier me dit qu'il avait fallu quarante-cinq minutes de tâtonnements aux officiels de la prison pour trouver une veine où lui planter l'aiguille. L'un des gardiens chargés de le maintenir immobile pleurait. Anthony lui disait de ne pas s'en faire, que tout allait bien se passer, le condamné consolant son bourreau. Après l'exécution, je me suis retrouvé à côté du fils de la victime à l'extérieur de la salle d'exécution, à la suite d'une bévue des autorités – ce genre de choses n'arrive que rarement. Il a passé son bras autour de mon épaule et y a posé sa tête. Un journaliste m'a appelé tandis que je rentrais chez moi, pour me demander comment je me sentais. Je lui ai dit d'attendre un instant. J'ai posé mon portable sur le siège du passager et l'ai laissé là pendant les deux heures de trajet jusqu'à Houston.

Quand je suis arrivé chez moi ce soir-là, Katya était assise sur le rocking-chair de la chambre de Lincoln, écoutant de la musique sur son iPod. Elle s'est levée, m'a pris dans ses bras, et nous avons regardé notre fils ensemble, qui serrait contre lui un ours en peluche. Nous sommes descendus et je nous ai servi à boire. Une heure plus tard, Lincoln hurlait.

En reprenant l'autoroute vers Galveston après nous être arrêtés pour acheter des glaces, j'ai vu un éclair du coin de l'œil droit.

— Tu as vu ça, Katya ?

— Non.

Un autre éclair, puis un rideau est tombé. D'un seul coup, la moitié supérieure de mon champ de vision s'est évanouie.

— Oh, oh…

— Qu'est-ce qu'il y a, p'pa ?

— Rien. Tu veux prendre le volant, Katya ?

Elle a senti quelque chose dans le son de ma voix et n'a pas posé de question. En descendant de la voiture pour échanger nos places, je lui ai dit que j'avais perdu la vision de l'œil droit. J'ai appelé mon voisin, chirurgien ophtalmologiste, il m'a dit de venir le voir dès que nous serions rentrés.

Je suis allé à pied chez Charlie, dans la maison d'à-côté. Il m'a examiné et m'a emmené en voiture jusqu'à son cabinet. Il m'a dilaté les yeux :

— Tu as un décollement de la rétine qui s'étend jusqu'à la macula. Il faut que je t'opère demain.

Il m'a expliqué que la rétine se trouve à l'arrière du globe oculaire, elle joue pour l'œil le rôle d'un film. Les images vont de la rétine au nerf optique, et de là au cerveau.

— Il faut réparer ta rétine, sinon tu vas devenir aveugle. Je t'avais dit d'arrêter la boxe.

— Je te rappelle que je ne pratique plus depuis plus de dix ans.

— Mhhh.

— Je vais récupérer en combien de temps ?

— Tu ne pourras pas travailler du tout pendant une semaine, peut-être deux, voire trois.

— Je ne peux absolument pas m'arrêter si longtemps.

— Si tu ne le fais pas, tu vas devenir aveugle.

— Quelles sont les probabilités ?

— De devenir aveugle avec un décollement de la rétine pareil ?

— Oui.

— Cent pour cent.

— Bon, je n'ai pas le choix.

Après qu'il m'a reconduit à la maison, j'ai parlé à Katya. L'opération durerait environ deux heures. J'ai sorti mon testament de vie, disant aux médecins de ne pas entreprendre de traitement héroïque pour me sauver. J'ai appelé mon cabinet, et annoncé la nouvelle à Jerome. Je lui ai demandé de contacter la secrétaire du juge pour voir si l'audience pouvait être repoussée d'une semaine ou deux. Le lendemain matin, Katya et moi avons déposé Lincoln chez un ami, et elle m'a emmené à l'hôpital. À 9 heures, l'anesthésiste a dit que je serais dans les vapes au bout d'une minute ou deux. Mes dernières pensées furent : si je meurs, est-ce que Quaker obtiendra un sursis ? Puis : si je meurs, j'aurai trouvé une manière d'arrêter de faire ça sans me sentir coupable.

Peu de gens le savent, mais c'est moi qui ai inventé les livres audio. Quand j'étais à l'université, je me suis dit que je devrais monter une affaire de location de livres enregistrés sur des cassettes. C'était de loin ma plus brillante idée, meilleure que celle des doses de café moulu que l'on pourrait faire infuser dans un sachet, comme le thé, pour avoir le plaisir du goût du café fraîchement moulu quand on fait du camping. J'avais aussi imaginé un ordinateur de voiture, qui indiquerait au conducteur la direction à suivre grâce à des cartes programmées. Je voulais en équiper les voitures de location. Malheureusement, je me suis contenté d'avoir ces idées, qu'apparemment beaucoup d'autres gens avaient eues.

Ma grand-mère aimait beaucoup la lecture. Elle devint aveugle avant qu'existent les livres audio. À quatre-vingt-quatre ans, elle eut un cancer du sinus et suivit une radiothérapie. Le médecin l'avertit qu'elle risquait de perdre la vue de l'œil proche du sinus atteint par la tumeur. Il ne dit rien de la possibilité de perdre la vision de l'autre œil. J'ai failli lui faire un procès. Si j'avais quatre-vingt-quatre ans et que le médecin me dise que j'allais devenir aveugle, je prendrais le risque de ne pas suivre de traitement.

Les avocats qui défendent des condamnés à mort ont une définition très personnelle de la victoire. Comme je l'ai dit, quand mes clients meurent du sida dans le couloir de la mort, je considère que c'est une victoire. Mais ça ne s'arrête pas là. L'un de mes clients devait être exécuté le 1er juillet. Le 30 juin, on a obtenu un sursis, et il n'a été exécuté que le 1er août. Un mois de vie en plus dans une cage de cinq mètres carrés. Mais il respirait. C'est une victoire. Quand vous perdez la plupart des guerres, le succès obtenu à l'issue d'une simple bataille devient une victoire. Dans le monde libre, comme disent mes clients, les mots n'ont pas le même sens qu'en prison.

J'ai questionné Charlie sur les risques que présentait l'opération.

— De toute façon, tu peux perdre la vue.

— Je ne peux pas travailler si je suis aveugle.

— Tu apprendras à lire en braille.

J'ai un petit garçon et une femme que j'aime. Dans mon monde, cela ressemble à une victoire.

Tout le monde m'a envoyé des livres audio. J'ai écouté le premier, écrit et lu par David Sedaris. J'ai rigolé pendant cinq minutes. Ensuite, je n'arrêtais pas de me demander si je lirais de nouveau un jour. Plutôt que d'entendre ce qu'il disait, je l'entendais lire, et cela me rappelait tous les mots que je ne pouvais pas lire moi-même. J'ai laissé tomber les cassettes.

J'ai travaillé les yeux fermés pendant une semaine. Je n'aurais pas aimé que ça dure, mais j'ai fait de nets progrès au piano pendant ce temps, et mes pensées étaient moins confuses. Tous les matins, Katya m'emmenait en voiture au bureau après avoir déposé Lincoln à l'école. Je m'allongeais sur mon canapé et parlais de l'affaire aux autres. Kassie était certaine que Green était impliqué :

— L'intuition féminine… Tu peux me croire.

Ce n'est pas que je ne la croyais pas. Mais je n'avais pas confiance en Green. Quand j'étais à l'école élémentaire, mes frères et moi avions un jeu. Nous faisions un numéro de téléphone au hasard et disions à qui répondait de ne pas décrocher pendant l'heure suivante car la compagnie d'électricité travaillait sur la ligne, et s'ils répondaient au téléphone, celui qui les appelait recevrait une forte décharge. Nous attendions dix minutes et refaisions le numéro. En général, quelqu'un répondait, et nous criions comme si nous avions été électrocutés. Les gens torturent leurs semblables parce qu'ils trouvent ça drôle, ou n'ont rien d'autre à faire, ou bien parce qu'ils se trouvent dans le couloir de la mort, ils sont furieux, glacés, et ont envie d'infliger autant de douleur qu'ils le peuvent au monde extérieur avant d'en être chassés.

Deux ans plus tôt, un aumônier du couloir de la mort avait commencé à lire les évangiles à mes clients. Ils se mirent à me demander de renoncer à faire appel. L'aumônier leur avait dit que s'ils se repentaient, Jésus leur pardonnerait, mais s'ils luttaient, ils brûleraient en enfer. Dans son univers, en faisant appel, on entrait dans une espèce de lutte, en refusant d'endosser la responsabilité de ses actes. Deux fois, c'était une coïncidence, trois, une conspiration. Lorsqu'un quatrième client m'écrivit de renoncer à faire appel, je me rendis chez l'aumônier. Il vivait dans une petite maison de Huntsville, et je m'assis dans un rocking-chair sur sa véranda en attendant qu'il rentre. Je ne suis pas chrétien, et si je l'étais, je ne serais pas un bon chrétien. Ma capacité à tendre l'autre joue est mince. Je me présentai et lui dis que s'il passait encore une nanoseconde avec un de mes clients, j'allais lui montrer ce que « procès » voulait dire. Il me regarda avec ce que je pris tout d'abord pour de l'incompréhension, puis un air de tristesse, comme si j'ignorais la rédemption qui battait sous ma chemise.

Encore une fois, même si je ne voulais pas que mes clients renoncent à faire appel, j'étais obligé d'admirer ce type. Il était parvenu à communiquer avec eux comme personne n'avait su le faire jusque-là. Bien sûr, il les avait sans doute menacés de la damnation éternelle, mais quand même. Je crois qu'il se préoccupait vraiment de leur sort. Presque tous mes clients auraient dû être enlevés à leurs parents quand ils étaient enfants. Ce ne fut pas le cas. Personne ne s'est intéressé à eux, et ils sont devenus de ce fait des menaces. À ce moment-là, la société s'est intéressée à eux, ne serait-ce que pour les tuer. L'aumônier avait trouvé un moyen de pression qui aurait pu sauver des vies, si quelqu'un avait pris la peine de le trouver plus tôt.

Il y a aussi une poignée d'hommes résolus qui rejettent le salut. Ils fabriquent des armes de poing avec leurs plateaux de repas, et crachent sur les gardiens. Ils mettent leurs excréments de côté pour s'en servir comme projectiles. Transgresser les règles est pour eux un jeu. Leur objectif est de mourir sans rien céder. Quand Breaker Morant [1] s'est présenté devant le peloton d'exécution, il a dit à l'évêque venu prier pour lui qu'il était païen, et a crié à ses bourreaux : « Visez juste, putain de bâtards. » Green était moins instruit, mais tout aussi endurci. L'aumônier que j'ai menacé n'aurait jamais pu l'atteindre.

Kassie avait montré une photo de Green à Sandra Blue, la voisine des Quaker. Elle a dit à Kassie qu'elle ne l'avait jamais vu, mais celle-ci avait des doutes. Elle a décidé de bluffer. Elle est allée voir Green et lui a dit que la voisine des Quaker l'avait reconnu. Il lui a jeté un coup d'œil et a secoué la tête :

— Si votre patron n'était pas venu me voir, j'aurais emporté mes secrets dans la tombe.

Avant qu'elle parte, il a ajouté :

— Restez encore quelques minutes avec moi, vous voulez bien ?

Et il a glissé sa main dans sa braguette.

— Je te jure, c'est la dernière fois que je vais le voir, m'a dit Kassie. Mais toi, il faut que tu y retournes. Ce salaud sait quelque chose, j'en suis certaine.

Jerome est allé voir Bud Lomax avec une caméra vidéo. Dès 6 heures du matin, il s'est posté dans sa voiture, buvant du café, jusqu'à ce qu'il entende la télé par une fenêtre ouverte, à 10 h 15. Il a frappé, Lomax est venu lui ouvrir en sous-vêtements. J'ai vu la vidéo. Lomax n'est pas rasé mais il est cohérent. Et crédible. Il dit, en regardant la caméra :

1. Harry « Breaker » Morant (1864-1902), soldat et poète australien, condamné à mort pour sa participation à un massacre lors de la deuxième guerre des Boers.

— Je ne crois pas que Henry Quaker a tué ma sœur. J'ai menti pendant le procès, parce qu'un inspecteur m'avait menacé. Il m'avait dit qu'il y avait assez de drogue chez moi pour m'envoyer passer le reste de ma vie en prison. Je voulais pas aller en prison. Je suis désolé. Je suis vraiment désolé.

Gary avait déposé une requête demandant que l'on nous permette de procéder de nouveau à certains tests. Quand la cour nous a donné son feu vert, le procureur est tombé d'accord avec moi : Melissa Harmon, la détective, porterait les échantillons au labo. Elle a appelé :

— Deux des gouttes de sang sont trop abîmées pour qu'on s'en serve. J'attends le résultat des quatre autres. Kimberly Crist pense que ça ne fait absolument aucun doute : le sang coulait d'une personne ou d'un objet qui se déplaçait de la femme vers les enfants.

Crist est la directrice scientifique du labo. Je ne me suis pas réjoui de son opinion, en particulier de ce « absolument aucun doute ». Mais les scientifiques ont souvent tort, même s'ils ne montrent jamais de doutes. Je n'étais pas prêt à abandonner ma théorie, qui n'était bien sûr qu'un espoir, jusqu'à ce que les dernières gouttes de sang aient été analysées. J'ai répondu à Melissa :

— Si le sang appartient à l'un des enfants, ou aux deux, c'est elle qui les a tués. S'il lui appartient, à elle, le scénario le plus vraisemblable, c'est qu'elle a été tuée la première, puis que l'assassin est allé dans l'autre pièce et a tué les enfants. Je n'abandonne pas la thèse du meurtre-suicide jusqu'à ce que les analyses d'ADN nous disent à qui appartient ce sang.

— Le problème de ta théorie, c'est qu'elle n'aurait pas pu se suicider sans arme, et il n'y avait pas d'arme.

— Il y en avait peut-être une. Il devait y en avoir une. Sinon, pourquoi les flics auraient cherché des traces de poudre sur ses mains ?

— Je ne sais pas.

— Tu serais d'accord pour aller parler à Wyatt ?

C'est lui qui avait mené l'enquête.

— Bien sûr. Pourquoi pas ? C'est toi qui payes…

J'ai parlé aux autres de son appel, puis demandé à Gary d'organiser une visite à la prison pour que j'aille voir Green et Quaker. Je me suis levé avant d'ajouter :

— Je vais à côté, chez Treebeard. Quelqu'un veut que je lui rapporte quelque chose à manger ?

— J'y vais, si tu veux, a dit Gary.

— Non, c'est bon. J'ai besoin de marcher. Je suis là dans un quart d'heure avec des crevettes à l'étouffée et un dessert pour tout le monde.

J'étais debout devant le comptoir pendant que les serveurs remplissaient des barquettes de crevettes, de soupe au gombo et de riz. J'ai senti une main sur mon épaule et me suis retourné. C'était la juge Truesdale. Elle a regardé mon œil :

— Mon dieu, qu'est-ce qui vous est arrivé ?

Elle a touché ma joue droite.

— Vous devriez voir la tête de l'autre type, lui ai-je répondu.

Le serveur m'a tendu la nourriture. La juge a dit :

— Je mange là-bas, toute seule. Asseyez-vous avec moi un instant.

Je l'ai suivie jusqu'à sa table. Elle a ajouté :

— Tout ça est officieux, si ça ne vous ennuie pas.

Je suis à peu près certain que si, ça m'ennuie d'avoir une conversation officieuse avec la juge qui préside à une affaire dont l'audience est proche.

— Pas de problème.

— Pour moi, le fait de signer un ordre d'exécution rend soudain les choses réelles. Quand le jury annonce son verdict et que je prononce la peine de mort, j'ai l'impression d'être spectatrice. Mais quand je signe l'ordre d'exécution…

Sa voix s'est éteinte, puis elle a poursuivi :

— Dans l'affaire Quaker, le jury a délibéré longtemps. Nous pensions qu'ils allaient l'acquitter.

— Pourquoi me dites-vous ça, Votre Honneur ?

— Je ne sais pas trop… Dans cent ans, les gens se pencheront sur le passé, et ils se demanderont pourquoi diable nous avons agi ainsi.

Elle a bu une gorgée de thé. Je me suis levé :

— Je vous verrai dans deux semaines.

— Prenez soin de votre œil.

Richard Feynman [1] tenait une liste des choses qu'il ignorait. Je me suis souvent demandé combien il fallait en savoir pour évaluer sa propre ignorance. Je pourrais faire une liste des choses que je voudrais savoir et que j'ignore, mais ça me déprimerait. En fait, je ne comprends à peu près rien à rien, détail qui m'est rappelé à chaque fois que je vais dans le couloir de la mort, surtout le vendredi. J'allais y rendre visite à Green, et saluer Quaker.

Je me suis arrêté à une station-service trois kilomètres avant la prison. Tandis que je changeais des billets de dix dollars contre des poignées de pièces de vingt-cinq cents, j'ai vu trois Françaises entre vingt et

1. Physicien américain (1918-1988), prix Nobel de physique en 1965.

trente ans. Une grande jeune femme rousse, Monique, m'a reconnu, salué, et présenté à ses amies. Elles étaient venues au Texas pour rendre visite à des assassins. Monique venait voir son mari, un Hondurien qui, avec trois autres trafiquants de drogue, avait violé et tué deux lycéennes qui avaient fait une erreur de parcours désastreuse en empruntant une impasse le jour où la plus âgée d'entre elles avait obtenu son permis de conduire. Le Hondurien dit lors de son procès que le meurtre était une erreur. Il voulait probablement dire qu'il ne l'avait pas prévu, car il est difficile de qualifier d'erreur un crime accompli en poignardant la victime à treize reprises. J'étais moins impitoyable avant de devenir père. Monique avait fait la connaissance du type après son arrivée dans le couloir de la mort. Un an, quatre visites et seize lettres plus tard, ils se mariaient par procuration. Elle ne l'avait jamais touché, et ne le toucherait jamais, jusqu'à ce qu'il soit exécuté.

Je connais une vingtaine d'assassins auxquels leurs épouses européennes rendent visite trois ou quatre fois par an, habitant des hôtels bon marché proches de la prison, survivant en se nourrissant de hamburgers. La prison n'autorise pas les visiteurs à apporter de la lecture, les femmes restent donc assises une heure à se tourner les pouces, attendant que les gardiens amènent leur mari, puis elles se collent un téléphone crasseux à l'oreille, et parlent à leur compagnon à travers le plexiglas pendant quatre heures. Ce n'est peut-être pas de l'amour, mais ce n'est pas non plus de l'opportunisme, puisqu'elles ne veulent même pas se faire naturaliser américaines.

Monique m'a demandé qui j'allais voir. Je le lui ai dit. Elle m'a appris que la femme de Green était avec lui. Je ne savais pas qu'il était marié. Monique m'a dit que c'était une Irlandaise qui s'appelait Destiny. Je me suis demandé quel genre de parents pouvaient appeler leur enfant Destiny. Puis combien de verres une femme devait s'envoyer pour se marier avec un type qui avait battu à mort sa précédente épouse.

Monique et ses amies m'ont suivi dans la prison. Devant les grilles, le vendredi, le parking ressemble à une fête foraine. Camionnettes, camping-cars et pick-up pleins de campeurs remplissent toutes les places destinées aux visiteurs. Les visites aux pensionnaires du couloir de la mort étant aussi autorisées le samedi, les familles peuvent venir voir ceux qui leur sont chers sans poser de congés. Les épouses viennent voir leur mari. Les mères et les pères rendent visite à leurs fils. Les fils et les filles à leur père. Le week-end, le couloir de la mort est une preuve vivante du nombre de familles détruites par les assassins.

Avant d'actionner l'ouverture à distance de la grille, la gardienne m'a rappelé que je ne pouvais pas porter de lunettes de soleil à l'intérieur. Je les ai enlevées pour qu'elle puisse voir mon œil, dont le blanc était encore couleur de vieux chianti, trois semaines après mon opération.

— Je crois que je vais vous autoriser à les porter aujourd'hui, maître.

Une fois à l'intérieur, Monique m'a présenté Destiny. Elle ne mesurait pas plus d'un mètre cinquante, mais pesait sans doute pas loin de cent trente kilos. Green en pesait peut-être soixante. Il mangeait de la couenne de porc frite et buvait un Pepsi. Destiny a levé les yeux vers moi quand je suis entré, mais n'a pas dit un mot. Je l'ai saluée, elle se rongeait les ongles. Sa peau était grumeleuse et blanchâtre. Elle avait mis du rouge à lèvres, aussi rouge qu'une pomme confite. La moitié de son cul tenait sur la chaise de métal pliante. J'ai pris l'autre téléphone et me suis adressé à Green :

— Je vous parlerai dans un box d'avocat quand la visite de votre femme sera finie.

— J'ai l'intention d'être là toute la journée, mon chou, a-t-elle dit.

— Les gardiens ne vous laisseront pas rester plus de deux heures.

— Présente-toi à mon nouvel avocat, Destiny, a dit Green avant de me faire un clin d'œil.

Je suis allé m'installer dans un box d'avocat jusqu'à ce que les gardiens m'amènent Green.

Il y a deux types de boxes d'avocat dans le couloir de la mort. L'un est une pièce où l'on peut avoir un contact avec son client, chacun assis à un bout d'une table. Si vous le désirez, vous pouvez serrer la main menottée de votre client, ou lui taper sur l'épaule. Ce box est généralement utilisé pour les examens psychologiques ou psychiatriques. L'autre type de box est une boîte d'un mètre quatre-vingts sur un mètre vingt, divisée en son milieu par un mur de béton muni d'une fenêtre de plexiglas renforcé. Une fente cadenassée permet d'échanger des papiers. On doit se servir du téléphone pour parler. Quand ils pénètrent dans leur moitié de la cage, les détenus nettoient méticuleusement le micro et l'écouteur avec leur combinaison blanche. Les condamnés à mort sont souvent obsédés par les microbes.

Ce qui caractérise l'espace réservé à l'avocat, c'est qu'il est entièrement clos, comme dans les cabines téléphoniques à l'ancienne. Le but est d'accentuer l'idée d'intimité, et d'empêcher les gardiens et les autres personnes présentes dans la zone réservée aux visiteurs d'entendre la conversation. Les officiels des prisons enregistrent subrepticement les conversations entre les détenus et leurs visiteurs courants. Ils ne sont pas censés le faire lors des visites des avocats, mais je ne parierais pas qu'ils ne le font pas.

Green et moi discutions dans un box qui n'autorisait pas le contact. Tandis qu'il s'accroupissait pour passer les mains dans une fente pratiquée dans la porte afin que le gardien lui ôte ses menottes, il m'a dit :

— Qu'est-ce qui vous est arrivé ?

J'avais oublié le triste état de mon œil. Je ne lui ai pas répondu. Green m'a demandé :

— Vous saviez que Johnny Martinez et moi, on était potes ?

De tous les condamnés à mort que j'ai défendus, il y en a trois ou quatre seulement dont je peux dire que je les aimais bien, vraiment. Johnny Martinez en faisait partie.

Les gens qui sont dans le couloir de la mort vivent seuls, dorment seuls, se douchent seuls. Un jour, alors que j'étais à la fac, j'ai fait une expérience pour voir combien de temps je pouvais rester sans dire un mot à un autre être humain. J'ai tenu huit jours. Je ne pouvais pas aller au restaurant et, à l'épicerie, c'était dur. Dans les fast-foods, je levais les doigts pour passer ma commande, et je hochais la tête quand le serveur me donnait ma nourriture et me remerciait. C'est plus difficile qu'on ne le pense, pour un animal social bien programmé, de vivre sans aucun rapport humain. Mais le couloir de la mort n'a pas toujours été ainsi. Jusqu'à la fin des années 1990, ses pensionnaires pouvaient travailler hors de leurs cellules, dans la blanchisserie de la prison, ou à fabriquer des plaques d'immatriculation. Il y avait aussi des groupes de sport, afin que les détenus puissent jouer au basket, au handball, ou soulever de la fonte ensemble. Martinez était homosexuel. Pour les détenus gays, ou temporairement gays, le couloir de la mort à l'ancienne offrait des possibilités, si l'on peut dire. Martinez avait du mal à supporter l'isolement total. Après que de nouvelles règles eurent été mises en place, il me dit qu'il n'avait jamais rêvé qu'il s'échappait ; il rêvait que le touche un être humain qui ne soit pas un gardien.

— Ouais, Johnny, mais les types qui ne sont pas des gardiens, ce sont des assassins.

— Pas tous.

— Je sais. Je plaisantais.

— De quoi vous rêvez, vous ?

Souvent, je ne savais pas quoi dire quand Martinez me posait des questions. Comme avocat, je ne lui servais à rien. Ses avocats précédents avaient tellement merdé qu'on ne pouvait plus rien faire pour lui. Je le lui avais dit lors de notre première rencontre. Il s'en fichait. Il voulait que je sois son père, et son ami. Je ne voulais pas être son ami dans le seul but d'accepter le fait qu'en tant qu'avocat, je ne pouvais pas le sauver. Alors je ne répondis pas.

— Vous rêvez, non ?

Il me regardait comme si j'étais un oracle. J'écrivis une note sur mon calepin, me donnant un prétexte pour baisser les yeux. Il tourna la tête, essaya de la lire. Sourit :

— Je suppose que vous ne pouvez pas rêver si vous ne dormez pas. Ça vous arrive, de dormir ?

Quand Quaker m'a demandé la même chose, des années plus tard, il avait simplement l'air curieux. Dans la bouche de Johnny, la question semblait intime. Je l'esquivai.

— Je parie que vous, vous ne dormez pas.

— J'aime bien dormir, mais il y a beaucoup de bruit au niveau 2.

Le couloir de la mort compte trois niveaux. Le niveau 1 accueille les détenus qui se conduisent bien. Le niveau 3 est pour les fauteurs de troubles. Le niveau 2 est entre les deux. Si Johnny s'y trouvait, c'est qu'il s'était passé quelque chose. Je ne voyais pas comment c'était possible. Il était docile, obéissant.

— Pourquoi on vous a mis au niveau 2 ?

Il passa deux fois ses mains sur son visage. Il se tapota une joue avec le pouce, les doigts sur l'autre joue. Il avait trois poils sur le visage en guise de barbe, comme un adolescent qui commence juste à se raser.

— Je n'ai pas voulu me raser quand le gardien-chef me l'a demandé.

— Pourquoi ça ?

— Je n'ai pas le droit de me raser pendant le ramadan.

Johnny avait été élevé dans la religion catholique. Il avait été enfant de chœur. Le prêtre de sa paroisse m'avait dit qu'il était prêt à faire tout ce qui était en son pouvoir pour aider Johnny à sortir du couloir de la mort. Il avait déjà écrit au pape, lui demandant d'intervenir.

— Vous êtes catholique, non ?

— Plus maintenant. Je suis musulman.

— Depuis quand ?

— C'est ce que je suis, *señor abogado*, dit-il en souriant.

Je sentis s'abattre un morceau du mur, et poursuivis :

— C'est la première fois que je rencontre un musulman nommé Martinez. Qu'en pense votre famille ?

Il inclina la tête en arrière et rit. Il semblait presque heureux. C'était l'image de lui à laquelle j'essayais de m'accrocher.

— Vous vous souvenez de Martinez, non ? a demandé Green. Il m'a dit que vous étiez un hérétique.

Martinez me traitait en effet d'hérétique, pour me taquiner. J'avais avec lui des conversations qui ne tournaient pas autour de son affaire ou du droit. Nous parlions de religion :

— Avec le nationalisme, disais-je, c'est le plus grand facteur de régression de la société humaine.

Il secouait la tête, respectueux mais inflexible :

— Si vous étiez à ma place, vous pourriez bien vous retrouver à prier tous les jours.

— Vous avez peut-être raison, mais ça prouverait seulement que je suis un hypocrite, pas que j'ai tort.

C'était un thème récurrent entre nous. Si Green savait que Martinez me traitait d'hérétique, celui-ci devait le lui avoir dit. Mais je ne les imaginais pas amis.

Je me suis assis, attendant. Green a lâché :

— Destiny n'a pas confiance en vous.

Je me suis dit : Destiny n'a pas confiance en *moi* ? C'est une plaisanterie. Elle en tient une sacrée couche, avec sa vision romantique des criminels. Elle a été attirée par toi alors que tout ce qu'elle savait à ton sujet, c'est que tu étais un assassin qui avait battu sa femme à mort devant ton fils. Il y a peut-être autre chose en toi – bien que je n'en sois pas convaincu – mais Destiny ne le savait pas quand elle a trouvé ton nom, ta photo et ton adresse sur un site Internet abolitionniste, et a décidé de t'écrire des lettres d'amour à l'eau de rose. Alors si elle n'a pas confiance en moi, mon vieux, dis-lui que je le lui rends bien.

Ma diatribe intérieure m'a amusé, et ça s'est vu. J'ai eu un sourire narquois. Green a demandé :

— Qu'est-ce qu'il y a de drôle ?

J'ai secoué la tête, il a dit :

— Allons droit au but. Ma femme m'attend.

J'ai sorti un calepin de ma serviette et léché la gomme de mon crayon. Mais je n'ai rien écrit. Comment oublier ce que Green allait me dire ?

— Henry Quaker, il a tué personne.

— Comment le savez-vous ?

— J'ai dit à la fille qui travaille pour vous que c'est Ruben qui l'a fait. Je ne lui ai pas dit exactement comment je le sais. Je sais qu'il a tué cette famille, parce que je l'ai payé pour qu'il le fasse.

Green n'était pas le premier à me dire qu'il s'était tiré sans encombre d'un meurtre. Au fil des années, plusieurs de mes clients, devant l'imminence de leur exécution, ont fait toute sorte d'affirmations exagérées. Billy Vickers est allé à la mort en se déclarant coupable d'au moins douze meurtres. Henry Lee Lucas en a revendiqué des centaines. Angel Resendiz, le mal nommé, que la police appelait « le tueur des trains », a voyagé du Kentucky au Texas, puis en Californie, et retour, tuant selon lui quinze personnes. Ces prisonniers essayaient-ils de soulager leur conscience, ou bien de passer à la postérité ? Je penchais pour la seconde option. Je ne disais rien, Green lança :

— Quoi ? Vous ne me croyez pas ? Allez parler à Cantu. Dites-lui que vous êtes au courant pour le pistolet qu'il a laissé là-bas.

Il s'est arraché un bout d'ongle d'un coup de dents, et a poursuivi :

— Vous avez apporté de la monnaie, aujourd'hui, maître ?

— Merde, j'ai encore oublié.

Il a craché la rognure dans la paume de sa main et l'a regardée.

— Vous n'auriez pas dû dire à Destiny que je suis votre avocat. Je ne peux pas être votre avocat. Il y a conflit d'intérêts.

Il a hoché la tête, remis le bout d'ongle sur sa langue, et l'a fait tourner dans sa bouche. Il a regardé par-dessus mon épaule et penché la tête vers ma gauche. Je me suis retourné, mais il n'y avait personne. Quand je l'ai regardé de nouveau, il affichait un large sourire.

— Ils enregistrent notre conversation ?

— Ils ne sont pas censés écouter ce que disent les avocats, mais peut-être qu'ils le font quand même.

— Ouais…

J'ai attendu qu'il poursuive. J'avais envie de regarder ma montre, mais je me suis retenu, comme on se retient de se gratter quand ça démange. Je me suis dit : il est peut-être en train de jouer avec moi. Si c'est le cas, je ne dois rien dire et ne pas manifester d'intérêt. Puis : ou alors il dit la vérité. Si c'est le cas, je ne dois rien dire et réfléchir aux bonnes questions à lui poser. Je suis donc resté là, assis, sans rien dire. La tête me tournait.

— Cantu est un connard. Il s'est trompé de victime.

Son histoire n'était pas incroyable. Je ne dis pas que l'ai cru, simplement qu'il m'a accroché. Selon lui, Cantu vendait de la drogue pour son compte à lui, Green, et menaçait de temps à autre des gens qui lui devaient de l'argent :

— Cantu m'avait déjà dit qu'il avait tué deux dealers qui lui avaient volé du fric, je connais pas leurs noms, je sais même pas si c'est vrai. Mais cette bonne femme, Tricia Cummings, elle vendait de l'ecstasy pour moi dans un quartier de Noirs et de Latinos. Elle me volait.

Il n'a pas dit comment il le savait, et je ne lui ai pas posé la question. Il a fait une pause, comme si la suite était évidente.

— Et alors ?

— Alors j'ai payé Cantu pour qu'il la bute.

Et Cantu s'est trompé de cible. Green s'en est rendu compte aussitôt que Cantu lui a dit qu'il avait aussi dû tuer deux enfants parce qu'ils l'avaient vu après qu'il eut tué la femme. Green savait que Cummings vivait seule, et selon lui elle n'avait pas d'enfant. Il a ajouté qu'il avait été chez elle et avait couché avec elle, même s'il n'a pas tout à fait utilisé ces termes-là.

S'il disait la vérité, Dorris Quaker était morte parce qu'elle habitait à deux pâtés de maison de quelqu'un qui avait arnaqué Green, et ses enfants étaient morts parce qu'eux aussi se trouvaient là.

Son histoire semblait juste assez vraisemblable pour que je la croie.

— Vous êtes pas forcé de me croire. C'est pas vous, le grand expert de l'ADN ? Je parie que vous trouverez celui de Cantu partout chez elle.

J'ai essayé de me souvenir des preuves réunies par la police sur lesquelles on aurait pu trouver l'ADN de Cantu. Le rapport disait que Dorris était allongée ou endormie quand elle avait été tuée. Il n'y avait pas de traces de lutte. On ne trouverait donc pas sous ses ongles la peau de Cantu. Et à moins qu'il ait été blessé, il n'avait pas dû laisser de sang. Il semblait peu vraisemblable qu'il ait pris une bière dans le frigo une fois son forfait accompli, je ne m'attendais donc pas à retrouver sa salive sur une bouteille.

— En plus, Cantu parle trop, a poursuivi Green. Il a sans doute dit à sa copine ce qu'il avait fait.

— Comment elle s'appelle ?

— Je sais pas, mon vieux. Je sais même pas s'il a une copine. Tout ce que je dis, c'est que s'il en a une, il a dû lui parler.

La conversation n'avait plus d'intérêt. Puis Green a ajouté :

— Il a laissé un flingue, comme s'il voulait faire croire aux flics que la pétasse s'était suicidée. Ce fils de pute a pas laissé le flingue qu'il a utilisé, vu qu'il lui portait chance. Il en a laissé un qu'était pas fiché. Connard de Mexicain.

J'ai senti que j'étais en train de perdre la bataille pour refréner mon besoin de le croire. J'ai changé d'objectif, optant pour l'apparence de la sérénité :

— Pourquoi vous me dites tout ça maintenant ?

Son visage s'est crispé, ses lèvres ont formé un *o*, comme un poisson qui respire à la surface d'un aquarium. Je me suis dit : garde ton calme. J'ai tenté de ne montrer aucune réaction. Je ne voulais pas que Green devine ce que je pensais avant que je le sache moi-même. Il a lancé :

— Quoi ? Vous me croyez pas ?

— Merci de votre aide, Green. Je vais examiner tout ça.

— C'est parce que j'aime bien Quaker. Il est juste à côté de chez moi. Des fois je l'entends, il lit des mots que je comprends pas, comme si c'était même pas de l'anglais. Il est peut-être en train de devenir *loco*.

Un tic a agité sa paupière, me faisant un clin d'œil qui m'a semblé involontaire :

— Vous voulez que je signe quelque chose ? Pas de problème.

— Je vais parler à votre avocat, je vous tiendrai au courant.

— Allez, mec. Vous savez bien que j'ai pas tant de temps. C'est vous que je veux comme avocat. Celui qu'on a commis d'office est une merde.

Il a changé d'expression, affichant soudain la colère. Je me suis retourné. Destiny était partie.

— Dites au gardien que je suis prêt à rentrer dans ma petite maison, a dit Green.

— D'accord.

— Et la prochaine fois, n'oubliez pas la monnaie.

Un jour, alors que j'étais en CE2, je suis resté dans la salle de classe pour terminer le livre que j'étais en train de lire, pendant que les autres faisaient la queue pour aller aux toilettes. Vingt minutes plus tard, j'ai eu besoin d'y aller. J'ai demandé la permission à Mme Pittman.

— Il fallait y aller en même temps que le reste de la classe.

— Mais il y a urgence.

— Peut-être que la prochaine fois, tu respecteras les mêmes règles que les autres.

J'ai regagné ma place et fait pipi dans ma culotte. Une demi-heure plus tard, la directrice est entrée pour inspecter notre classe. Elle a fait le tour de la pièce, regardant par-dessus notre épaule ce que nous étions en train de faire. Arrivée à ma place, elle s'est arrêtée, puis elle a poursuivi son chemin et murmuré quelque chose à l'oreille de Mme Pittman. Celle-ci m'a attrapé rudement par le coude, et m'a quasiment porté jusqu'à une place libre à côté de Tommy Petite.

— Pourquoi tu te mets là ? a-t-il demandé.

— Ma chaise est à moitié cassée.

J'ai jeté un coup d'œil derrière moi. Il y avait une flaque jaune sous mon siège.

Ce soir-là, après le dîner, j'ai raconté l'incident à mon père.

— Il est parfois facile de confondre soulagement et revanche. Tu comprends ce que je veux dire ?

— Non, je crois pas.

— Avant de faire quoi que ce soit, tu dois t'assurer que tu peux en assumer les conséquences.

— Je comprends.

Green s'est levé en attendant les gardiens. J'ai vu une tache humide autour de son entrejambe. J'ai secoué la tête. J'étais impatient de raconter ça à Kassie.

En attendant Quaker, j'ai fait les cent pas pour me dégourdir les jambes et me vider la tête pendant que les gardiens faisaient sortir Green. La porte des toilettes s'est ouverte, Destiny est sortie. Elle a fait un signe de la main à Green tandis que les gardiens l'emmenaient, puis est venue vers moi, soudain amicale :

— Vous croyez que Zeke va obtenir son sursis ?

Je me suis dit : Zeke ? Elle l'appelle Zeke ?

Elle attendait ma réponse. Je ne savais pas que la date d'exécution de Green était déjà fixée, ni si son avocat tentait de la retarder. Green m'avait-il volontairement dissimulé le fait que la date était fixée, ou supposait-il simplement que je le savais déjà ? La deuxième option devait être la bonne. Mon cabinet suit toutes les exécutions. Son nom figurait sans doute dans un document, quelque part sur mon bureau. Il devait supposer que je savais avant lui que son exécution était programmée. Mais ça ne répondait pas à ma première question : cette revendication de responsabilité n'était-elle qu'un stratagème destiné à obtenir un sursis ? Il devait s'être dit que je voudrais qu'il l'obtienne afin d'aider Quaker, et il avait raison. C'était un habile manipulateur, et je me suis félicité de l'avoir détesté dès le premier instant. Il me fallait savoir quelle était la date prévue, mais je ne voulais pas la demander à Destiny.

— J'espère, oui. Je suppose qu'il l'aura.

Elle m'a tendu la main, je l'ai serrée. Elle a gardé ma main un peu trop longtemps dans la sienne, puis elle a fait demi-tour comme un mannequin sur un podium, et s'en est allée sans un mot.

Quaker plaisantait avec les gardiens quand ils l'ont amené dans le box. J'ai lu un bouquin à propos d'un flic qui enquêtait sur des meurtres en série. Il passait des heures à interroger de célèbres tueurs en série, devenant proche d'eux, leur révélant des secrets afin de gagner leur confiance, et ils le remerciaient en lui racontant les détails de leurs crimes – des détails macabres, épouvantables, qui m'auraient empêché de dormir pendant une semaine, peut-être même pour toujours. Mais le flic n'aurait pas pu être flic s'il avait réagi comme moi. Il a dit à l'auteur du livre qu'il rangeait ces conversations dans un compartiment de son cerveau, qu'il le fermait aussitôt à clé et, quand il regagnait sa voiture, il se demandait dans quel restaurant mexicain il allait déjeuner. Les geôliers de Quaker étaient-ils comme ça ? Seraient-ils capables de faire abstraction de leur relation avec lui, et de l'escorter d'un air hébété jusqu'au chariot ? Je connaissais leur numéro de téléphone et leur adresse, et il me fallait connaître la réponse à cette question. Ça ne serait peut-être d'aucune aide, mais ça ne pouvait pas faire de mal si les gardiens venaient témoigner que pour eux, Quaker était innocent, ou au moins qu'il ne devait pas mourir.

Il s'est frotté les poignets quand on lui a enlevé les menottes. Il s'est penché vers moi et a regardé mon œil :

— Mon vieux, vous ressemblez à E.T.

— Ce type, Green, que savez-vous de lui exactement ?

— Qu'est-ce que ça peut faire ?

— Je suis simplement curieux.

— Ici, les types pas très malins pensent que c'est un genre de prophète.

— Ouais.

— Les autres pensent qu'il est fou.

— Vous, vous êtes dans quel camp ?

— Ah, je ne suis pas un génie comme vous, mais je suis du même côté que vous de la courbe de Gauss.

— Vous pensez donc qu'il est fou.

— Ça repose seulement sur ce que j'ai entendu. Comme j'ai dit, j'ai jamais vraiment discuté avec lui. Il est à côté de moi dans le couloir, je l'entends parler au téléphone, il a pas l'air dingue. Ses mots veulent dire quelque chose, vous voyez ce que je veux dire.

J'ai hoché la tête, il a ajouté :

— Pourquoi vous voulez le savoir ?

— Il vient de me dire qui a tué Dorris et vos enfants. Il dit qu'il y a eu erreur sur la personne.

J'ai appelé Katya en rentrant au bureau.

— Comment il a réagi ?

— Il est littéralement resté bouche bée. Sa poitrine s'est affaissée, son menton s'est avancé, et sa bouche s'est ouverte. Je croyais que c'était une figure de style. Mais ç'a été une vraie réaction physique. Il s'est réellement retrouvé bouche bée. Il a commencé à dire quelque chose, je crois que ses lèvres bougeaient, mais aucun son ne sortait. Puis il s'est frotté les yeux avec les jointures de ses index, et il a dit « Pourquoi ? ».

Je ne savais pas s'il me demandait pourquoi Green me l'avait dit, ou si c'était plutôt une question du style Job. Je lui ai raconté tout ce que m'avait dit Green, y compris le fait qu'il entendait Quaker parler dans une langue étrangère. Mon ton était neutre : peut-être que je le croyais, peut-être pas. Quaker a dit : « C'est pas une langue étrangère. J'ai un livre de poèmes de Wallace Stevens, et je les lis à voix haute. Je pige pas la moitié des mots, mais j'aime leur son. »

Il s'est mis à pleurer. Je m'en suis d'abord rendu compte pour une seule raison : sa poitrine se soulevait, comme s'il haletait après un sprint. Puis j'ai vu les larmes. Il répétait sans cesse : « Mes pauvres bébés, mes pauvres bébés, mon amour. » Encore et encore. Je ne savais pas quoi dire. Je suis resté assis là.

Il a poursuivi : « Après l'explosion, ma boîte m'a envoyé dans cet endroit près de New Braunfels. Le psy a dit que je souffrais de névrose post-traumatique. Mais vous le savez déjà, non ? C'était comme dans *Vol audessus d'un nid de coucou*. Vous l'avez vu, ce film ? Tous ces vieux qui marchent sans but. Je crois qu'ils étaient presque tous allemands. Je comprenais rien de ce qu'ils disaient. Enfin bon, une nuit, je fumais de l'herbe sur le balcon, je me demandais comment je pourrais disparaître dans cette ville, c'est beau là-bas, peut-être me perdre dans les montagnes, et je ne manquerais plus jamais à personne. Ça vous arrive de vous sentir comme ça ? De vous dire que vous pourriez mourir sans que personne s'en rende compte ? Ils me chercheraient quand même un moment, et ils finiraient par s'arrêter. Et puis tout d'un coup, c'était comme si Dorris, Danny et Charisse étaient devant moi. Je sentais leur présence, je la *sentais* vraiment. À *eux*, je leur manquerais. C'est cette pensée qui m'a sauvé. Je le jure devant Dieu. Je voulais être présent à la remise de diplôme de Danny et Charisse, devenir grand-père, vieillir à côté de Dorris. »

— Il est innocent, tu sais, a dit Katya. J'ignore si Green te dit la vérité, mais ton client n'a pas tué sa famille.

— Je sais. Ça n'arrange pas mes affaires, mais je dois dire que je le sais.

Deux jours plus tard, Lincoln est entré dans notre chambre à 5 heures du matin. Je dormais encore.

— Je peux me lever, p'pa ?

— On est dimanche, Linco. Je voudrais dormir encore un peu.

— Mais je ne suis pas fatigué.

— Tu peux rester debout si tu viens courir avec moi quand il fera jour.

— Mais, p'pa, je suis trop grand pour y aller en poussette, et c'est trop loin pour y aller à vélo.

Il m'avait eu. Je me suis levé, habillé, et je suis sorti. Il faisait encore nuit, j'étais seul avec le chien, et j'ai dit à Lincoln de ne déranger sa mère qu'en cas d'urgence.

Entre le moment où il a tenu la tête droite et l'âge de cinq ans, je l'ai emmené dans sa poussette quand j'allais courir le week-end. Je déteste courir. Quand je nage ou que je fais du kayak, mon esprit vagabonde, et les solutions aux problèmes m'apparaissent – parfois. Quand je cours, je n'ai qu'une idée en tête : arriver. Tout ça a changé quand j'ai commencé à courir avec Lincoln. Je lui racontais des histoires avant même qu'il sache parler, ensuite j'écoutais les siennes. Je courais avec Winona et lui sur une boucle de deux kilomètres et demi. Nous la parcourions habituellement trois fois, je ne me rendais même pas compte à quel point j'avais mal aux genoux. Certains jours, quand je me sentais en forme et qu'il ne faisait pas trop chaud, je disais à Lincoln, en finissant la troisième boucle :

— Eh, amigo, on en fait encore une ?

Un matin il m'a demandé pourquoi j'aimais tant courir.

— En fait, Linco, je déteste ça. Mais j'aime bien passer du temps avec toi.

— Tu peux passer du temps avec moi à la maison.

— C'est vrai, mais je veux passer encore plein de temps avec toi, et si je cours, je vivrai plus longtemps.

— D'accord. On fait un autre tour. Mais plus vite, cette fois-ci, d'accord ?

J'ai sprinté aussi longtemps que j'en étais capable, il a dit :

— Oouaaah.

Il devait partir pour Galveston avec Katya dans la journée. L'audience de Quaker approchait, la date d'exécution d'O'Neill également, et il était possible que Green soit exécuté avant que je puisse savoir s'il mentait, ou bien s'il savait quoi que ce soit qui puisse m'aider. Je me sentais couler. Je n'avais prise sur rien. Trois hommes allaient mourir dans un mois parce que les idées me fuyaient. Je me suis dit que j'aurais dû aller faire un tour en kayak.

Katya a une amie d'enfance qui est devenue une artiste célèbre. On dirait des copines de lycée. Chaque jour, elles se parlent, s'envoient des textos et des e-mails. Je suis parfois jaloux de leur complicité. Je n'ai pas d'amis aussi proches, en dehors de Katya, Lincoln, et la chienne. Il y a dix ans, nous étions à New York pour la réunion des anciens élèves de la faculté de droit, et l'artiste en question nous invita à dîner dans son luxueux appartement. Katya lui avait dit que j'aimais faire la cuisine. Aussitôt ou presque après que je lui eus été présenté, l'artiste me demanda de préparer des martinis dry. Je préparai le cocktail dans un pichet et en servis trois verres, puis elle m'expliqua comment s'allumait le gril, où se trouvaient les ingrédients de la salade, ajoutant qu'elle aimait les steaks si bleus qu'on pouvait encore les entendre meugler. (Je n'ai pas retenu ça contre elle ; Katya aussi aime ses steaks presque crus.) Elles partirent de leur côté, avec leurs verres et le pichet, et je restai dans la cuisine à chercher ce dont j'avais besoin pour préparer le dîner. Lorsque je le servis dans le salon, où nous mangeâmes sur une table basse, assis par terre, tout en regardant *America's Next Top Model* à la télé, elles étaient toutes les deux bourrées comme des coings.

Je parle de cette soirée arrosée uniquement dans le but de donner de la crédibilité à ce que je suis sur le point de dire : cette artiste est un être humain détestable. Mon expérience montre que les gens ne mentent pas quand ils sont saouls et, dans son ivresse, elle se montra raciste, antisémite, homophobe, narcissique, globalement odieuse. Vingt ans plus tôt, alors qu'elle sortait avec deux types au même moment, elle s'était retrouvée enceinte des œuvres d'un troisième larron. Elle accepta d'épouser le père putatif, mais elle commença à le tromper un mois après la naissance du bébé.

Je suis libertaire. Si certaines personnes veulent avoir des conjoints lubriques, libre à elles. Mais mon existence est trop courte pour que j'en gaspille même le plus bref instant avec des gens comme elle.

En rentrant à Houston, après avoir laissé passer un peu de temps, j'ai dit à Katya :

— Ça me sidère que tu sois amie avec cette tarée.

— On est amies depuis qu'elle a huit ans, bien avant qu'elle devienne tarée. Qu'est-ce que je dois faire ? La laisser tomber ? Il y a en elle plein de belles choses que tu ignores, parce que tu juges trop vite pour les voir. Quand on a des amis, on doit les prendre comme ils sont.

Je n'avais rien à lui répondre. J'ai tendance à porter des jugements. Je dois l'admettre. Nous nous sommes mis d'accord sur le fait que nous n'étions pas d'accord à propos de cette fille. Lors de notre séjour suivant à New York, je suis resté au bar de l'hôtel pendant que Katya dînait avec elle.

J'ai une théorie sur les grands artistes : ce sont généralement des êtres humains détestables. Pour être un grand artiste, il faut être tellement égocentrique, si indifférent à tout ce qui n'est pas votre sensibilité artistique, que le monde entier, y compris les gens qui vous aiment, n'est fait que de moyens qui vous permettent d'arriver à vos fins. Dommage que ça ne marche pas dans l'autre sens. Ne serait-ce pas extraordinaire si le seul fait d'être un salaud vous permettait de devenir un grand écrivain, peintre ou musicien ? Et ne me sortez pas une liste d'exceptions : je sais qu'il en existe quelques-unes. Tout ce que je dis, c'est qu'en règle générale, si vous devez rencontrer une artiste célèbre, mieux vaut ne pas aller dîner chez elle.

Mais ce n'est pas pour rien que les clichés existent, et à quelque chose malheur est bon. Ce dîner chez l'artiste célèbre changea l'idée que je me faisais de mon métier. Jusqu'à ce que je la rencontre, je me concentrais sur le droit, sur la raison pour laquelle telle loi ou tel principe signifiait que mon client devait être jugé de nouveau. Je faisais des recherches exhaustives, rédigeais de puissantes argumentations juridiques, pour me rendre compte que personne ne m'écoutait. Le problème de cette approche légaliste, c'est que personne ne se soucie des lois ou des principes lorsqu'on a affaire à un assassin. L'avocat dit que la Constitution a été violée de dix manières différentes, et le juge lui répond : « D'accord, mais votre client a tué quelqu'un, non ? » Nous nous targuons d'être éclairés, alors que le désir de vengeance tribal que nous croyons l'apanage de pays africains arriérés est encore au centre du fonctionnement de notre système judiciaire. Le Deutéronome l'emporte à chaque fois sur le sixième amendement [1]. Procureurs et juges font des courbettes devant les familles des victimes de meurtre qui demandent un œil pour un œil, et l'avocat solitaire, réclamant dans ses diatribes des procédures correctes, n'est qu'un fou hurlant au milieu de l'asile, que les gens regardent avec curiosité avant de passer leur chemin.

J'étais là, en train de manger (si je peux faire cette entorse à ma modestie) un chateaubriand parfaitement cuit, assis sur le sol de grès de l'artiste raciste, quand ma

1. Le sixième amendement de la Constitution garantit les droits de l'inculpé (procès rapide, présence d'un jury, d'un avocat, de témoins).

vision tout entière s'est modifiée. Mes clients valaient mieux que cette tarée, et pourtant ils avaient tué quelqu'un. C'est là, à ce moment magique, que ma perspective a changé. Mes clients avaient accompli des actes terribles, parfois impardonnables, mais la plupart d'entre eux méritaient qu'on les sauve. Ce fut une illumination d'ordre moral plutôt que juridique. Parfois, la personne la plus immorale, la plus détestable que vous avez jamais rencontrée peut vous donner une leçon d'éthique qui vaut le détour. Ça aussi, c'est une leçon.

Lincoln et Katya étaient partis pour Galveston. Ils avaient même emmené la chienne, cela valait mieux pour eux trois, mais pas pour moi : quand je parlais tout seul, la chienne n'était pas dans la pièce, je ne pouvais donc pas faire comme si j'avais un auditeur.

Nous étions le 5 janvier. Sur le calendrier affiché au mur de mon bureau, quatre dates étaient entourées de rouge. O'Neill devait être exécuté une semaine plus tard, le 12. Green trois jours après, le 15. Quaker le 4 février, et son audience devait avoir lieu le 27 janvier. Un mois ordinaire a ainsi trois ou quatre dates soulignées. C'est un programme assez banal pour un avocat texan qui défend des condamnés à mort.

J'ai pris un beignet au chocolat, puis un beignet au sucre.

— Deux beignets ? C'est un record, a dit Kassie.

— Katya et Lincoln ont emporté toutes nos provisions à Galveston. Je n'ai plus que des oranges, du café, de la glace, de la bière, des cacahuètes, et du bourbon. Et encore, je me retiens.

— Je vais essayer de retrouver Tricia Cummings.

C'était la femme que Cantu aurait dû tuer, selon Green. Gary allait se mettre à la recherche de Cantu pour essayer de le faire parler. Je lui ai dit qu'il devrait emmener Melissa Harmon. J'allais l'appeler pour lui raconter que Cantu avait laissé une arme sur les lieux du crime, et pour voir si elle pouvait interroger l'inspecteur Wyatt.

— Et moi ? a demandé Jerome.

Je ne voulais pas qu'il se lance dans une investigation qu'on ne puisse pas suspendre, parce que je sentais qu'O'Neill allait provoquer des interruptions.

— Tu es assez occupé avec O'Neill.

— Je n'ai rien d'autre à faire qu'attendre.

— Tu peux aider Kassie à retrouver Cummings.

Il m'a regardé comme si je lui demandais de rincer les tasses à café, mais n'a rien dit.

— D'accord, c'est bon. Tu peux aussi suivre l'affaire du sang ? Le labo ne m'a jamais rappelé.

Il a hoché la tête et presque souri, légèrement apaisé.

J'ai retrouvé Melissa Harmon pour le petit-déjeuner, le lendemain matin au Buffalo Grill. J'ai commandé du porridge, et Melissa une tranche de poulet pané frit et des œufs au plat. Ça m'a fait sourire.

— Tu manges vraiment sain, dis donc…

— Poulet pané et œufs, c'est un classique, Doc. Tu en veux ?

J'ai fait non de la tête. Je lui ai raconté ma conversation avec Green et lui ai demandé si elle voulait bien parler à Wyatt de l'arme. Elle a mâché lentement un morceau de viande. Après l'avoir avalé, elle a dit :

— Tu as une idée de la manière dont je pourrais discuter de ça avec lui sans l'accuser d'avoir enfreint la déontologie ?

— Si je le savais, j'irais le voir moi-même au lieu de te payer à des tarifs exorbitants.

Elle a souri.

— Alors, ça fait quoi, de représenter des méchants ?

— Je suis à peu près sûr que l'un de mes clients n'est pas vraiment méchant.

Gary a appelé dans l'après-midi. Il était allé avec Melissa à la maison où j'avais parlé à Cantu. Elle était vide. Il y avait un matelas dans la chambre, la moitié d'un rouleau de papier hygiénique sur le sol de la salle de bains, deux parts de pizza abandonnées dans le réfrigérateur, et une brique de deux litres de jus d'orange Tropicana, vide aux deux tiers, sur le comptoir. C'était tout. Pas de vêtements, rien à lire, pas de télé ou de radio, pas de serviettes, pas de bière. Cantu était parti.

Pendant que Gary visitait la maison et dressait cet inventaire, Melissa interrogeait les voisins. Personne ne connaissait le nom de Cantu. Personne ne savait où il était parti. J'ai demandé à Gary de prendre le jus d'orange. Peut-être Cantu avait-il bu au goulot et laissé son ADN. Je ne savais pas à quoi il pouvait nous servir, mais j'avais l'impression que ça ne pouvait pas faire de mal.

Alors que je raccrochais, Jerome, toujours méticuleux, est entré dans mon bureau en brandissant une feuille de papier.

— Qu'est-ce que c'est ?

— J'ai examiné le dossier de l'avocat du procès de Quaker. C'est une page du rapport de l'inspecteur Wyatt.

Comment pouvait-elle m'avoir échappé ? Sans doute parce que j'avais lu le dossier sans savoir qui était

Cantu. Quoi qu'il en soit, ce n'est pas ça qui allait me redonner confiance en moi. Le rapport indiquait que Wyatt avait interrogé Cantu. Il ne disait pas pourquoi. Wyatt avait noté que Cantu avait un alibi. Mais il ne précisait pas lequel, ni pourquoi il avait pris la peine d'interroger Cantu.

Le plus important était la présence de ce rapport dans le dossier de l'avocat : celui-ci en avait donc eu connaissance, et nous ne pouvions accuser le procureur d'avoir dissimulé des preuves. L'un de nos arguments venait de s'évanouir.

J'ai raconté à Jerome ce que Gary avait appris à l'ancien domicile de Cantu.

— C'est dommage, a-t-il dit, mais ça n'a pas vraiment d'importance. Il n'allait pas se mettre à raconter qu'il a tué trois personnes.

Parmi les membres du cabinet, Jerome est celui sur qui je peux toujours compter pour me rappeler que nos vies n'ont en fait rien à voir avec les histoires sur les condamnés à mort que raconte la télé.

— Il n'y a aucune morale dans cette histoire, lui ai-je répondu.

Il m'a regardé d'un drôle d'air, j'ai poursuivi :

— Il faut laisser le méchant gagner de temps en temps [1].

Son expression n'a pas changé.

— C'est Billy Preston, mon vieux.

Jerome a un iPod qui contient quelque chose comme quinze mille chansons. Il joue de la guitare dans un groupe amateur.

— Billy qui ? a-t-il demandé.

---

1. Allusion aux paroles de la chanson « Will it Go Round in Circles », de Billy Preston.

J'ai secoué la tête. Il a posé la feuille de papier sur mon bureau, puis est sorti.

L'avocat de Green était Mark Roberts, l'un des spécialistes de la peine de mort les plus intelligents et agressifs. La première fois que Green m'a écrit pour me demander d'aller le voir, j'ai appelé Roberts pour m'assurer qu'il n'y voyait pas d'inconvénient. Le fait que Green ne l'aimait pas me confortait dans ma première impression défavorable. J'appelai Roberts pour lui dire que Green revendiquait la responsabilité des meurtres attribués à Quaker. Je savais ce qu'il allait dire si je lui demandais l'autorisation de faire signer une déclaration à Green. Il refuserait, parce qu'il avait demandé au comité des grâces de commuer la peine de Green en détention à perpétuité, et avait déposé une nouvelle requête devant la Cour suprême. En termes logiques, légaux, le fait que Green ait dit ou non à Cantu de tuer Tricia Cummings n'avait rien à voir avec aucune de ces tentatives de dernière minute. Mais en réalité, cela importait beaucoup. Si un membre du comité penchait pour la clémence, ou si un juge de la Cour suprême était sensible aux arguments juridiques de Mark, ce penchant et ce doute laisseraient la place au dégoût et à l'horreur dès lors que Green était impliqué dans trois meurtres supplémentaires, deux des victimes étant des enfants. Je lui ai quand même posé la question. Sa réponse a été nette :

— Ce Green est vraiment un enfoiré. Je suis tenté de te dire oui. Mais je suis désolé, Doc, je ne peux pas.

Je l'ai quand même remercié.

Ce jeudi-là, le courrier contenait une déclaration manuscrite de Green, reprenant les grandes lignes de ce qu'il m'avait dit de vive voix. J'ai rappelé Mark. Green était foutu. Il n'y avait aucune chance qu'il soit encore en vie le vendredi suivant, j'ai donc proposé quelque chose qui ne coûtait rien. Je voulais obtenir de Green qu'il raconte son histoire branché sur un détecteur de mensonges. Le détecteur n'a pas valeur de preuve devant un tribunal, mais ce n'est pas à ça que je pensais. Je me disais que si sa confession était jugée sincère, le comité des grâces ou le gouverneur seraient plus enclins à gracier Quaker.

— Voilà ce que je te propose, ai-je dit à Roberts. Je vais faire passer le test à Green demain, mais je n'utiliserai les résultats qu'après son exécution.

— Tu veux dire *si* on l'exécute.

— Oui, c'est ce que je voulais dire. Si on l'exécute.

— Si Green est d'accord, c'est O.K. pour moi.

Dans l'après-midi, j'ai pris le tramway pour aller au centre médical, afin que Charlie examine mon œil. Je lisais une requête que nous pensions présenter le lendemain dans l'affaire O'Neill. Je n'avais pas encore mes nouvelles lunettes. Je tenais les papiers si près de mes yeux qu'ils touchaient mon nez. Devant moi, une grosse femme latino donnait le sein à son bébé. À côté d'elle, un garçon qui avait environ huit ans. Il était très beau, en partie latino, en partie noir. Je baissais les yeux sur mon papier quand je l'ai entendu dire :

— *Mire, Mamá.*

— Chut, lui a dit sa mère.

— *Mamá, ese hombre es ciego* [1].

J'ai levé les yeux, c'était à moi que le gamin faisait allusion. Je lui ai souri, lui ai fait un signe furtif avec deux doigts, puis ai couvert mes yeux de mes mains, et l'ai regardé par-dessus mes doigts. Il pourrait dire à ses amis qu'un aveugle lui avait fait coucou. Il m'a rendu mon sourire, et sa mère m'a lancé un regard plein de chaleur.

Charlie m'avait dit que je pourrais reprendre le travail quelques jours après l'opération, mais que je souffrirais de migraines pendant un certain temps.

— Comment ça va ?

— J'ai affreusement mal à la tête.

— Je t'avais prévenu. C'est tout à fait normal.

Il venait de se servir d'un instrument pour regarder l'arrière de mon œil, là où il avait réparé la rétine. Il s'est écarté de la machine à travers laquelle il m'avait observé.

— Bon, la partie antérieure de l'œil ressemble toujours à un hamburger, mais la partie postérieure est magnifique. Ta rétine est en meilleur état que quand tu es né.

— J'ai du mal à me concentrer, avec ces maux de tête. Ça va durer longtemps ?

— Achète une provision d'aspirine pour un mois.

— Un mois ? Sérieusement ?

— Tu as toujours été un couillon impatient.

— Ouais, mais un couillon reconnaissant.

Je lui ai serré la main et suis sorti.

1. « Maman, cet homme est aveugle. »

J'ai repris le tramway jusqu'à mon cabinet, mais ne suis pas monté au bureau. J'ai pris ma voiture pour rentrer chez moi. Kassie avait obtenu une autorisation spéciale du directeur de la prison pour soumettre Green au détecteur de mensonges le lendemain matin. Il me fallait du temps pour réfléchir aux questions qu'il convenait de lui poser.

J'ai appelé Jerome pour parler d'O'Neill. Son exécution devait avoir lieu quatre jours plus tard. Nous avions demandé au tribunal d'État de la suspendre car O'Neill s'était enfoncé si profondément dans la folie que cette exécution n'avait plus aucun sens. La cour a rejeté notre demande, disant que nous avions attendu trop longtemps pour soulever le problème de la santé mentale d'O'Neill. Nous avons aussitôt déposé une requête devant le tribunal fédéral, ce qui n'a provoqué aucune réaction. Jerome m'a demandé quand, selon moi, nous aurions une réponse.

— Lundi, vers 17 h 45, je suppose. Comme ça, nous pourrons l'appeler dès que notre demande aura été rejetée, et il aura un quart d'heure pour se préparer à mourir.

— Tu pourras aller le voir en allant à la prison demain ?

— Jerome, s'il est vraiment convaincu qu'il ne va pas être exécuté, à quoi ça sert que j'aille lui dire au revoir ?

— Je te jure que ce type est fou. Je crois vraiment que la jurisprudence Ford s'applique à lui. Fais-moi plaisir, d'accord ?

Jerome faisait allusion à l'affaire Ford contre Wainwright. La Cour suprême avait jugé qu'un État ne peut pas exécuter quelqu'un si cette personne ne sait pas pourquoi elle est en prison et ignore que l'État projette de la tuer. Cette décision est l'exemple même d'un noble principe qui n'a presque aucune application pratique. Même le type le plus dérangé que vous ayez jamais vu peut ne pas tomber sous le coup de cette jurisprudence. Tout le monde connaît l'histoire de Ricky Rector. Il était dans le couloir de la mort, dans l'Arkansas, et gardait son dessert le soir pour le manger au petit-déjeuner. Pendant la campagne présidentielle de 1992, alors que Bill Clinton essayait d'obtenir l'investiture démocrate, il revint en Arkansas pour présider à l'exécution de Rector. Après l'injection létale, les gardes allèrent nettoyer la cellule de Rector. Ils retrouvèrent la part de tarte aux noix de pécan que Rector avait commandée pour son dernier repas. Il l'avait mise sur sa table de nuit, la gardant pour le petit-déjeuner qu'il s'attendait apparemment à manger au lendemain de son exécution.

Convaincre un juge que la jurisprudence Ford s'applique à un condamné est une tâche décourageante.

— Ne t'en fais pas, Jerome. Je plaisante. Je vais aller le voir, ton O'Neill.

J'avais autrefois une voisine qui vivait à cent mètres de chez moi. Elle venait ramasser le journal le matin, quand je sortais promener le chien. Elle semblait un peu gênée que je la voie en peignoir, mais elle se montrait toujours amicale avec Winona. Son mari et elle avaient eu des triplés. Une famille instantanée, me dit-elle un jour. Un soir, il emmena les enfants voir un match de base-ball. Il passait sur le pont Pierce quand un énorme camion, dont le chauffeur conduisait depuis dix-neuf heures sans s'arrêter, percuta la voiture. Celle-ci tomba dans la rue en contrebas et prit feu aussitôt. L'homme et les trois enfants moururent carbonisés. La femme déménagea, je ne l'ai pas revue depuis. Au moment où je coupais la conversation téléphonique avec Jerome, j'ai levé les yeux juste à temps pour voir une femme, chargée de sacs à provisions, traverser en plein virage. Le feu était vert. J'ai klaxonné et l'ai qualifiée d'un nom que je préfère ne pas répéter. En la regardant dans le rétroviseur, j'aurais juré que c'était mon ancienne voisine, et que son expression ne reflétait pas la peur, mais le regret.

Au lieu de rentrer chez moi pour m'y retrouver seul, je suis allé au pub du coin, ai acheté un cigare hondurien, plutôt fort, et commandé un double Woodford Reserve sec. Je l'ai bu et en ai demandé un autre. La femme assise deux tabourets plus loin avait devant elle une assiette d'olives et de fromage. Elle buvait du scotch dans un grand verre et suçotait un glaçon. Quand le barman l'a regardée, elle lui a montré son verre. Je me suis approché d'elle :

— Votre Honneur ?

Elle a pivoté sur son siège et m'a regardé. Elle avait quinze ans de moins que la juge.

— J'ai bien peur que non. Vous avez dû me prendre pour une autre.

Elle a jeté un coup d'œil à mon alliance, et pivoté pour reprendre sa place.

— Excusez-moi.

J'ai payé l'addition et suis sorti. J'ai acheté des tacos à un marchand ambulant, mais je me suis senti malade en arrivant chez moi et les ai laissés dans la cuisine. J'ai pris une douche brûlante jusqu'à ce que le ballon soit vide, puis je me suis mis au lit pour regarder les infos du soir. Je me suis endormi aussitôt et j'ai fait un rêve. J'étais à Las Vegas avec Katya. Je jouais au poker, très mal, mais personne ne pouvait me battre. Placé au milieu, je tirai un cinq et un huit dépareillés, et trois huit sortirent au flop. Les spectateurs se massaient autour de la table pour me regarder, comme si j'étais un magicien. J'étais à la fois plein de jubilation et un peu gêné. Je regardai ma montre. Je devais retrouver Katya à 19 heures pour dîner, et il était déjà presque 20 heures. Je changeai mes jetons et courus à l'étage. Tout allait bien. Katya était toujours sous la douche. Je m'allongeai et me servis à boire. Je m'assoupis, et quand je me réveillai, la douche était muette et Katya m'embrassait la poitrine. Je posai les mains des deux côtés de sa tête. Je ne connaissais pas ces lèvres-là. J'ouvris les yeux, elle était partie. Une femme inconnue me tournait le dos, assise nue au bord du lit. Elle se retourna. La juge Truesdale dit :

— À quelle heure rentre votre femme ?

La sonnerie du téléphone m'a réveillé.

— Salut p'pa. Quand est-ce que tu vas appeler pour me souhaiter bonne nuit ?

J'ai regardé le réveil. Il était 21 h 30.

— Je pensais que tu dormais déjà, amigo. Pourquoi es-tu encore debout ?

— Avec m'man, on est allé au restaurant, on a commandé des pizzas, et ça a pris beaucoup de temps.

— D'accord, amigo. Ça me fait plaisir que tu aies appelé, mais il faut que tu ailles au lit, maintenant. Tu me passes maman ?

— Bien sûr. Bonne nuit. Je t'aime.

Katya a pris le combiné :

— Comment ça va ?

— Je ne sais pas trop, mais je ne peux rien faire ce week-end, je vais venir vous rejoindre en quittant la prison demain. Je repartirai lundi matin.

— Tu veux que je le dise à Lincoln, ou tu préfères que je lui fasse la surprise ?

— Tu n'as qu'à lui dire.

Je crois que j'envisageais déjà de me rendre à Galveston avant ce rêve. Mais je n'en suis pas sûr. La moitié de mes actes ont des motifs qui m'échappent.

Je suis resté debout toute la nuit, réfléchissant au meilleur moyen d'interroger Green. Le fait de revendiquer la responsabilité partielle de trois meurtres dont on ne le soupçonnait pas aurait été une stratégie ridicule à long terme, même si sa vie s'était poursuivie au-delà de jeudi. Normalement, ça aurait dû jouer en faveur de sa crédibilité. Mais les condamnés à mort vivent par tranches de trente jours. Il n'y a aucune stratégie à long terme, au moins pour la grande majorité, ceux qui ne sont pas réellement innocents. L'objectif, à mesure que s'approche la date, est d'éviter l'exécution imminente. Tout le reste peut attendre. Vous résolvez le problème immédiat, sans penser au suivant.

Peut-être aurais-je pu comprendre la motivation de Green et évaluer sa sincérité si j'avais pu me glisser dans sa peau, mais je n'aurais pas pu le faire, même si je l'avais voulu, et en plus de ça, je n'en avais aucune envie. Il avait tué à mains nues la mère et la grand-mère de son fils. Qui pourrait comprendre une chose pareille ? Qui voudrait la comprendre ? Chaque fois que je quitte la prison, je suis impatient de prendre une douche, pour me nettoyer de la mort et de la solitude. J'engage des experts pour qu'ils disent aux juges qui sont mes clients, et pendant qu'ils parlent, je fais tout mon possible pour ne pas les écouter. Mon travail consiste à empêcher leur exécution, pas à les sauver, ni à les guérir. C'est assez dur comme ça, mais au moins, c'est possible. Je ne suis pas Don Quichotte.

Comprendre sur un plan viscéral un être humain brisé, cela signifie que l'on est soi-même brisé, au moins pour un moment. Je ne veux pas imaginer que je fais subir des sévices à mon fils, ou que mon père m'en a fait subir. Je ne veux pas me demander quel genre de personne commettrait de tels actes, ou pourrait les commettre, ou ce que ressent leur victime. Mais vous ne pouvez contrôler les pensées qui vous traversent l'esprit, et je ne cessais de me figurer Green à l'âge de Lincoln. Sa sœur était professeur de sociologie à l'université de Miami. Qu'avait-il subi pour devenir un monstre ?

À l'entrée du parking des visiteurs, le gardien m'a demandé d'ouvrir mon capot et mon coffre. Il y avait une laisse et une écuelle pour la chienne, et un jeu de lego. Cette fouille des véhicules ne faisait pas partie de la routine habituelle. Je suis sorti de la voiture pendant que le gardien examinait le moteur. Je lui ai demandé quel était le but de l'opération.

— On cherche des gens qui n'ont rien à faire ici.

J'ai ri en entendant ça.

— Ça ne serait pas plus logique de fouiller les voitures quand elles sortent de la prison, plutôt que quand elles arrivent ?

Ça ne l'a pas fait rire du tout. Personne ne saisit le sel de mes plaisanteries.

Kassie était déjà là, assise à côté de Destiny, expliquant à Green ce qui allait se passer quand le spécialiste du détecteur de mensonges arriverait. Je les ai saluées, puis suis allé parler à O'Neill. Ses parents étaient là. Ils ne l'avaient pas vu depuis six ans. Pensant que c'était leur dernière chance de le voir vivant, ils étaient venus du Michigan dans leur camping-car et s'étaient installés sur une aire de repos. Je me suis présenté. Sa mère m'a pris dans ses bras. Son père a serré ma main droite dans les siennes.

— Merci pour tout ce que vous faites pour Ronnie, a dit sa mère.

Je ne lui ai pas avoué que, lorsque nous avions discuté du cas de son fils au bureau, j'étais d'avis de ne pas intervenir.

— Nous avons fait notre possible.

Je me suis assis pour parler à O'Neill. Ses parents se tenaient derrière moi, de manière à entendre notre échange.

— N'hésitez pas à me poser des questions.

— Merci, monsieur, a dit sa mère.

O'Neill avait disposé devant lui trois canettes de coca, deux paquets de biscuits au fromage, des chips aux oignons, et deux snickers. Il faisait des sandwiches en empilant un biscuit, un morceau de snickers, des chips, un autre morceau de chocolat, et un autre biscuit. Il s'enfournait ensuite le tout dans la bouche. Il en a mangé un, s'est nettoyé les dents du bas avec la langue, puis m'a dit :

— Bonjour, monsieur. Ce sont mes parents qui sont là, juste derrière vous.

— Je sais, nous venons de faire connaissance.

— Je ne suis pas sûr que vous me compreniez bien, monsieur. « Le potier doit-il être considéré comme de l'argile, pour que l'ouvrage dise de l'ouvrier : Il ne m'a point fait ? Pour que le vase dise du potier : Il n'a point d'intelligence ? »

J'ai expiré bruyamment, et secoué la tête comme si j'enlevais des toiles d'araignée. Son père s'est penché vers moi et a murmuré :

— C'est Ésaïe.

— Je sais, ai-je répondu d'un ton un peu trop rude. Chapitre 29. J'essaie de comprendre ce qu'il veut dire par là.

— Oh pardon. À mon avis, il ne veut rien dire du tout.

O'Neill a regardé son père comme s'il ne l'avait jamais vu, l'œil vide, les pupilles minuscules. J'ai essayé de capter son regard, mais il était perdu sur ma gauche, comme s'il examinait mon oreille. Il n'a montré aucun signe prouvant qu'il me reconnaissait. Je me sentais comme Bill Murray dans *Un jour sans fin.*

— Nous avons demandé à ce qu'on vous applique la jurisprudence Ford, en mettant en doute votre capacité à être exécuté, nous n'aurons pas la réponse des tribunaux avant lundi matin, et quand nous aurons préparé notre appel de dernière minute devant la Cour suprême et reçu la réponse, il sera près de 18 heures.

J'ai débité ce discours sans reprendre ma respiration. Derrière moi, j'ai entendu sa mère suffoquer. La tête d'O'Neill a tourné presque imperceptiblement vers sa droite, et il m'a fixé. Puis son regard est descendu vers ma poitrine et s'y est attardé.

— Je vois que votre cœur est pur et bon, monsieur, et je vous remercie. Mais je n'aurai plus besoin de vos interventions ou de vos prières en mon nom. On me regarde et on me bénit depuis là-haut. Ces hommes ne peuvent pas me faire de mal.

Il a agité ses bras comme un moulin à vent. Il s'est penché, et il a approché son oreille d'un de ses sandwiches, comme on se penche vers quelqu'un qui murmure.

— On se reparle la semaine prochaine, lui ai-je dit.

En sortant, j'ai noté le numéro du portable de son père, et lui ai promis de l'appeler aussitôt que j'aurais des nouvelles de la Cour suprême. Il avait les yeux humides. Sa femme serrait si fort son sac qu'elle en avait les jointures blanchies.

— Demande-lui, mon chéri, a-t-elle dit à son mari.

Il m'a pris par le bras. J'ai senti dans son haleine une odeur de beurre de cacahuètes et de confiture.

— Ma femme et moi, nous ne pensons pas y assister, a-t-il dit. On va rester à la prison, mais dehors, dans le camping-car. Vous pensez qu'on peut faire ça ?

— Je ne suis pas sûr que ça aura lieu, ai-je répondu sans en croire un mot. Mais si c'était le cas, vous et votre femme ne devriez pas y assister.

Il a hoché la tête deux fois. Sa femme a réprimé un sanglot. J'ai pressé l'épaule de son mari, et m'en suis allé.

Trois gardiens ont amené Green dans une pièce que je ne connaissais pas. Un de chaque côté, le tenant par le bras, et le troisième deux pas derrière. Il avait les poignets menottés et enchaînés à une ceinture de cuir. Ses chevilles étant également enchaînées, il n'est pas vraiment entré dans la pièce en marchant, mais plutôt en traînant les pieds. En franchissant la porte, il a souri, dévoilant une canine en or que je n'avais jamais remarquée. Au centre de la pièce se trouvait une petite table de bridge carrée, avec deux chaises pliantes, l'une en face de l'autre. Contre le mur, deux chaises en plastique, le genre qu'on achète pour dix dollars dans une épicerie. Kassie était avec moi, ainsi que Fred Faison, le spécialiste du détecteur de mensonges. Green a regardé

Kassie et lui a fait un grand sourire. Il a hoché la tête dans ma direction et dit :

— C'est la première fois depuis que je suis ici que je suis dans une pièce avec des gens du monde libre autres que des gardiens.

Il s'est tourné vers celui qui se tenait sur sa gauche :

— Vous allez m'enlever les chaînes ?

Le gardien n'a pas répondu. Il s'est retourné et a regardé le gardien-chef. Celui-ci n'a rien dit non plus, et il est sorti de la pièce.

Dans un murmure, Kassie a demandé à Faison s'il avait besoin qu'on enlève les menottes de Green pour le test.

— Pas vraiment, avec ou sans, ça ira, a-t-il dit en haussant les épaules.

Le gardien-chef est revenu dans la pièce :

— Le directeur veut que Green reste enchaîné.

— C'est des conneries, mec. Je veux pas faire ça si on me laisse les chaînes.

J'ai demandé au gardien-chef si je pouvais parler à Green en privé. Il a reculé jusqu'à la porte et fait signe aux deux autres gardes de le rejoindre. « En privé » signifiait apparemment qu'ils m'accordaient deux ou trois mètres d'espace. Je me suis placé entre Green et les gardes, afin de leur tourner le dos :

— Dites donc, je n'ai pas que ça à faire aujourd'hui. Franchement, je crois que le test ne donnera rien, et même si ça marche, tout le monde s'en foutra. Je me fiche bien de ce que vous voulez faire, mais décidez-vous vite parce que j'ai d'autres chats à fouetter, compris ?

— Vous avez apporté de la monnaie, maître ?

Kassie se tenait derrière moi. Elle a dit rapidement :

— Je peux vous acheter un soda.

Green a continué à me fixer et souri.

— Un coca et un sprite.

Il a fait une brève pause, et ajouté :

— S'il vous plaît.

Puis il a regardé le gardien-chef :

— Je suis prêt.

Tout en posant à Green une série de questions sur un ton monotone de robot, Faison regardait sa machine. Il avait placé des capteurs sur la poitrine et la tête de Green, et un tensiomètre sur son biceps gauche. Après chaque question, avant de répondre, celui-ci se penchait en avant et buvait une gorgée, un coup de coca, un coup de sprite. J'étais assis au bord de l'une des chaises en plastique, n'arrivant pas à décider si je croyais un mot de ce qu'il disait, et si même ça pourrait me servir ; j'étais incapable de déchiffrer ses motivations. Au bout d'une demi-heure, Faison s'est levé et est venu vers moi.

— Vous avez d'autres questions à lui poser ? m'a-t-il demandé.

J'ai regardé Kassie. Elle a haussé les épaules.

— Je crois que nous avons fait le tour.

Il s'est approché de Green et a commencé à retirer les fils.

— C'est fini ?

— Oui, a répondu Faison.

Deux gardiens se sont aussitôt placés de part et d'autre de Green, le tenant par les coudes tandis qu'il se levait de sa chaise. Je me suis levé à mon tour, prêt à partir. Green a regardé Kassie et a dit :

— Merci pour les sodas.

Il a ajouté à mon intention :

— J'essaye de vous aider.

Lincoln a pris le deuxième combiné pendant que je parlais à Katya.

— Salut, p'pa. Ça s'est bien passé, dans le couloir de la mort ?

— Une triste journée.

— Ah. Tu sais quoi ? M'man et moi, on est allé se promener sur la plage avec Winona. Une vraiment longue promenade. Il faisait plutôt froid, mais Winona avait chaud et elle est allée nager. Il y avait de la vapeur autour d'elle. Et p'pa, l'eau était glacée.

— Tu voudras qu'on fasse une autre promenade quand je serai avec vous ?

— Ça me ferait plaisir.

Il était presque 17 heures quand je suis arrivé à la maison de Galveston. Jerome m'a appelé :

— Le juge s'est prononcé contre nous dans l'affaire O'Neill, et le greffier de la cour d'appel a téléphoné. Ils disent que si nous avons l'intention de déposer un appel, il doit leur parvenir demain avant 17 heures.

Le lendemain était un samedi.

— Tu es sûr de ce qu'a dit le greffier ?

— Je peux t'envoyer sa réponse par e-mail, si tu veux.

— Je serai au bureau à midi.

Katya était dans la cuisine en train de préparer un gâteau. Lincoln léchait le batteur, et Katya en donnait des morceaux de la taille d'une cerise à Winona.

— On dirait que vous prenez des forces pour faire une très longue promenade.

— Youpi, a dit Lincoln.

J'ai coupé le bout d'un cigare. Quand Lincoln, Winona et moi sommes sortis, je l'ai allumé. Winona est partie en courant devant nous, attirée par l'odeur des crabes.

— Ne fume pas ça, p'pa, s'il te plaît.

— Amigo, je n'en fume plus beaucoup, et j'aime leur goût, ils m'aident à me détendre.

Je le tenais par la main. Winona est revenue vers nous. Elle avait trouvé une balle de tennis. Son museau était couvert de sable mouillé.

— P'pa, si tu fumes des cigares, tu auras moins de temps à passer avec moi.

— Tu es un garçon intelligent, amigo.

J'ai laissé le cigare s'éteindre.

— Merci, p'pa.

Après que Lincoln s'est couché, Katya et moi nous sommes assis sur la véranda avec un pichet de margarita, pendant que les steaks cuisaient sur le gril. Il faisait froid, sans que ce soit désagréable. Le ciel était dégagé, nous pouvions voir Orion, le Taureau et, à l'intérieur de celui-ci, le groupe d'étoiles bleues connues sous le nom de Pléiades. Je lui ai parlé d'O'Neill et lui ai dit que je devais retourner à Houston tôt le lendemain.

— Tu crois vraiment que les juges vont travailler ce week-end ?

— Bien sûr que non. C'est leur façon de nous dire d'aller nous faire foutre.

Nous avons regardé le ciel.

— J'ai vu O'Neill ce matin. Il ne se souvenait pas du tout de moi. Il citait la Bible au hasard. Au moins, ça avait l'air d'être au hasard. Son père savait que c'était un passage d'Ésaïe. Ils ne veulent pas assister à l'exécution.

Elle a pris ma main droite et l'a posée sur ses genoux.

— Dans mon cours d'astronomie, on me demandait de calculer l'âge des Pléiades. Les seules fois où j'ai été bonne en maths, c'est quand elles s'appliquaient aux étoiles.

— Elles ont quel âge ?

— Je ne me souviens pas bien. Cent millions d'années, je crois, ou quelque chose comme ça. S'il n'y avait pas Lincoln, tu sais, toute ma vision de la vie serait différente.

— C'est drôle qu'O'Neill ait cité Ésaïe. Les Pléiades sont mentionnées dans le livre d'Amos. « Ô vous qui changez le droit en absinthe, et qui foulez à terre la justice ! » Ça semble approprié, non ?

— Je ne connais pas Amos, mais les Red Hot Chili Peppers ont fait une chanson là-dessus. Tu veux l'écouter ?

J'ai souri :

— Pas maintenant, beauté.

— Tu enlèves les steaks du gril et tu les laisses un petit moment dans la cuisine ?

— Excellente idée.

Plus tard, alors que nous étions encore au lit, je lui ai raconté la séance du détecteur de mensonges. Green a répondu oui quand Faison lui a demandé s'il avait des informations sur la mort de la famille Quaker. Il a répondu oui quand on lui a demandé si Ruben Cantu les avait tués. Il a répondu oui quand on lui a demandé s'il avait payé Cantu pour tuer Tricia Cummings. Il a répondu oui quand on lui a demandé si Cantu lui avait dit qu'il s'était trompé de victime. Il a répondu oui quand on lui a demandé si Cantu avait laissé une arme sur les lieux pour faire croire que Dorris Quaker avait tué ses enfants avant de se suicider. Quand j'ai fini de lui parler des questions et des réponses, elle a demandé :

— Et alors ?

— Faison fera un rapport complet plus tard, mais il pensait que Green disait la vérité.

— Je ne vais pas dire que je te l'avais dit.

— Pourquoi pas ?

— Parce que je meurs de faim, et je veux que tu m'apportes mon steak ici.

O'Neill avait fait plus d'une dizaine de séjours en hôpital psychiatrique, en général placé par ses parents, deux fois sur des décisions de justice. Pour un non-expert, il était fou. Mais le fait d'être fou influe de différentes manières, aux différents stades des procédures de justice criminelle. Lors d'un procès, si l'accusé est trop malade mentalement pour aider ses avocats, il ne peut pas être jugé, et le gouvernement l'interne jusqu'à ce qu'il soit en état d'être jugé ou meure. Si, à la suite d'un procès, un jury décide que l'accusé ne connaît pas la différence entre le bien et le mal, il est déclaré légalement fou, et ne peut pas être envoyé en prison, mais peut être interné, jusqu'à ce qu'il guérisse ou qu'il meure. S'il n'est pas déclaré fou puis est condamné à mort, mais perd la raison dans le couloir de la mort, l'État ne peut pas l'exécuter, il reste donc fou, en prison, jusqu'à ce qu'il meure, ou l'État le soigne jusqu'à ce qu'il ne soit plus fou, et qu'on puisse l'exécuter. Contrairement aux idées reçues, le fait d'être fou ne garantit pas la liberté, et la vie dans le nid de coucou n'est pas si différente de la vie en taule.

Le problème, dans l'affaire O'Neill, c'est que, en 1996, le Congrès avait voté une loi qui rend pratiquement impossible pour les condamnés à mort de faire appel plus d'une fois de leur condamnation. La première fois qu'O'Neill s'est présenté devant une cour fédérale, ses avocats n'ont pas dit qu'il n'était pas en état d'être exécuté, car plusieurs années passeraient avant qu'arrive la date de son exécution. De plus, son état a empiré au fil du temps. Il était peut-être en état d'être exécuté quand il était arrivé dans le couloir de la mort, mais il ne l'était certainement plus aujourd'hui. Nous avions déjà présenté son cas devant la cour fédérale, sans réussir à la persuader de nous autoriser à le présenter à nouveau. Nous placions nos espoirs dans une décision obscure de la Cour suprême qui semblait établir une exception à la loi pour les gens qui soulevaient des problèmes n'existant pas auparavant. Le tribunal fédéral de première instance n'était pas convaincu, et la cour d'appel ne le serait sans doute pas davantage, mais si cette dernière voulait que nous déposions notre appel samedi après-midi, cela signifiait probablement qu'elle prendrait une décision contre nous le lundi matin à la première heure, ce qui nous laisserait toute la journée pour nous adresser à la Cour suprême.

Tout le monde était au bureau quand j'y suis arrivé. La plupart des avocats pensent qu'ils doivent gagner où qu'ils se trouvent. Si vous êtes en première instance, essayez de gagner là, plutôt qu'en appel. Si vous êtes en appel, essayez de gagner là, plutôt que devant la Cour suprême. Pour les avocats qui défendent les condamnés à mort au Texas, le problème de cette philosophie, c'est que la cour d'appel fédérale qui a juridiction sur nos clients est composée principalement de juges totalement dénués de scrupules, et hostiles à la loi. Ils cherchent le moyen de confirmer les condamnations à mort, même quand les violations de la Constitution sont flagrantes. Ces dernières années, la cour a maintenu la condamnation à mort d'un détenu noir qui avait été condamné par un jury entièrement blanc après que les procureurs eurent systématiquement rejeté tous les jurés de couleur proposés. Elle a maintenu la condamnation à mort d'un attardé mental après que son avocat, atteint de la maladie de Parkinson, eut oublié de parler du Q.I. de son client. Elle a maintenu la condamnation à mort d'un détenu qui était probablement innocent, au prétexte que ses avocats avaient attendu trop longtemps pour apporter la preuve de son innocence. Ces juges ne deviennent pas juges parce qu'ils sont avisés, mais parce qu'ils sont l'ami, ou l'ami d'ami, d'un sénateur à Washington. Cela dit, ils sont intelligents. Ce qui signifie qu'ils sont habiles à dissimuler leur non-respect des lois derrière un jargon juridique abscons. Ils cherchent des motifs pour s'assurer qu'un condamné à mort sera exécuté, et en général, ils en trouvent. Et peu de gens s'en soucient. Cela vous importe-t-il que les droits d'un meurtrier soient violés ? La plupart des gens disent que l'assassin est mieux traité que sa victime, cela résume assez bien l'attitude des juges de la cour d'appel.

Les juges de la Cour suprême sont un peu meilleurs. Ils pourraient difficilement être pires. Le grand problème, quand on espère gagner devant la Cour suprême, c'est que les juges sont tellement inondés d'affaires qu'ils n'ont pas le temps d'être rigoureux sur le plan des principes, même quand ils en ont envie. Mais une chance infinitésimale de victoire est bien plus grande que pas de chance du tout. J'ai dit à Jerome que nous devrions écrire une requête superficielle pour la cour d'appel, sachant que nous allions perdre, et commencer à écrire une requête très argumentée pour la Cour suprême. Gary n'était pas d'accord :

— La Cour suprême a récemment accepté d'examiner l'affaire Nelson en Alabama, et les questions posées sont très similaires à celles que nous soulevons à propos d'O'Neill. Peut-être devrions-nous demander à la cour d'appel de suspendre l'exécution d'O'Neill jusqu'à ce que la Cour suprême ait pris une décision dans l'affaire Nelson.

À mon avis, ça ne marcherait pas, mais ça avait du sens. Nous avons rédigé une requête soulignant que même si la cour d'appel s'était prononcée contre nous dans d'autres affaires soulevant une question similaire, elle devrait agir différemment dans ce cas, compte tenu de l'intérêt évident de la Cour suprême pour ce problème. Pour faire bonne mesure, nous rappelions à la cour à quel point O'Neill était perturbé mentalement. Nous avons envoyé la requête à la cour d'appel à 16 h 45, par e-mail.

Le dimanche matin, Fred Faison m'a appelé pour me dire qu'il avait déposé le rapport à mon cabinet. Je lui ai demandé de me le résumer.

— Quiconque croit à ces machines ne trouvera aucun mensonge dans les réponses de M. Green, a-t-il dit.

— Que dit votre rapport ?

— Que selon moi, les affirmations de M. Green relatives à ses informations sur les meurtres de la famille Quaker, et la responsabilité qu'il revendique, sont authentiques.

— Vous dites donc que vous croyez mon client innocent.

— Je dis que je crois aux déclarations de Green.

Deux jours plus tard, nous avons fait passer Quaker au détecteur de mensonges. Je n'étais pas présent. Lui aussi disait la vérité, selon Faison.

Mark Roberts habite mon quartier. Je lui ai envoyé un e-mail pour lui demander s'il avait le temps de me parler dans la journée. Il m'a appelé quelques minutes plus tard :

— Tu as déjà pris ton petit-déjeuner ?

— Non.

— Prends ton vélo, on va aller au Breakfast Klub, on discutera là-bas.

Il avait été cycliste semi-professionnel avant d'étudier le droit.

— Je ne suis pas sûr que tu puisses pédaler assez lentement pour que je sois capable de te suivre.

— Je viens de me faire trois heures de vélo. J'allais prendre ma douche. Tu n'auras pas de mal à me suivre.

Nous avons tous les deux commandé des gaufres et des ailes de poulet. Je lui ai expliqué les problèmes auxquels nous étions confrontés. Le sang de l'une des victimes se trouvait dans la voiture de Quaker. Il avait pris une assurance vie sur sa famille. Il était instable mentalement à la suite de l'incendie. Une arme qui lui appartenait avait disparu. Cantu était parti, et même si ce n'avait pas été le cas, ça n'aurait sans doute pas changé grand-chose. À moins qu'il ait été condamné à mort quelque part et n'ait plus rien à perdre, je ne l'imaginais pas en train de se soulager la conscience pour sauver un type qu'il ne connaissait pas. Kassie avait retrouvé Tricia Cummings, la femme que Green avait censément dit à Cantu de tuer. Elle s'était mariée, était devenue Tricia Davis, avait eu une fille, et était morte d'une overdose d'héroïne. Elle était enterrée dans le Fourth Ward. Ça ne nous laissait guère plus que la déclaration de Green.

— Comment ont-ils condamné ce type avec aussi peu de preuves ? a demandé Roberts.

Il avait raison, évidemment. Daniel saignait souvent du nez. Quaker me l'avait dit, et l'infirmière de l'école de Daniel l'avait confirmé. Le sang ne voulait rien dire. L'assurance vie ne démontrait pas grand-chose non plus. L'agent d'assurances avait donné à Gary une déclaration affirmant qu'elle avait fait pression sur Quaker quand il était venu la voir pour son assurance auto. Ce n'était même pas lui qui avait eu l'idée de l'assurance vie, et il en avait oublié l'existence ou ne s'y intéressait plus après les meurtres, car il n'avait fait aucune démarche pour toucher l'argent.

— Son avocat était Jack Gatling.

Roberts a hoché la tête en mâchant son aile de poulet.

— Écoute, je suis bien disposé, mais j'ai fait tout ce que je pouvais. Je dois appeler Green mardi. Je lui dirai que j'ai parlé avec toi. Encore une fois, tu peux te servir de sa déclaration s'il est exécuté jeudi, mais si par miracle ce n'était pas le cas, je ne vois pas comment je pourrais te donner mon accord. Il s'exposerait à une autre condamnation à mort. Je le lui dirai, et s'il veut me virer pour pouvoir te parler après que sa peine aura été commuée, libre à lui.

— Tu es d'accord pour que j'essaie de lui parler jeudi ?

— Tu veux dire pendant qu'il sera dans la cellule de détention provisoire ?

— Oui.

— Quoi ? Tu t'imagines qu'il va avoir un accès de sincérité une demi-heure avant qu'on lui envoie la sauce ?

— On ne sait jamais.

— C'est pour ça que je n'ai pas envie que mes clients soient innocents. Trop de pression.

J'ai fini ma gaufre :

— On rentre à vélo, ou on appelle un taxi ?

Il a éclaté de rire, ce qui devait vouloir dire qu'on rentrait à vélo.

Jerome a passé la nuit de dimanche au cabinet. Quand je suis arrivé le lundi matin à 7 heures, il dormait sur mon canapé.

— Eh, petit chaperon rouge, tu veux du café ?

Il a bâillé et s'est excusé. Il est allé se passer de l'eau sur le visage avant de revenir dans mon bureau avec l'appel devant la Cour suprême qu'il avait passé la nuit à rédiger. Le texte faisait soixante-dix pages.

— C'est trop long, ai-je dit. Il va falloir qu'on coupe.

— Je sais.

— Heureusement qu'on a onze heures devant nous.

Étant donné que la cour d'appel avait reçu notre requête samedi en fin d'après-midi, et que les jeunes juristes travaillent beaucoup le week-end, à la différence de leurs patrons, je m'attendais à avoir des nouvelles aux premières heures de la matinée. À 10 heures, ni fax ni e-mail n'étant arrivé, j'ai demandé à Jerome d'appeler la greffière, simplement pour nous assurer qu'ils n'avaient pas envoyé quelque chose que nous n'aurions pas reçu. Elle lui a dit que la cour n'avait pas encore pris de décision. Gary et Kassie sont allés au restaurant d'à côté chercher des plats vietnamiens. Je me suis mis à mon ordinateur, essayant de travailler à l'affaire Quaker. Incapable de me concentrer, j'ai appelé Jerome par l'interphone pour lui proposer de l'aider à finir les coupes dans la demande d'appel d'O'Neill. Il avait presque terminé, il en était à cinquante pages, soit pile le maximum autorisé. Je suis donc resté dans mon fauteuil, faisant rebondir ma balle en caoutchouc contre le mur, et j'ai téléchargé un thème d'Art Tatum sur iTunes. Kassie est entrée :

— On déjeune dans la salle de réunion. La phrase que j'ai trouvée dans mon beignet chinois dit qu'on ne perd jamais les grandes batailles au début ou à la fin, mais au milieu. Je crois que c'est de Lao-tseu. Tu crois que « milieu » signifie « cour d'appel » ?

Elle souriait.

— Je connais la citation, mais avec « grandes guerres ». Je croyais que tu étais allée chez le vietnamien ?

— C'est ce qu'on a fait.

— Je ne pense pas que tu puisses te fier à un beignet chinois venu d'un restaurant vietnamien.

— Ça, c'est peut-être bien un commentaire raciste.

À 14 heures, la greffière a appelé et nous a dit que la cour avait rendu son verdict. Ils me l'avaient envoyé par e-mail.

— Vous voulez que je vous en envoie une copie par la poste ?

J'ai ri :

— Non merci.

Nous nous sommes assis tous les quatre en demi-cercle, lisant les pages à mesure qu'elles sortaient de l'imprimante. Nous avions perdu, mais d'une manière très surprenante. La cour d'appel compte dix-huit juges, mais ils se réunissent à trois pour prendre des décisions. La règle veut que dès qu'une commission de trois juges prend une décision, tous les juges de la cour, même s'ils ne font pas partie de cette commission, sont tenus de prendre la même décision sur toute affaire similaire, à moins que l'ensemble de la cour n'inverse la décision de la commission. Les trois juges qui s'étaient prononcés sur notre affaire semblaient d'accord avec l'argument de Gary : ils devaient suspendre l'affaire en attendant que la Cour suprême donne son avis sur le cas Nelson. Mais, selon eux, une commission antérieure avait déjà pris une décision sur une affaire similaire, et ils n'avaient pas la possibilité de nous accorder le sursis que nous demandions.

En lisant les attendus, je me suis rendu compte que les juges nous invitaient presque à demander à l'ensemble de la cour de réexaminer l'affaire. J'ai dit aux autres :

— Vous ne pensez pas qu'ils veulent que nous demandions un réexamen de l'affaire par l'ensemble des juges ?

Nous nous sommes tous penchés à nouveau sur la décision.

— Si la commission veut vraiment que nous demandions ça, et que nous ne le faisons pas, que vont en penser les juges de la Cour suprême ? a demandé Gary.

Je ne pensais pas que cela changerait quoi que ce soit à l'opinion de la Cour suprême. En même temps, si nous avions raison, et que nos trois juges nous incitaient bien à demander que l'ensemble de leurs collègues reconsidèrent l'affaire, c'était peut-être parce qu'ils soupçonnaient qu'ils nous seraient favorables. Sinon, pourquoi proposer une tactique qui ferait perdre un temps précieux ?

— On demande un réexamen, ai-je dit.

Nous avons brièvement discuté la manière de construire notre argumentation. Gary et Kassie sont allés avec Jerome dans son bureau et, une heure plus tard, ils m'ont donné leur texte. Je l'ai lu rapidement, j'ai modifié un ou deux détails, et je leur ai dit de l'envoyer.

Il est arrivé au tribunal à 15 h 30. La greffière nous a appelés pour en accuser réception. O'Neill était dans une camionnette, en route de la prison Polunsky de Livingston, où sont détenus les condamnés à mort, vers la prison Walls, à Huntsville, où ils sont tués. Son exécution devait avoir lieu dans deux heures et demie.

Jerome est parti pour la prison. Il allait annoncer à O'Neill que nous avions perdu, puis assister à l'exécution de notre client. Kassie lui avait demandé s'il voulait qu'elle l'accompagne et prenne le volant. Déclinant son offre, il l'avait remerciée. Il a appelé à 17 heures, alors qu'il allait voir O'Neill dans la cellule de détention provisoire :

— Il y a du nouveau ?

— Non.

— C'est plutôt bon signe, non ? Ils auraient déjà rejeté notre requête s'ils devaient le faire, tu ne crois pas ?

Quand on défend des condamnés à mort, il faut constamment se faire des illusions. On doit se convaincre que même si on gagne très rarement, cette fois, ça va être différent.

— Ne lui donne pas trop d'espoir.

— Quoi que je dise à ce type, ça ne changera pas grand-chose.

Il avait raison.

— Si tu vois ses parents, ne leur donne pas trop d'espoir.

Dix ans plus tôt, avant que les exécutions soient fixées à 18 heures pour que les gardiens puissent rentrer chez eux dîner, elles avaient lieu à minuit. L'ordre d'exécution enjoignait au directeur de la prison d'y procéder à une certaine date, avant le lever du soleil. La fenêtre d'exécution durait environ six heures, de minuit à l'aube. Nous représentions un détenu nommé Lupe Hernandez. La veille de son exécution, la veuve de son frère nous a montré une lettre dans laquelle celui-ci affirmait être l'auteur du meurtre pour lequel notre client allait être exécuté. Nous avons déposé une requête de dernière minute, le jour de l'exécution. Après une série d'escarmouches dans les juridictions inférieures, nous avons envoyé nos arguments à la Cour suprême vers 21 heures. À 5 heures du matin, nous n'avions pas de nouvelles des juges. Le jour allait se lever sur l'est du Texas, et l'ordre d'exécution serait caduc. À 5 h 15, un juge du tribunal d'État nous a accordé un sursis, affirmant que l'État du Texas ne pouvait pas exécuter un condamné tant que la plus haute instance du pays examinait encore l'appel.

Mais la décision de ce juge du tribunal d'État contenait un point qui m'a glacé alors que nous attendions le verdict de la cour d'appel dans l'affaire O'Neill : à moins qu'un tribunal ou le gouverneur accorde un sursis, le directeur de la prison peut procéder à l'exécution quand il le veut, entre 18 heures et minuit. L'appel que nous avions déposé ne signifiait rien. Il fallait que le tribunal dise au directeur de ne pas exécuter le condamné.

À 19 h 30, toujours pas de nouvelles. Jerome nous avait téléphoné à plusieurs reprises, pensant que la sonnerie de son portable ne marchait pas. Je lui avais dit à chaque fois que le tribunal n'avait pas appelé. Au cabinet, l'espoir allait croissant. Si le tribunal s'était contenté d'envoyer sa lettre type rejetant notre requête, ça n'aurait pas pris tant de temps.

Le téléphone a sonné à 20 h 15. La greffière du tribunal et une assistante du procureur général étaient au bout du fil. La greffière a dit :

— Je vous informe que la cour m'a dit qu'elle ne prendrait pas de décision ce soir.

— Comment ? Il reste près de quatre heures pour procéder à l'exécution. Notre appel est parvenu à la cour il y a cinq heures. Les juges ont eu tout le temps. Comment peuvent-ils rentrer chez eux ? Quand vont-ils prendre une décision ?

— La cour m'a dit qu'elle ne prendrait pas de décision ce soir, a répété la greffière.

— Est-ce que nous pouvons déposer une requête devant la commission de trois juges, leur demandant d'accorder un sursis jusqu'à ce que l'ensemble des juges aient la possibilité de prendre une décision ?

— La cour m'a dit qu'elle ne prendrait pas de décision ce soir.

Je n'ai pas besoin qu'on me tape sur la tête plus de deux ou trois fois. J'ai dit « D'accord, bonsoir », puis annoncé à l'assistante du procureur général que je la rappellerais très vite.

— Il faut qu'on dépose notre requête à la Cour suprême, a dit Gary.

— Non, a répondu Kassie. Il ne faut pas bouger. Ils ne peuvent pas le tuer tant qu'aucune décision n'a été prise sur notre appel.

Je n'en étais pas si sûr. Nous avons appelé le bureau du procureur général. La juriste chargée de l'affaire était Eddy Martin, spécialiste expérimentée de la peine de mort :

— J'ai parlé à mon patron et au procureur général. Nous allons dire au directeur de ne pas procéder à l'exécution ce soir.

— Eddy, vous pouvez nous assurer qu'il suivra votre avis ?

— Non.

— Je vous rappelle.

J'ai téléphoné à Jerome et lui ai expliqué ce qui venait de se passer :

— Il faut que tu parles au directeur, ou à quelqu'un de son bureau, et que tu saches s'il va suivre la recommandation d'Eddy.

Il m'a rappelé dix minutes plus tard :

— L'assistante du directeur a été charmante. Elle m'a dit que le directeur ne voulait pas me parler.

Si les défenseurs des condamnés à mort gagnaient beaucoup d'argent, c'est dans des moments comme celui-là qu'ils le mériteraient. Il était environ 21 heures. Il restait trois heures au directeur pour exécuter O'Neill en toute légalité. Le bureau du procureur général lui avait dit de ne pas le faire, mais nous ne savions pas s'il allait suivre cet avis. Après tout, il avait entre les mains un ordre d'exécution. Nous nous trouvions devant une alternative. Soit nous ne faisions rien, dans l'espoir que le directeur suivrait l'avis d'un juriste plutôt que d'accomplir l'ordre d'exécution. Il y avait selon moi une chance sur deux. Soit nous déposions une requête devant la Cour suprême et lui demandions de surseoir à l'exécution. Cette dernière possibilité soulevait deux questions. D'une part, il existait un obscur problème légal : sur quoi nous fonder pour demander à la Cour suprême d'intervenir ? En général, quand quelqu'un demande à la Cour suprême de faire quelque chose, la partie qui dépose cette requête affirme que les juridictions inférieures ont donné une mauvaise réponse à la question posée. Dans notre cas, la juridiction inférieure n'avait pas donné de mauvaise réponse. Elle n'avait pas répondu du tout. On ne pouvait donc pas faire appel de sa décision, puisqu'elle n'en avait rendu aucune. Ce problème-là pouvait être surmonté, mais l'autre était très concret : si la Cour suprême refusait d'intervenir, peut-être le directeur de la prison interpréterait-il ce refus comme une autorisation de procéder à l'exécution. Nous avions, me semblait-il, un peu moins d'une chance sur deux d'obtenir un sursis de la Cour.

— On va jouer ça à pile ou face, ai-je dit à Gary.

Kassie et lui m'ont regardé, estomaqués.

— Je plaisante.

Nous avons décidé de ne rien faire. J'ai appelé Jerome.

— Quoi ? a-t-il rétorqué. Vous allez juste rester assis là ?

— C'est l'idée, oui.

— Tu veux que je le dise à ses parents ?

— Je les appellerai.

Je ne le proposais pas seulement par gentillesse, mais pour avoir quelque chose à faire.

J'ai rempli une grande tasse à café de glace pilée, pris une bouteille de Jack Daniel's, et je me suis installé sur l'escalier de secours, devant ma fenêtre. J'ai appelé Katya pour lui annoncer les nouvelles :

— Les juges de la cour d'appel sont rentrés chez eux sans prendre de décision à propos de notre requête.

— Tu devrais porter plainte.

— Ça ne peut rien donner de positif.

— Ce n'est pas la question. Tu dois leur faire passer un mauvais quart d'heure. Ils n'ont pas d'excuse. Ils ne devraient pas avoir le droit de s'en tirer sans se justifier.

— Kay, tu as beaucoup de courage.

Mais elle n'était pas d'humeur souriante.

— Je t'appelle s'il se passe quelque chose.

À minuit dix, Jerome a appelé.

— Ils ramènent O'Neill à Polunsky. Le directeur m'a appelé juste avant minuit pour savoir si je voulais dire quelques mots à O'Neill avant qu'ils l'emmènent. Je suis allé le voir dans sa cellule de détention provisoire. Il avait demandé deux litres de glace à la vanille pour son dernier repas. On les lui a servis quand il est arrivé à Walls, à 16 heures cet après-midi. Quand je suis arrivé, il buvait la vanille à la petite cuiller, comme si c'était de la soupe. Il a dit : « Dites au monsieur avec qui vous travaillez que je lui avais conseillé de ne pas s'en faire pour moi. Ses ailes et son souffle m'entourent. Dites-lui que je le remercie quand même pour ses efforts. Auriez-vous l'amabilité de demander si je peux emporter la glace avec moi ? »

Avant de prendre ma voiture, j'ai envoyé un texto à Katya : « On a gagné ». Elle m'a appelé alors que je rentrais à la maison.

— Tu es encore debout ? lui ai-je demandé.

— J'attendais que tu me rappelles.

Je lui ai raconté l'histoire.

— Lincoln s'ennuie à Galveston, a-t-elle ajouté.

— Tu devrais revenir passer quelques jours à Houston avec lui.

— Tu as un plan B ?

C'était une question raisonnable. En essayant vainement de sauver mes clients, je me suis conduit comme un sagouin vingt ou trente fois de trop. Je m'emporte facilement, suis revêche, et globalement de mauvaise compagnie. C'est ce qui risque d'arriver quand on voit ses clients exécutés l'un après l'autre. Mais je n'allais pas travailler à l'affaire Green, et je n'étais pas encore désespéré pour Quaker.

— Je promets de ne pas être totalement insupportable.

— C'est beaucoup demander, cow-boy. Mais c'est d'accord, on viendra passer la semaine, et on repartira pour le week-end.

Le lendemain matin, je devais aller très tôt à la prison pour voir Quaker, si bien que j'ai décidé de faire des courses en rentrant à la maison. À 1 heure du matin, le supermarché est pratiquement à vous. Le seul autre client du rayon épicerie était un homme de haute taille, mince, d'âge moyen, genre cow-boy Marlboro, qui portait une boucle de ceinture de la taille d'un melon et des bottes de lézard marron. Il m'a jeté un coup d'œil tout en remplissant un sac en plastique de gros poivrons *jalapeños*. Est-ce que je le connaissais ? Il était trop âgé pour être l'un de mes anciens étudiants. Il s'est approché de moi :

— Vous étiez pas aux infos ce soir ?

— C'est possible.

— Vous êtes pas un des avocats qui défendent ce type, là, qui est à moitié débile ?

Quand un inconnu m'aborde, il arrive toujours un moment où je dois décider si je mens. Cette fois, je ne mentirais pas.

— Oui, c'est moi.

Je savais ce qui allait suivre. Chaque fois que le journal publie mon nom, je reçois une dizaine d'e-mails disant que mon client est un porc infâme, et que je suis encore pire que lui. (La plupart des e-mails venimeux ont malheureusement tendance à pécher par manque de créativité.) Mais c'est l'une des caractéristiques de la vie au Texas : c'est un vaste État. Le type aux piments m'a serré la main comme à un vieil ami :

— Mon paternel s'est fait descendre devant moi alors que j'avais onze ans. Sous mes yeux, dans la cuisine. Il était en train de boire une tasse de thé. Quand j'ai rejoint une association qui milite contre la peine de mort, ça a presque mis ma sœur en morceaux. Elle ne me comprend pas du tout, mais moi, je pense qu'on ne peut pas faire ça. Je lui ai dit : « Quand les méchants auront été tués, tu seras aussi en colère qu'avant, mais il ne te restera plus personne à haïr. »

Il me tenait toujours la main. Il a baissé les yeux, comme s'il l'avait oubliée, puis a semblé embarrassé, a lâché ma main, et enfoui les siennes dans ses poches arrière.

— Je ne voulais pas vous embêter si longtemps. Juste vous dire que j'admire ce que vous faites.

En rentrant à la maison, je me suis fait un sandwich à la dinde et je l'ai emporté dans ma chambre avec une bouteille de bière. La rediffusion des infos de 22 heures montrait les images de moi que l'homme du supermarché devait avoir vues. Elles avaient été tournées dans la matinée, quand nous travaillions à la requête que nous pensions présenter à la Cour suprême. La scène n'était vieille que de quatorze heures mais je m'en souvenais à peine, comme si elle s'était déroulée des années plus tôt. Les gens me croient souvent plus jeune que je ne suis, à cause de mes cheveux courts et pas trop gris, et parce que je porte des jeans. Mais j'ai remarqué mes mains, qui s'exprimaient par gestes devant le journaliste. Les mains sont toujours révélatrices de l'âge. Entre les rides, on pouvait voir les veines, vertes, épaisses. J'ai regardé mes doigts et pensé : ça n'a pas de sens. Puis : je fais ça depuis trop longtemps.

Ces deux idées ont un rapport, que je sais vrai, mais ne veux pas reconnaître. Dans la vie, il faut esquiver certaines vérités afin de continuer d'être la personne que vous vous êtes convaincu d'être.

Jamais je n'ai autant l'air d'une rock star qu'en allant à la prison le lendemain du jour où j'ai empêché une exécution. Les détenus sont là, assis dans leur cage à me regarder comme si j'étais un magicien. Les aumôniers et les bonnes sœurs, tenant les bibles fatiguées qu'ils lisent aux assassins, m'accueillent comme si j'étais Josué. Les parents, les conjoints, les enfants des détenus me fixent comme les survivants d'Auschwitz ont fixé les soldats alliés venus les libérer. Ça me donne envie de m'éclipser et de ne jamais revenir.

Quaker m'a raconté qu'il avait rêvé de sa famille la nuit précédente. Il était dans une fosse aux parois parfaitement lisses. Il essayait de grimper pour en sortir, mais il ne trouvait aucune prise. Il est retombé au fond, la chemise trempée de sueur, se demandant où il était, et pourquoi. Il a levé les yeux, et vu Daniel qui le regardait depuis le bord. Sa première réaction a été de crier à son fils de s'éloigner afin de ne pas tomber. Puis il s'est senti léger et plein d'amour, comme s'il pouvait voler. Daniel lui a jeté une paire de chaussures à semelles compensées. En les portant, il a pu appuyer ses pieds contre une paroi et atteindre l'autre avec ses bras. Il a grimpé de cette manière vers le haut de la fosse. En émergeant, il a vu Charisse, qui se cachait par jeu derrière Daniel. Il les a pris tous deux dans ses bras et s'est rendu compte qu'il pleurait. Il a levé la tête et vu Dorris, vêtue d'un simple négligé, assise sur un lit :

— Daniel, Charisse, vous pouvez aller dans vos chambres un moment, et me laisser seule avec papa ?

Henry s'est approché d'elle. Il sentait son parfum. Il s'est réveillé quand le gardien a ouvert d'un grand coup la fente de la porte en acier de sa cellule pour lui passer le petit-déjeuner.

— C'est la meilleure nuit que j'ai passée depuis des années.

Nous sommes restés assis en silence pendant près d'une minute, et il a ajouté :

— J'ai entendu dire que la vôtre avait été pas mal non plus.

Je lui ai raconté nos activités de dernière minute dans l'affaire O'Neill, et lui ai répété notre plan pour l'audience. Mais j'avais le pressentiment d'avoir épuisé ma chance. J'avais peut-être lu dans ses pensées, parce qu'il m'a dit :

— Vous vous souvenez de cette histoire que je vous ai racontée, quand j'étais à l'hôpital psy, à New Braunfels, après l'incendie ?

— Bien sûr.

— Je me sens exactement comme ça en ce moment, mon vieux. Je n'ai plus de volonté. Je vais pas vous dire de laisser tomber ou d'arrêter ce que vous faites, mais si on perd, c'est pas grave. Vraiment. Je suis prêt à mettre fin à tout ça, vous voyez ce que je veux dire ?

Je voyais exactement ce qu'il voulait dire, mais je ne le lui ai pas dit. J'ai au contraire lâché :

— La défaite n'est pas une option.

Quand je suis rentré à la maison, Katya et Lincoln étaient là, jouant à un jeu vidéo auquel je ne comprends rien. Lincoln a crié :

— P'pa.

Et il a couru vers moi. J'ai embrassé Katya, elle m'a serré fort dans ses bras, m'étouffant presque.

— Eh, vas-y doucement.

Lincoln a ri. Il est allé chercher nos gants de base-ball et une balle de tennis dans le placard sous l'escalier.

— P'pa, tu viens jouer avec moi ?

J'ai regardé Katya, elle a fait oui de la tête :

— J'irai chercher à manger chez le thaï pendant que vous jouez.

La température était tombée à moins de cinq degrés, ce qui, à Houston, est assez froid pour qu'on allume un feu dans la cheminée. J'ai porté des bûches avec Lincoln, et Katya a posé le carton contenant notre dîner sur la table basse de la bibliothèque.

— Linco, tu veux goûter le poulet au basilic ?

— Au cas où tu l'aurais oublié, p'pa, je suis végétarien.

— Je n'ai pas oublié. Je disais ça pour plaisanter.

— Ça n'est pas drôle. On ne devrait pas tuer les animaux pour les manger.

— Quel sacré petit mec, a dit Katya.

— Je sais.

Et je me suis dit : je me demande si je le déçois.

Pendant les deux jours qui ont suivi, je suis allé à mon cabinet à 5 heures afin d'être de retour à la maison vers 11 heures ou midi. Le reste du temps, on le passait, Katya, Lincoln et moi, à faire des promenades à bicyclette, à regarder *Bob l'éponge*, à lire des livres devant la cheminée, à aller déjeuner au restaurant, à jouer à des jeux de société. Le jeudi matin, alors que nous finissions nos crêpes, Lincoln a demandé :

— Qu'est-ce qu'on va faire quand tu reviendras à la maison aujourd'hui, p'pa ?

C'était le jour de l'exécution de Green.

— Il va falloir que tu joues avec maman, parce que je dois aller à la prison.

— Tu essayes d'aider quelqu'un ?

— Quelqu'un d'autre essaye de l'aider. Moi, je vais juste lui rendre visite.

— Pourquoi tu ne peux pas l'aider aussi ?

J'ai déjà eu beaucoup de mal à expliquer à Lincoln que j'essaye d'aider des gens qui ont tué quelqu'un. Il serait encore plus difficile de lui faire comprendre qu'en réalité, je ne peux vraiment aider personne. L'été dernier, j'ai passé avec Gary et Kassie un week-end à l'est du Texas, pour l'affaire Arnold Broxton. La seule question qui se posait lors du procès concernait son état mental : était-il débile ? Il n'y avait pas de jury. Un juge devait trancher. Avec un magistrat impartial, la décision aurait été difficile. Mais à l'est du Texas, nous ne risquions pas d'avoir affaire à un juge impartial.

Le Q.I. de Broxton étant juste à la limite de la débilité, le facteur critique était notre capacité à produire des preuves de ce que l'on appelle un déficit d'adaptation comportementale. Les gens atteints de débilité légère peuvent mener une vie indépendante et productive, mais ils sont limités par leur santé mentale. Il y a certaines choses qu'ils ne peuvent pas faire, comme prendre soin de leur hygiène, conserver un emploi, s'occuper d'une maison, et autres. Les avocats démontrent que ces clients souffrent de déficits d'adaptation en produisant des témoins qui connaissent le détenu depuis longtemps et peuvent attester de ces limites.

Broxton avait un frère cadet. Ce devait être notre témoin clé sur les déficits d'adaptation. Il avait vu son aîné échouer, et échouer encore. Il avait travaillé avec lui dans une entreprise de revêtement de sol et se souvenait, entre autres, que Broxton n'avait jamais pu apprendre à poser des carreaux. Dans les jours précédant le procès, les deux frères s'étaient parlé au téléphone à plusieurs reprises. Le shérif avait enregistré leurs conversations. Lors du procès, l'État pensait utiliser ces enregistrements pour démontrer que Broxton était conscient du déroulement de son affaire, et n'était donc pas un débile mental.

Cet argument est aussi stupide qu'illogique. Les détenus qui sont débiles mentaux peuvent souvent comprendre ce que leur dit leur avocat, et nous avions expliqué à Broxton en quoi consistait l'audience, et comment nous comptions procéder. Mais l'intérêt de cette affaire est ailleurs. Broxton et son frère avaient passé la plus grande partie de leur vie dans des quartiers déshérités ou en prison. Leurs dialogues reflétaient leur histoire. Leur langage était extrêmement cru, un mot sur deux étant « putain » ou « ta race ». Broxton avait été condamné pour avoir assassiné l'employé d'une épicerie ; son crime n'avait rien d'exceptionnel, mais nous nous trouvions dans une petite ville, où chaque procès pour meurtre est une affaire grave, en particulier quand l'accusé est noir. Le Ku Klux Klan a encore des adeptes dans la campagne profonde de l'est du Texas.

La station de télé locale filma les audiences du début à la fin. Le procureur général, un élu, représentait l'État, et se donnait en spectacle. Il fit écouter un enregistrement des conversations entre les deux frères. Elles avaient été mises par écrit. Il me tendit une copie de la transcription, et lut à haute voix plusieurs de leurs répliques, imitant l'argot des deux frères. Même selon les critères de l'est du Texas, c'était consternant. Je me levai :

— Excusez-moi, Votre Honneur. J'aimerais que soit consigné le fait que le procureur ne parle plus de sa voix normale, mais essaie d'imiter mon client et son frère. Il échoue lamentablement dans cette tentative, mais cela ne la rend pas moins déplaisante pour autant.

La juge, qui était en train de lire ses e-mails ou de jouer au solitaire sur son ordinateur, leva les yeux, déroutée :

— C'est une objection ?

— Pas vraiment. J'exprime simplement mon indignation.

Elle me fixa :

— Je traite cela comme une objection, et la rejette.

Le procureur eut un sourire satisfait. Il reprit immédiatement son imitation des frères. Je commençai derechef à me lever de mon siège. Gary posa doucement la main sur mon bras :

— Compte jusqu'à dix.

— J'en suis déjà à trente-sept, et ça ne me calme pas du tout.

C'est la réalité : quand vous savez que vous allez vous planter, que votre client va mourir quoi que vous fassiez, même si les faits et la loi sont de votre côté, soit vous ne faites rien et vous acceptez la défaite, soit vous revoyez votre idée de ce que c'est qu'une victoire. Mais quand bien même vous choisiriez la deuxième solution et considériez donc comme une petite victoire (par exemple) le fait de ne pas rester assis en silence quand un procureur se déguise en Noir et fait pour les caméras une démonstration de racisme éhonté, votre client sera quand même escorté jusqu'à la salle d'exécution, attaché au chariot, et mis à mort.

Certains philosophes disent que nous créons le monde où nous vivons à l'aide du langage. Désolé, mais non, ça ne marche pas du tout comme ça. La réalité est une force implacable, accablante, et elle ne peut être contrecarrée ou annulée par la sémantique stérile d'un avocat.

J'ai dit à Lincoln que j'essayais d'aider la personne que j'allais voir, et je suis parti pour la prison.

Une chanson du groupe Alabama passait à la radio. Elle m'a rappelé le jour, il y a six mois, où je suis allé chercher Lincoln chez Rachel, avec qui il avait passé la journée à jouer. La chanson parlait des anges qui descendent pour nous visiter quand nous sommes tristes.

— Tu peux remettre la chanson ? avait demandé Lincoln.

— Non, c'était la radio.

Il la téléchargea sur iTunes sitôt rentré à la maison, et resta devant son ordinateur, l'écoutant encore et encore. Quand Katya l'appela pour le dîner, il dit :

— Cette chanson me met les larmes aux yeux.

Jamais je ne l'avais vu si morose. Katya lui demanda gentiment de nous dire pourquoi il était triste.

— Parce que je ne suis pas courageux.

— Bien sûr que si, amigo. Tu es très courageux.

— Ce n'est pas vrai.

Sa lèvre inférieure tremblait comme s'il allait se mettre à pleurer. Mais il se retint.

— Lincoln, pourquoi penses-tu que tu n'es pas courageux ? lui demanda Katya.

— Rachel était triste. Je ne sais pas pourquoi. Je voyais bien qu'elle était triste, et je n'avais pas le courage de lui en parler.

— Parfois, c'est difficile de parler à quelqu'un qui est triste, pas vrai ?

— Si.

— Tu sais, Lincoln, quoi que tu dises, si tu essayes de remonter le moral de cette personne, ça lui fera plaisir. Tu comprends ?

— Oui. Merci, m'man.

Pour accéder à l'endroit où les condamnés passent les trois dernières heures de leur vie, on franchit deux portes contrôlées électroniquement. Puis on sort de la prison par une lourde porte d'acier qu'on ouvre avec une clé longue de vingt centimètres. La directrice adjointe, la clé se balançant autour de son cou, comme si elle sortait d'un roman de Dickens, m'a escorté jusqu'à une petite cour, un simple rectangle d'herbe entouré de murs de béton, et a frappé à une autre porte semblable à celle que nous venions de franchir. À l'intérieur, un gardien a regardé par une fente couverte de plexiglas, et nous a identifiés. Puis il a ouvert la porte avec une autre clé géante. La directrice adjointe est partie, et je me suis retrouvé dans une zone dénuée de fenêtres, en forme de L.

La base du L est la cellule de détention provisoire proprement dite ; le reste est un petit hall où se trouvent les gardiens qui surveillent le détenu. À la gauche de celui-ci se trouve une autre porte d'acier qui semble sortie d'un sous-marin. C'est l'entrée de la pièce où meurent les condamnés. La cellule de détention provisoire elle-même a deux murs de parpaings, et deux parois faites de barreaux d'acier couverts d'un maillage qui ressemble à du grillage. Il n'y a pas de télé ou de radio, seulement, posé sur le sol de béton, un téléphone qui a peut-être été neuf dans les années 1970. Un lit de camp est boulonné contre un mur, et il y a des toilettes en inox. La cellule fait cinq pas de long sur deux et demi de large.

Green était assis sur le lit de camp, inspirant par le nez, expirant bruyamment par la bouche. La sueur perlait sur son front et sa lèvre supérieure. J'ai cru un court instant qu'il ne m'avait pas entendu entrer. En prenant leur temps, les trois gardiens sont allés jusqu'à une petite table sur la gauche, parlant bas, sans toutefois aller jusqu'au murmure. Sur la table se trouvaient deux assiettes, l'une pleine de frites, l'autre contenant une part de tarte couverte de crème fouettée, ainsi qu'une bouteille de ketchup et une tasse en plastique pleine de ce qui me sembla être de la limonade. Green m'a regardé :

— Eh.

Le téléphone a sonné juste à ce moment. Un gardien a décroché, parlé brièvement, et l'a tendu à Green. Il a écouté, puis passé le combiné au gardien.

— C'était M. Roberts. Mon appel a été rejeté.

Quand mes clients me le demandent, je les regarde mourir. Quand ils ne me le demandent pas, je reste assis dans mon bureau jusqu'à ce que les tribunaux et le bureau du gouverneur aient rejeté nos ultimes demandes de clémence, puis je ferme ma porte, et j'appelle mon client, comme venait de le faire Mark Roberts. Je prends des notes pour me souvenir de ne pas dire certaines choses, comme « À bientôt », ou « Prenez soin de vous », ou toute autre expression dénuée de sens dont notre discours quotidien est parsemé, et qui prend soudainement toute sa signification quand elle n'est pas vraie et ne peut l'être en aucun cas. Je me suis retrouvé à côté de Green, sans note pour me rappeler ce que je ne devais pas dire, sans texte m'indiquant les sujets que je devais aborder :

— Je suis désolé.

Il s'est penché en avant et s'est pris la tête dans les mains. J'aurais voulu être dehors.

— Je suis juste venu vous voir pour vous remercier d'avoir essayé de m'aider.

— De rien.

Je ne savais pas du tout pourquoi j'étais là. Est-ce que j'espérais que Green allait me dire qu'il avait tout inventé ? Ou peut-être me donner une preuve de la véracité de ses dires. À quoi pensais-je ? J'ai attiré l'attention de l'un des gardiens et lui ai fait signe de m'ouvrir la porte.

— Vous avez des messages, ou quelque chose que vous voulez que je dise à quelqu'un ?

— Mon vieux se servait d'une baguette pour me filer des raclées. Il la fabriquait dans le bois d'un pêcher qui se trouvait dans notre cour. Il disait que le bois de pêcher, ça laisse des marques bien profondes. M. Roberts lui a demandé pourquoi il me tapait pas dessus à coups de poing. Il lui a dit que c'était parce qu'il voulait pas s'abîmer les mains.

Le gardien a introduit la clé géante dans la serrure.

— Tout ce que je vous ai dit, c'est la vérité vraie. Je le jure devant Dieu.

Une vieille plaisanterie circule parmi les avocats qui défendent les condamnés à mort. Venant de quelqu'un qui a commis un assassinat, le fait de jurer devant Dieu de dire la vérité n'a plus la force qu'il aurait dans d'autres circonstances.

— Merci, lui ai-je dit.

— Henry Quaker, il a tué personne. J'en suis certain.

— Merci encore, Green. Un jour, on se reverra.

Il n'a pas levé les yeux. Le gardien a ouvert la porte, et je suis sorti dans le crépuscule glacé.

Un groupe d'opposants à la peine de mort se tenaient devant la prison, vingt ou vingt-cinq personnes, quelques-unes noires, la plupart blanches. Chacun d'entre eux tenait une petite bougie. Certains portaient des pancartes reprenant les clichés habituels : « Pourquoi tuons-nous des gens parce qu'ils ont tué des gens, pour démontrer qu'il ne faut pas tuer ? » Et cetera. J'ai salué de la tête ceux que je connaissais. Brigitte s'est approchée :

— C'est vous qui représentez Green ?

— Non.

— Vous pensez qu'il va obtenir un sursis ?

— Ils sont en ce moment même en train de le transférer de la cellule de détention provisoire à la salle d'exécution.

La peine de mort laisse totalement perplexe cette femme qui travaille au consulat de France. Elle m'a serré l'avant-bras :

— C'est affreux. Vous venez manifester avec nous ?

Au Texas, pour protester contre la peine de mort, il faut une certaine passion qui me fait défaut, à moins que ce soit le courage qui me manque. Les membres des associations d'étudiants de l'université qui se trouve de l'autre côté de la rue chahutent les manifestants, et leur lancent de temps à autre des bananes et des verres en papier pleins de bière tiède. Les adjoints du shérif leur donnent des contraventions pour stationnement illicite et menacent de les arrêter s'ils scandent trop fort leurs slogans, ou s'approchent trop de la limite qui leur est fixée. L'un des mes amis a passé une nuit à la prison du comté de Walker après qu'on l'eut bousculé et que son pied droit eut franchi la limite fixée par la police. Je me suis tenu quelques mètres derrière eux, me sentant plus étranger que solidaire, et j'ai regardé glisser vers le chiffre six la petite aiguille de l'horloge de la tour de la prison. À 18 h 19, la porte-parole de la prison est sortie. Elle a déclaré que Green avait fait non de la tête quand on lui avait demandé s'il avait une dernière déclaration à faire, qu'il avait jeté un bref coup d'œil à sa femme, puis fixé le plafond quand l'injection létale avait débuté. Il avait toussé deux fois, et la mort avait été prononcée à 18 h 11. Un autre témoin, qui couvre les exécutions pour le journal local, lui a succédé sur le podium. Il a dit que les journalistes pouvaient voir des ecchymoses sur le bras de Green, et l'avaient entendu dire : « C'est de la torture » avant qu'il perde conscience. Un autre journaliste est venu parler, je suis monté dans ma voiture et je suis parti.

Katya était dans la cuisine quand je suis entré dans la maison.

— Comment ça s'est passé ?

J'ai secoué la tête.

— Raconte-moi plutôt ta journée.

Je suis monté et j'ai embrassé notre fils endormi. J'ai jeté mes vêtements dans la machine et pris une douche. Quand je suis redescendu, Katya remuait la salade et faisait réchauffer au micro-ondes un reste de haricots rouges et de riz. La plupart des avocats spécialistes de la peine de mort que je connais sont mariés à d'autres avocats spécialistes de la peine de mort. Je suis content que ce ne soit pas mon cas. Je suis opposé à la mort. Je veux rentrer chez moi et en être aussi loin que possible. J'ai demandé à Katya si elle avait enregistré *American Idol.*

— On prend nos assiettes et on va le regarder, d'accord ?

Elle a pris ma tête dans ses mains, chacune d'entre elles couvrant une oreille. Elle m'a embrassé et m'a dit :

— Je crois que c'est une bonne idée.

Avant que Lincoln et Katya retournent à Galveston le lendemain matin, je suis allé avec lui acheter des beignets.

— P'pa, lesquels je devrais prendre ? Ceux au sucre, ou ceux au chocolat ?

— Tu pourrais en prendre un de chaque.

— C'est une bonne idée.

Debout sous la fenêtre où l'on passe commande depuis sa voiture, près de la sortie du parking, un mendiant plein de bon sens stratégique espérait récupérer les pièces de monnaie que les amateurs de beignets trouveraient plus simple de lui donner plutôt que de les remettre dans leur porte-monnaie. Il avait un casque de walkman sur la tête, et une montre voyante au poignet. Je suis passé devant lui et lui ai fait signe de la main.

— Cet homme gagnerait plus d'argent s'il n'écoutait pas son iPod et s'il ne portait pas une grosse montre, a dit Lincoln.

Plus tard dans la matinée, toute mon équipe s'est installée dans la salle de réunion pour mettre au point le récit que nous allions essayer de construire pendant l'audience qui devait avoir lieu dans dix jours. Il y avait deux fils rouges. D'une part le fait qu'il n'y avait aucune preuve que Quaker ait commis le meurtre, ou qui justifie sa présence dans le couloir de la mort. Le sang retrouvé dans sa voiture avait une explication simple, tout comme l'assurance vie. La disparition de son arme était étrange, mais ne prouvait en rien sa culpabilité. On n'avait trouvé sur lui aucune trace résiduelle de sang ou de poudre quand on l'avait arrêté. Personne ne l'avait vu dans la maison. Aux dires de tous, il adorait sa femme et ses enfants. Mark Roberts m'avait demandé comment il était possible qu'il ait été condamné, et la réponse à cette question tenait en deux mots : Jack Gatling. L'avocat de Quaker était complètement cramé.

En théorie, la présomption d'innocence existe dans le système juridique américain – on est innocent jusqu'à ce qu'il soit démontré qu'on est coupable – mais, en pratique, c'est exactement le contraire. Les jurys font confiance à la police et aux procureurs, en particulier quand tous les jurés sont des Blancs issus de la classe moyenne, comme ç'avait été le cas lors du procès de Quaker. Ils pensent que si quelqu'un se fait arrêter et se retrouve devant la justice, il doit y avoir de bonnes raisons de croire qu'il a commis ce dont on l'accuse. L'avocat de Quaker aurait pu appeler les voisins de Quaker à la barre et leur demander s'ils avaient déjà entendu Henry et Dorris se disputer. Il aurait pu leur demander de décrire la relation de Henry avec Daniel et Charisse. Il aurait pu citer les collègues de travail de Henry. Il aurait pu citer un expert scientifique qui aurait expliqué que si Henry avait commis les crimes, on aurait trouvé des traces de sang ou de poudre sur lui, sur ses vêtements, dans sa voiture. Mais Jack Gatling n'avait rien fait de tout cela.

Il n'avait pas non plus affronté l'expert de l'État qui avait persuadé à lui seul le jury de condamner Quaker à mort. James Grigson est connu sous le nom de « Dr Mort ». Il s'est fait expulser de l'Association psychiatrique américaine, ainsi que de l'Association des médecins psychiatres texans, mais ça ne l'a pas empêché de témoigner dans des centaines de procès. Grigson affirme qu'il a examiné entre deux cents et quatre cents accusés de meurtre – le nombre varie d'une affaire à l'autre, car Grigson ne répond jamais de la même façon. Cela n'empêche pas les jurys de le croire. Parfois, il n'interroge même pas les accusés ; d'autres fois, il leur rend visite pendant un quart d'heure à la prison du comté, leur demandant ce qu'ils voient quand il leur présente des taches d'encre. Il prend ensuite possession de la barre des témoins, parfois pendant cinq heures, disant aux jurés que l'accusé qui se trouve devant eux serait certainement dangereux à l'avenir s'il n'était pas exécuté.

Ses affirmations péremptoires se sont révélées extraordinairement fausses. Selon certaines estimations, il s'est trompé dans plus de 95 % des cas. Ça n'a pas empêché les jurys de le croire. Ils ont même condamné à mort des gens qui n'avaient commis aucun crime. Lors d'une célèbre affaire, Grigson affirma à la barre que Randall Dale Adams commettrait de nouveaux délits s'il n'était pas exécuté. On accusait Adams du meurtre d'un policier près de Dallas. Errol Morris a réalisé un documentaire sur le fiasco que constitua ce procès. Il fut démontré qu'Adams n'avait pas tué la victime ; le coupable était quelqu'un d'autre. Adams fut libéré de prison après qu'on eut établi son innocence. Il n'avait commis aucun crime avant cette inculpation injustifiée, et n'en a pas commis depuis. Mais Grigson est le charme même. Son air de grand-père et sa blouse blanche séduisent les jurys. Ils font ce qu'il leur demande. Quand il lui déclara que Henry Quaker était dangereux, le jury se rendit à ses arguments.

Lorsque vint le moment, pour l'avocat de Quaker, de procéder au contre-interrogatoire de Grigson, il aurait pu lui poser des questions sur l'incohérence de ses chiffres, sur son expulsion des associations professionnelles, ou encore sur les nombreuses affaires dans lesquelles ses diagnostics s'étaient révélés si peu judicieux. Mais Jack Gatling se leva et dit qu'il n'avait pas de questions à poser à ce témoin. Il était tellement convaincu d'obtenir l'acquittement qu'il n'avait préparé aucune question pour le seul témoin que même lui aurait pu discréditer.

Quaker était un prisonnier exemplaire. Une partie de notre récit insisterait sur le fait que Grigson s'était également trompé dans son cas, et les témoignages de Nicole et d'autres gardiens nous y aideraient. Mais le problème que posait ce premier fil rouge tournait en définitive autour de l'ineptie de l'avocat de Quaker lors de son procès : même si c'était vrai, il était trop tard pour utiliser cet argument. Certaines personnes pensent que la justice équivaut à la vérité. Ce n'est pas exactement vrai. Le point clé est de choisir le bon moment. Et le bon moment pour démontrer que Quaker n'avait tué personne, c'était des années plus tôt, lors de son procès, et pas maintenant, dix jours avant la date prévue pour son exécution.

Mais notre récit comportait un deuxième fil rouge. Nous pouvions identifier l'assassin. Il s'appelait Ruben Cantu, et la preuve de sa culpabilité se trouvait dans la déclaration sous serment d'Ezekiel Green.

— Il faudrait qu'on sache pourquoi Wyatt a interrogé Cantu, a dit Kassie.

— Très bien, pourquoi tu ne lui demandes pas ?

— Moi ? Je ne le connais pas, ce type. Qu'est-ce qui te fait croire qu'il me parlerait ?

— Melissa Harmon m'a dit qu'il a divorcé il y a six mois, qu'il boit des coups tous les soirs au El Tiempo, et que c'est un coureur de jupons. Je t'invite à dîner si tu arrives à le faire parler.

— Tu nous invites tous à dîner ? a demandé Gary.

— Si elle arrive à faire dire quelque chose d'utile à Wyatt, bien sûr, pourquoi pas ?

— Kass, va falloir mettre un tailleur vraiment sexy, a dit Gary.

— Ça, c'est ma réplique, ai-je dit.

— Ouais, a conclu Kassie, et question finesse, vous faites la paire, tous les deux.

Le lendemain soir, nous étions tous au El Tiempo, devant un plat de *mariscos a la parrilla* et de *fajitas* de bœuf. Le prix de ce dîner fut disproportionné par rapport aux efforts qu'avait dû faire Kassie. Elle dit à Wyatt qui elle était et ce qu'elle voulait savoir, il lui offrit un verre et lui raconta tout. Le voisin qui avait vu la voiture inconnue garé dans la rue se souvenait des trois derniers chiffres de sa plaque d'immatriculation. Wyatt fit une recherche dans sa base de données et trouva Cantu. Il l'avait arrêté auparavant pour détention de stupéfiants, et décida que ça valait la peine d'aller lui parler. Kassie lui demanda pourquoi il ne l'avait pas arrêté. Parce que, lui répondit Wyatt, il n'avait aucune preuve matérielle, Cantu n'avait pas de mobile, et il n'y avait pas de preuve qu'il connaissait Dorris Quaker et les enfants.

— Tu l'as interrogé sur l'arme qu'ils ont trouvée par terre à côté de Dorris ?

— Je ne suis pas idiote, Doc.

— Et alors ?

— Il m'a regardée droit dans les yeux et a dit qu'il ne voyait pas du tout de quoi je parlais.

Sans vouloir leur manquer de respect, je dois dire que les policiers comptent parmi les meilleurs menteurs du monde. Pour autant que je puisse en juger, ils semblent avoir une philosophie : ce sont eux les gentils qui luttent contre les forces de la mort et des ténèbres, ce qui les autorise à transgresser les règles quand ça leur semble nécessaire, et à mentir ensuite à ce sujet. Wyatt aurait juré sur la tombe de sa mère qu'un mensonge était vrai si ça l'avait aidé à faire condamner une personne dont la culpabilité lui semblait certaine. Si j'étais sûr d'une chose, c'était de celle-là. Mais ça ne me servait à rien. Ce sont les preuves qui importent, et je n'en avais pas, pas plus que d'espoir d'en obtenir. Wyatt n'allait pas ouvrir son cœur, ni à Kassie, ni – *a fortiori* – à moi, et chaque seconde que je passais à imaginer qu'il allait le faire était une seconde que j'aurais pu passer à prier, ce qui ne servirait à rien dans l'affaire Quaker.

— Il a l'air d'un brave type, a dit Kassie.

— Il a commencé idiot, il a fini idiot.

— Je la connais, celle-là, a dit Jerome. C'est de Randy Newman, je crois.

Quand les gens commencent à capter vos références, c'est soit parce que vous êtes devenu prévisible et transparent, soit parce qu'ils s'y sont mis.

Ce soir-là, de retour à la maison, j'ai mis le CD de Tony Bennett avec Bill Evans, et bu un verre de cognac. Bennett chantait « My Foolish Heart », et je réfléchissais aux paroles. Wyatt se moquait de mentir, et ne reconnaissait sans doute même pas ses mensonges, parce que dans le monde où il vivait, Quaker était coupable du triple meurtre, et tous les faits qui venaient contredire cette conclusion n'étaient pas des faits. Il se servait d'un ensemble de concepts pour comprendre le monde. J'en utilise un autre. Pourquoi ? Pourquoi certaines personnes se préoccupent-elles des fins, et d'autres des moyens ?

En août dernier, j'étais à la plage et, avec Katya et Lincoln, nous regardions la pluie de météores des Perséides. Ils dessinaient dans le ciel des centaines de traînées de feu. Lincoln n'arrêtait pas de dire :

— Regarde, il y en a un autre.

— Nous les voyons parce que la Terre se déplace à travers la constellation de Persée.

— Ça me rappelle la balle au prisonnier, p'pa. Heureusement qu'elles ne nous frappent pas.

Je levai les yeux et trouvai Orion. Le chasseur. J'étais juste assez ivre pour me sentir perspicace, et voir de mauvais augures dans le ciel. Notre affaire dépendait d'un assassin introuvable, identifié par un assassin mort. Quaker était en très mauvaise posture. Une partie de moi espérait qu'il était coupable. Une grande partie.

Une semaine avant l'audience, nous avons reçu les résultats des tests sanguins. Les gouttes allant du corps de Dorris à l'endroit où les enfants avaient été tués appartenaient toutes à Dorris. En clair, soit elle s'était tiré une balle avant d'aller dans l'autre pièce abattre ses deux enfants, puis était revenue s'allonger sur le canapé pour y mourir, soit elle avait été assassinée, elle aussi. Ça n'avait aucun sens d'essayer de sauver Henry en montrant son épouse du doigt.

Je le répète, je ne peux accueillir qu'un nombre restreint de vérités. Nos existences limitées n'ont qu'une capacité déterminée. On ne peut donner la même valeur à chaque petite vérité. On appelle cela « définir des priorités ». Ma vérité centrale, c'était que Henry Quaker n'avait tué personne. Cette vérité-là, et aucune autre, m'habitait avant tout. S'il me fallait mettre le reste de côté pour la démontrer, qui pouvait me le reprocher ? Qui pouvait me blâmer ? Le père de Dorris était mort, et sa mère ne soutenait pas vraiment Henry, mais ne lui reprochait rien non plus. Elle ne semblait savoir que penser, et je ne l'imaginais pas pétant les plombs si je laissais entendre que sa fille s'était suicidée.

Dorris était déjà morte. Je ne faisais de mal à personne en la tuant de nouveau.

Jerome n'aimait pas du tout cette idée, et il avait raison. Pendant un procès, un avocat peut balancer tout le plat de spaghettis sur le mur dans l'espoir qu'un ou deux resteront collés. C'est tout ce qu'il faut : un juré pris d'un doute raisonnable. Si l'avocat de Quaker n'avait pas été à l'ouest, il aurait suivi cette stratégie. Montrer du doigt Dorris, un intrus, ou qui que ce soit qui se trouve loin de Henry. Mais il était trop tard pour agir ainsi. Pendant un procès, l'accusé gagne s'il y a égalité de voix. Au stade où nous étions, un pensionnaire du couloir de la mort ne gagne que s'il y a une explosion en sa faveur. Nous devions prouver l'innocence de Quaker, et si nous voulions y parvenir, nous avions besoin d'une seule histoire : Ruben Cantu était l'assassin. C'était notre histoire, et nous nous y tenions.

De quels arguments disposions-nous ? Nous examinerions en détail l'incompétence de Gatling. Nous soulignerions le fait que le voisin avait vu une voiture inconnue dans l'allée. Nous pourrions suggérer qu'elle appartenait à Cantu. (« Suggérer » étant un euphémisme signifiant que nous n'avions pas l'ombre d'une foutue preuve.) Nous pouvions démontrer que Wyatt avait interrogé Ruben Cantu. Et, pour asséner le *coup de grâce* [1], nous sortirions la déclaration de Green affirmant que Cantu avait tué la famille Quaker à la suite d'une erreur sur la personne.

— Pourquoi crois-tu que la juge nous laissera produire des preuves de l'incompétence de l'avocat ? a demandé Gary.

1. En français dans le texte.

— Et tout le témoignage de Green repose sur des ouï-dire. Elle ne l'acceptera peut-être pas non plus, a ajouté Jerome.

— Cette audience risque d'être très courte.

« La frugalité est la mère de toutes les vertus. » Ben Jonson a écrit cela en 1598, dans sa pièce *Every Man in His Humour*, et cette réplique est inscrite au-dessus du linteau de l'immeuble de douze étages où je travaille dans le centre-ville. Mon père est l'homme le plus radin – ou, comme il dit, le plus frugal – que je connaisse. Un jour que nous faisions griller des hamburgers, l'un de nous préféra poser sa viande sur une seule tranche de petit pain plutôt qu'entre deux tranches, de telle sorte qu'à la fin du repas, nous nous retrouvâmes avec une tranche de petit pain solitaire. Mon père l'enveloppa soigneusement dans du papier paraffiné et la mit au congélateur, à côté d'un pot de glace à la vanille, où elle resta près de huit mois, jusqu'à ce que je trouve le courage de la jeter en me disant qu'il ne s'en rendrait pas compte. Pour son soixante-quinzième anniversaire, Katya prit une photo de Lincoln et moi, devant l'immeuble, désignant le linteau de la main droite, un demi-petit pain dans la gauche.

Quelques mois plus tard, mes frères tombèrent sur un cliché fait par mon grand-père en 1924, quand il ouvrit son cabinet d'avocat dans ce même immeuble où j'ai un bureau au onzième étage. Personne dans ma famille n'en savait rien. Sur la fenêtre du troisième étage, faisant face à la rue principale, on voyait bien les mots « Harry Dow, avocat », et son numéro de téléphone à six chiffres. L'immeuble est mal entretenu, décrépit, et devrait être condamné. Ça fait deux ans que nous cherchons de nouveaux bureaux, mais à cet instant précis, j'ai eu l'impression d'y être chez moi.

Ma philosophie est simple : vivre bien, aimer les gens, et espérer que quelqu'un vous aime. Nous vivons une seule existence sur cette Terre avant de retourner à la poussière. Nous avons un corps, un cerveau, mais rien que j'appellerais une âme. Je ne crois pas à une puissance supérieure, pas plus qu'au destin, mais les coïncidences sont toutefois bien réelles, et fort curieuses. Je conserve la photo de 1924 sur un mur de mon bureau, à côté d'une copie du cliché que Katya et moi avons offert à mon père quatre-vingts ans plus tard.

Dans la semaine qui a précédé l'audience, j'ai vécu à peu près comme un moine. Extinction des feux à 23 heures. Lever à 4 heures. Trois quarts d'heure de course à pied, une demi-heure de natation, une orange, une banane, un bol de céréales, quelques tasses de café, et au bureau à 7 heures. Douze heures par jour, j'ai bachoté comme un étudiant en médecine, mémorisant chaque ligne de chaque document de chacun des douze cartons posés sur le sol de mon bureau. Je voulais être si occupé que je n'aurais pas le temps de me rendre compte à quel point la situation était désespérée, mais même l'hyperactivité peinait à tenir le désespoir à distance.

Tous les soirs, à 20 heures précises, comme une horloge suisse, mon cœur commençait à accélérer, ma vision se brouillait et je me sentais rougir bien que la fenêtre de mon bureau laisse entrer l'air frais. Je voyais Quaker attaché, et sa mère, Evelina, assise dans un fauteuil roulant, regardant à travers une glace sans tain, une bonbonne d'oxygène sur les genoux, un tube en plastique dans le nez. Je voyais des lumières clignotantes – ce que mon ophtalmo appelle des flotteurs –, je devais donc me lever et remuer la tête comme un boxeur luttant contre le K.-O. pour chasser cette image. J'allais jusque chez McElroy's prendre un double Jack avec un cigare. J'appelais Lincoln pour lui raconter une histoire avant qu'il se mette au lit, puis Katya prenait le combiné et pour la première fois de la journée, j'arrêtais de faire comme si je croyais que tout allait bien se passer. Elle se mettait au téléphone avec Lincoln, ils me racontaient leur journée, me parlant du parc aquatique Schlitterbahn, du film de Harry Potter ou d'une longue promenade avec Winona. Je me voyais sourire dans le miroir derrière le bar.

De retour à la maison, je me faisais un sandwich, me demandant si Quaker dormait. Pendant notre dernière rencontre, il m'avait dit que s'il n'allait pas se coucher, le lendemain ne viendrait jamais. Chaque soir, j'allumais la télé et buvais juste assez de bourbon pour empêcher Henry de me rendre à nouveau visite avant le matin.

L'audience devait commencer à 8 h 30. Nous sommes arrivés à 8 heures. Le greffier de la juge Truesdale est venu me trouver quand nous sommes entrés dans la salle d'audience, et m'a dit que la juge souhaitait me voir un instant dans son bureau. Kassie a hoché la tête.

— C'est intéressant, a dit Gary.

Elle portait une courte robe grise, à col en V. Elle avait les jambes croisées, et le bas de sa robe lui arrivait à peine à mi-cuisse. Un collier, qui me semblait fait de diamants, caressait le haut de ses seins. Si elle essayait d'être sexy, elle y arrivait très bien.

Je dois avouer ce qui est sans doute une évidence : je trouve les femmes absolument indéchiffrables. Quand j'étais jeune avocat, à Washington, j'avais des relations amicales avec une autre avocate du cabinet, plus âgée que moi d'environ deux ans. Nos bureaux étaient contigus, nous nous voyions chaque jour et discutions de choses ordinaires. Tous les soirs ou presque, après le travail, nous allions boire une bière avec des collègues. Jane et moi travaillions pour le même patron. Nous parlions de lui, de notre travail. Un jour, après que j'eus mis trois dollars dans le juke-box, nous découvrîmes que nous jouions tous deux du piano jazz, juste assez bien pour y prendre plaisir, et que nous ne comprenions ni l'un ni l'autre Ornette Coleman.

— Tu te souviens de cette réplique, dans *Jerry Maguire*, quand Tom Cruise est chez Renee Zellweger, elle met un disque de Miles Davis et il sort : « Qu'est-ce que c'est que cette musique ? » C'est ce que je me dis quand j'écoute Ornette.

— Tout le monde croit que c'est Miles Davis, mais en fait, c'est Charlie Mingus.

Elle se méprit peut-être sur mon expression de surprise. Nous habitions dans le même quartier. En rentrant après le bar, elle prit ma main dans les siennes :

— Qu'est-ce que qui se passe entre nous ?

Plus tard, j'ai admiré sa franchise. Mais à cet instant, j'étais complètement dérouté. Je ne savais pas quoi dire. Elle m'impressionnait, mais je n'étais pas amoureux d'elle. Je la considérais simplement comme une amie, et j'étais certain que je ne pouvais pas le lui dire dans ces circonstances sans lui faire de peine. Je restai donc figé, muet comme un idiot. Je n'avais pas la moindre idée de ce que j'avais dit ou fait pour rendre possible une telle question. Comment pouvait-elle penser une chose qui ne s'était pas approchée de mon esprit à moins de mille kilomètres ? Était-ce elle qui était victime d'une illusion, ou bien moi ?

La suite sembla démontrer que c'était peut-être moi qui avais des problèmes de perception. Pendant ma première année en tant que professeur de droit, on m'avait donné pour tâche d'assister au cours d'une avocate. Elle plaidait au tribunal, et enseignait la pratique juridique. Nous bavardions brièvement avant chaque cours. À la fin, tandis qu'un groupe d'étudiants l'entouraient pour lui poser des questions, je la saluais de la main et rentrais à la maison. Après le dernier cours du semestre, nous sommes sortis ensemble sur le parking, et je lui ai dit à quel point j'avais pris plaisir à ses cours. Ce n'était pas une formule de politesse. J'y avais réellement pris plaisir. Nous sommes montés dans nos voitures, mais j'avais laissé mes phares allumés, et la batterie était morte. Elle a proposé de me ramener. Arrivée devant chez moi, elle m'a demandé si elle pouvait entrer et aller aux toilettes. J'étais debout devant le comptoir de la cuisine, regardant mon courrier, quand elle est sortie de la salle de bains, entièrement nue.

Il arrive un moment, quand vous pensez voir le monde d'une certaine manière mais que le reste de l'humanité le voit apparemment d'une autre, où, aussi considérable votre ego soit-il, vous devez vous incliner devant les chiffres et vous dire que le monde a sans doute raison, et que vous avez donc tort. C'est cette idée qui m'est venue quand je suis entré dans le bureau de la juge Truesdale. Mais Henry Quaker l'a repoussée. Il était dans une cellule de détention provisoire, à côté de la salle d'audience, à moins de trente mètres de l'endroit où nous nous tenions. Il est apparu dans une bulle de dessin animé, comme dans *Annie Hall*, et m'a murmuré : « Embrasse-la, mon vieux. Embrasse-la. »

Un procureur chargé d'une autre affaire est entré avec un ordre à faire signer par la juge, et s'est appuyé contre le chambranle de la porte. La juge a tendu la main pour prendre l'ordre et m'a dit, en gardant les yeux fixés sur moi :

— Je voulais juste vous dire à titre officieux que j'ai lu tout ce que vous avez écrit, et tout ce que vos associés ont écrit, j'ai de réelles réserves sur cette affaire, mais je ne suis pas sûre de pouvoir faire quoi que ce soit.

— Eh bien, Votre Honneur, moi je pense que vous le pouvez.

— Cette rencontre est officieuse. Je m'appelle Jocelyn.

— Jocelyn, nous allons vous demander d'annuler l'ordre d'exécution.

Elle a croisé sa jambe droite sur la gauche et dit :

— Hmm…

Elle a lissé sa jupe et chassé de la main une poussière invisible. Elle s'est levée et a décroché d'un cintre sa robe de magistrat :

— Vous pouvez m'aider à l'enfiler ?

Contrairement à ce que nous craignions, la juge Truesdale nous a laissés présenter toutes les preuves que nous voulions. Elle avait peut-être vraiment des doutes sur cette affaire. Nous avons cité comme témoin l'agent d'assurances, qui a raconté comment elle avait lourdement insisté auprès de Henry pour que celui-ci souscrive une assurance vie alors que seule une assurance auto l'intéressait au départ. Le représentant légal du pédiatre de Daniel a fourni des archives indiquant que celui-ci saignait fréquemment du nez, de manière spontanée. Six gardiens ont affirmé qu'ils croyaient Quaker innocent, et que même s'il ne l'était pas, on ne devrait pas l'exécuter. C'était un détenu modèle, qui faisait exactement ce que les autorités lui demandaient. L'inspecteur Wyatt a témoigné qu'il avait interrogé Cantu parce qu'il possédait une voiture dont la plaque d'immatriculation pouvait laisser supposer que c'était celle que le voisin avait vue devant la maison des Quaker. Il dit qu'il n'avait jamais considéré Cantu comme un suspect sérieux car, pour autant qu'il sache, il ne connaissait pas la famille Quaker, mais il admit aussi qu'il n'avait pas enquêté sur son alibi.

— Pourquoi avez-vous fait chercher des traces de poudre sur les mains de Dorris ?

— C'est la routine.

— Était-ce la routine parce que vous avez retrouvé une arme à côté de son corps ?

— Il n'y avait aucune arme près de son corps.

— Vous avez pensé qu'elle aurait pu se suicider puis se débarrasser de l'arme ?

Le procureur a fait objection à cette question, la juge Truesdale a accepté cette objection et dit à Wyatt de ne pas répondre, mais j'étais content, parce que je ne voulais pas perdre de vue, pendant cette escarmouche, la guerre qui s'annonçait. Je n'avais simplement pas pu m'empêcher de poser cette question. J'ai regardé mon équipe, pour m'assurer que je n'avais rien oublié. J'ai remarqué que Henry luttait pour ne pas me foudroyer du regard. J'ai dû me détourner, comme si j'avais fixé le plein soleil de midi.

Il était assis entre Kassie et moi. Jerome et Gary étaient juste derrière nous. Lorsqu'un condamné à mort comparaît, les gardiens préfèrent être à côté de lui. J'ai demandé à l'un d'eux s'il voulait que j'échange ma place avec celle de Henry. Il a croisé les bras et secoué la tête :

— Nan. Pour moi, il peut rester là où il est.

Nous avons eu une prise de bec à propos de la déclaration sous serment de Green. La règle du ouï-dire interdit de répéter ce qu'ont censément dit d'autres gens. L'idée qui sous-tend cette règle, c'est que la meilleure façon de savoir avec certitude si quelqu'un a dit quelque chose est de lui poser la question directement, plutôt que de permettre à quelqu'un d'autre de le répéter. Mais il y a des exceptions. L'affirmation de Green selon laquelle il avait payé Cantu pour qu'il tue Tricia Cummings était admissible grâce un point de droit connu sous le nom de « déclaration contre son propre intérêt ». Green ayant fait une déclaration qui l'incriminait lui-même, la juge pouvait la prendre en considération. Mais sa déclaration faisait également état de ce que Cantu était censé lui avoir dit : qu'il avait assassiné par erreur la famille Quaker, et laissé une arme sur place pour faire croire à un suicide. C'était un ouï-dire, et le procureur livra une lutte acharnée pour qu'il ne figure pas au procès-verbal. La juge décida en fin de compte qu'elle allait y réfléchir, et sa décision ne nous importait pas vraiment, car soit elle croyait Green, soit elle ne le croyait pas, et je m'accrochais à l'espoir que ce qu'elle croyait des événements importerait plus pour elle que ce qu'autorisaient, selon elle, les règles d'exposition des preuves.

Elle nous a demandé si nous désirions faire une déclaration finale. C'était le cas. Le procureur a parlé le premier. Il a montré Quaker du doigt et dit :

— Votre Honneur, un jury a déclaré cet homme coupable du meurtre de sa femme et de ses deux enfants.

Il s'est tourné, a fixé Henry, qui lui a rendu son regard. Il était très serein, comme s'il n'avait pas été entièrement là. J'ai pensé à la réaction de Lauren Bacall dans *Le Port de l'angoisse*, quand l'officier de Vichy prend son passeport et la gifle. Humphrey Bogart lui dit plus tard qu'elle a à peine cligné des yeux. Je pense que c'est parce que sa haine était tempérée par sa compréhension. C'est au moins ainsi que j'ai interprété le regard de Henry. Le procureur a rappelé à la juge que quelqu'un qui a été condamné ne peut pas voir sa condamnation annulée à moins de pouvoir démontrer que toute personne raisonnable devrait le croire innocent. Nous étions loin de satisfaire à cette exigence, a-t-il ajouté. Nombre de raisons – l'argent de l'assurance, le sang dans la voiture, la crise que traversait le couple Quaker – incitaient à croire qu'il était coupable. Si une seule de ces raisons était valide, la juge avait les mains liées.

Tout ce qu'il avait dit était correct. La loi n'était peut-être pas de notre côté, mais les principes l'étaient. Quand mon tour est venu, j'ai rappelé à la juge que la seule raison pour laquelle Quaker avait été condamné était l'absolue incompétence de son avocat. Je m'en suis tenu à notre histoire : les preuves de sa culpabilité étaient notoirement insuffisantes, et il y avait de bonnes raisons de croire que Cantu avait commis le meurtre.

— J'aimerais vraiment entendre M. Cantu, a dit la juge. Où est-il ?

— Je voudrais bien le savoir, Votre Honneur.

Nous avions trouvé son ADN sur la brique de jus d'orange, mais il ne figurait dans aucune base de données de la police. Il aurait pu être mort, retourné au Mexique, ou habiter à deux pas de là.

Elle a donné un coup de marteau, l'audience était terminée. Nous nous sommes levés pendant qu'elle sortait. En rangeant nos dossiers, l'un des gardiens qui allait ramener Henry dans le couloir de la mort s'est approché et m'a dit :

— Bonne chance, monsieur.

Au cabinet était arrivée une courte lettre de Walter Buckley. Il devait être exécuté dans deux jours. Il nous l'avait envoyée deux semaines plus tôt, mais elle avait mis du temps à nous parvenir car, c'est simple, chaque mot de l'adresse était mal orthographié. Ce n'était pas mon client. Il était représenté (j'emploie ce mot dans le sens le plus vague qui soit) par Karl Christianson, avocat notoirement incapable. En vertu d'une décision de la Cour suprême, l'arrêt Atkins contre Virginia, les États n'ont pas le droit d'exécuter les déficients mentaux. Il était difficile de comprendre exactement ce que disait Buckley, mais il semblait qu'il écrivait pour se plaindre que son avocat n'ait jamais utilisé cette jurisprudence. Si c'était vrai, c'était une faute professionnelle inconcevable. L'un des critères de la débilité est un Q.I. de 70 ou inférieur. Selon notre base de données, Buckley avait un Q.I. de 54. En voyant sa lettre, je l'aurais cru encore plus bas.

Comme à son habitude, Jerome a pensé que nous devions faire quelque chose. J'avais le sentiment que nous ne pouvions pas. L'exécution de Quaker devait avoir lieu dans une semaine. Et même si nous avions déjà rédigé tout ce qui me semblait nécessaire, on ne sait jamais. Il se passe toujours des choses inattendues. Nous ne savions pas quelle décision la juge Truesdale allait prendre, et si elle l'annonçait le lendemain, je voulais que nous puissions nous consacrer immédiatement à l'appel si nous perdions, ou à consolider notre victoire si nous gagnions. Je souhaitais également rencontrer les membres du comité des grâces, qui avait le pouvoir de recommander la libération de Quaker, ou au moins de le faire sortir du couloir de la mort, et parler au gouverneur et au directeur de la prison. Nous ne pouvions pas nous lancer dans une affaire dont nous ignorions presque tout, moins de quarante-huit heures avant une exécution. C'est ce que j'ai dit.

Comme le laissait présager l'enveloppe, chaque mot ou presque de la lettre de Buckley comportait une faute d'orthographe. Il utilisait les guillemets apparemment au hasard, et aucune ponctuation en dehors de virgules, là encore apparemment placées au hasard. Il était peut-être débile mental. Peut-être Christianson avait-il évoqué la jurisprudence Atkins, et Buckley ne l'avait pas compris. Qui sait ?

— Je peux au moins appeler Christianson, voir s'il a utilisé la jurisprudence, et obtenir ses archives, a proposé Jerome.

Il ne faut pas avoir le cœur dur pour faire ce métier, mais on doit développer certaines défenses. Nous ne pouvons pas sauver tout le monde. Nous ne pouvons même pas essayer de sauver tout le monde.

— D'accord. Vas-y, lui ai-je répondu.

Mon frère Steven était en ville pour affaires ce jour-là, et il avait amené sa fille Hannah, qui a l'âge de Lincoln, afin que les cousins puissent jouer ensemble. Je suis rentré à la maison une heure avant leur départ pour l'aéroport. Les enfants voulaient faire une course de relais contre leurs pères. Les règles étaient nombreuses, même si elles étaient simples. Pour plaisanter, j'en ai transgressé certaines à plusieurs reprises. Je faisais juste l'idiot, mais les enfants de sept ans n'ont pas toujours le même sens de l'humour que moi. Lincoln a commencé à se mettre en colère et à élever la voix :

— Arrête de tricher.

— Lincoln, ne me crie pas dessus.

Et je me suis remis à tricher. Il a de nouveau élevé la voix.

— Si tu cries encore une fois, on arrête de jouer.

J'ai encore triché. Tout son corps s'est tendu, il a crié :

— Arrête de tricher, p'pa !

— Ça suffit. On arrête, amigo. Dis bonsoir à Hannah et à oncle Steven, et prépare-toi à te mettre au lit.

J'ai tendu le bras vers sa chambre. Il a monté l'escalier en courant. Je suis allé dans la cuisine et me suis servi un verre. Steven m'a suivi pendant qu'Hannah se tenait à la porte.

— Tu crois qu'elle sera déçue si vous partez avant qu'on ait fini le jeu ?

— Sûrement, mais ne t'en fais pas.

Steven et sa femme ont trois enfants. Hannah est la plus jeune.

— Tu penses que j'ai été trop dur ?

— Il m'a semblé qu'il essayait de se contrôler. Tu l'as vraiment énervé.

— Il doit apprendre à m'obéir, énervé ou pas.

— Tu as raison.

— Je monte le chercher. On arrive tout de suite.

Après avoir terminé le jeu, et perdu, bien sûr, parce que je respectais strictement les règles, après que

Lincoln s'est brossé les dents, après avoir lu un livre, raconté une histoire, chanté une chanson, j'ai dit :

— Amigo, je suis désolé d'avoir triché et de t'avoir énervé, mais quand maman ou moi, ou Nana, ou l'un de tes professeurs te dit ce que tu dois faire, il faut que tu le fasses, même si tu ne veux pas, et même si ça t'énerve beaucoup. Tu peux essayer ?

— Je vais essayer, p'pa. Mais des fois, c'est difficile.

— Je sais, mais je veux que tu fasses des efforts.

— D'accord, je vais en faire. Tu viens dormir cinq minutes avec moi ?

Je ne suis pas un expert de la Shoah, mais je sais que certains chercheurs attribuent cette tragédie à un trait de caractère essentiel des Allemands. Katya et moi en avons discuté, bien entendu. Alors que nous étions en Allemagne pour y rendre visite à des parents à elle, elle me signala les multiples manières dont les Allemands respectent des manifestations d'autorité que les Américains ne voient même pas. Un jour, dans le train entre Manhattan et New Haven, elle me fit remarquer que les voyageurs ne prêtaient aucune attention aux contrôleurs qui circulaient dans les wagons en demandant les billets. Dans les trains allemands, les voyageurs traitent les contrôleurs comme si c'étaient des seigneurs. À cause de l'uniforme.

Qu'est-ce qui est pire ? Trop de respect ou pas assez ? Jusqu'à quel point insistez-vous pour qu'un enfant fasse ce que vous lui dites de faire, sans qu'il devienne ensuite un adulte qui dit qu'il a dû faire ce qu'il a fait parce qu'on lui a dit de le faire ?

Dix heures avant l'exécution de Buckley, à 8 heures le jeudi matin, Jerome est entré dans mon bureau avec une liasse de papiers, et m'a dit que Buckley avait quitté l'école en cinquième, qu'il avait alors fait trois tests de Q.I., avec des scores compris entre 53 et 59. Il n'avait jamais pu vivre seul, trois médecins, dont l'un employé par l'État, l'avaient jugé débile mental, et malgré tout cela, son avocat, Karl Christianson, avait décidé de ne pas se servir de cet argument pour lui éviter la condamnation à mort.

— Pourquoi ne l'a-t-il pas fait ?

— Christianson m'a dit que quand il est allé voir Buckley, il n'avait pas l'air si ralenti.

Kassie et Gary faisaient des recherches pour déterminer si la juge Truesdale pouvait trouver une manière de suspendre l'exécution de Quaker qui ne permette pas à l'État de faire appel devant une juridiction supérieure. Je leur ai demandé de venir dans mon bureau, et nous avons débattu tous les quatre. Ce n'était pas vraiment un débat. J'étais le seul à dire que nous étions trop occupés pour faire autre chose, et que nous n'avions plus assez de temps devant nous. Mais il est difficile de faire preuve de passion lorsqu'on propose de rester passifs et de permettre à l'État d'exécuter quelqu'un qui, selon la Constitution, ne peut pas l'être. Ils m'ont encore mis en minorité.

Le plus difficile était de définir une stratégie. J'ai écrit trois lignes sur le tableau blanc de mon bureau : la Cour suprême, la cour d'appel fédérale, le tribunal d'État. La première solution posait un problème : la dernière décision de la Cour suprême en faveur de quelqu'un qui avait utilisé le procédé juridique en question remontait aux années 1930. Nous passerions beaucoup de temps à rédiger une requête avec pratiquement aucune chance de gagner. Je l'ai barrée. Le problème que posait la cour d'appel était encore plus complexe. Nombre de juges qui y siègent sont si incompétents que c'en est embarrassant, et j'avais encore en tête la manière dont ils étaient rentrés chez eux le soir où devait avoir lieu l'exécution d'O'Neill. De plus, la loi fédérale prévoit, à de rares exceptions près, que les détenus présentent leurs arguments juridiques devant le tribunal d'État avant d'aller devant la cour fédérale. Je savais que l'affaire Buckley ne cadrait avec aucune de ces exceptions, et je ne trouvais aucun argument raisonnablement présentable pour prétendre que nous pouvions le faire. Il ne nous restait que le tribunal d'État.

Mais même cela, c'était un défi. Nous devions présenter des preuves de poids démontrant que Buckley était en fait débile mental, et expliquer pourquoi il nous avait fallu autant de temps pour trouver ces preuves. Ce ne serait pas difficile de prouver qu'il était arriéré. Mais comment expliquer pourquoi nous présentions les preuves quelques heures seulement avant l'exécution ? La vraie réponse, c'était que l'avocat commis d'office qui avait représenté Buckley ces deux dernières années n'avait pas fait son travail, mais ce n'était pas un argument qui nous donnerait la victoire. En vertu des lois fédérales, Buckley n'avait pas constitutionnellement le droit d'avoir un avocat. Même si celui-ci était nul, c'était déjà plus que ce que prévoyait la loi. J'ai dit à Gary, Kassie et Jerome de se répartir le travail de rédaction de la requête prouvant la débilité mentale de Buckley, et j'ai entrepris de trouver une explication quelconque de la raison pour laquelle nous devrions être autorisés à présenter ladite requête à la dernière minute.

Les tribunaux fédéraux acceptent que l'on envoie par e-mail les requêtes urgentes. Ce n'est pas le cas du tribunal d'État. Nous avons un bureau à Austin, où se trouve le tribunal. Nous allions leur envoyer plus tard dans l'après-midi la requête concernant Buckley, ils en feraient une dizaine de copies et les enverraient en toute hâte au tribunal. À 14 heures, j'ai terminé ma tâche, et demandé à Jerome de m'envoyer ce qu'ils avaient fait. J'ai apporté quelques corrections, combiné nos deux parties pour en faire un seul document, que j'ai renvoyé à Jerome afin qu'il puisse, avec les autres, le mettre au format adéquat pour une requête. Je devrais plutôt dire que j'ai essayé de le lui envoyer. Il n'est pas passé. Tout notre réseau informatique venait de planter.

J'ai d'abord gardé mon calme. J'ai appelé Austin et leur ai dit de prévenir le tribunal que nous aurions peut-être quelques minutes de retard. Austin a rappelé. Le greffier du tribunal avait dit qu'ils fermaient à 17 heures. Je n'avais pas le temps de m'occuper de ça. Gary tentait de remettre en marche notre système informatique. J'ai crié à Kassie de s'occuper du greffier. Elle a de nouveau téléphoné au tribunal, et insisté pour que le greffier dise à ses supérieurs que nous projetions de déposer une requête dans l'affaire Buckley, qui devait être exécuté dans deux heures, que nous avions fini de la rédiger, mais que nous devions faire face à une panne informatique catastrophique, ce qui retardait sa remise. Le greffier l'a rappelée : le juge qui présidait le tribunal avait confirmé la fermeture à 17 heures.

À 16 h 30, Gary a pu remettre le système en marche. Ça allait se jouer à peu de chose. Nous avons envoyé les documents par e-mail à Austin. Pièces à conviction comprises, il faisait 107 pages. Ils l'ont imprimé et ont fait le nombre de copies nécessaire. Ils ont appelé le tribunal pour dire qu'ils étaient en chemin. Le greffier a répondu. Il n'était pas tout à fait 17 h 10. Il a dit :

— Le tribunal ferme à 17 heures.

Les assistants juridiques se sont quand même rendus au tribunal. La porte était fermée, et personne n'est venu ouvrir quand ils ont frappé.

Nous avions un problème. Il était presque 17 h 30, et les papiers que nous avions préparés pour la Cour suprême reposaient sur le postulat que nous avions perdu devant le tribunal d'État, et non sur celui que nous n'étions pas arrivés à y déposer notre requête. Nous ne pouvions pas présenter un appel fondé sur la décision du tribunal d'État, puisque celui-ci n'en avait pas pris. Je ne vais pas vous ennuyer avec les raisons qui font de ce problème un cas compliqué, mais c'en était un. J'ai donc rapidement rédigé une requête demandant à la Cour suprême de surseoir à l'exécution, promettant aux juges que nous déposerions nos arguments au tribunal d'État dès le lendemain. En l'envoyant par e-mail à la Cour quelques minutes avant 18 heures, je savais que cela posait de nombreux problèmes juridiques d'ordre technique, mais j'espérais que ça n'aurait pas d'importance, que les juges se concentreraient sur le fait que Buckley avait un Q.I. compris entre 50 et 60. Mais l'espoir relève de la complaisance impuissante. Un jour, bientôt, je le jure, je vais complètement y renoncer. Les juges rejetèrent notre requête à l'unanimité.

Quand j'ai appelé Buckley pour lui annoncer la nouvelle, quelques minutes après 18 heures, on l'avait déjà attaché au chariot. Je n'ai pas pu lui dire que nos requêtes avaient été rejetées parce que les juges ne se préoccupent pas vraiment des principes ou de la justice. Je n'ai pas pu lui dire que nous avions essayé, et que j'étais désolé. Je n'ai pas eu à lui dire que si notre cabinet avait eu des ordinateurs dernier cri, il aurait vécu un jour de plus.

Gary est entré dans mon bureau, les yeux gonflés :

— C'est ma faute. J'aurais dû remplacer ce serveur il y a six mois.

— Mon vieux, il y a une longue liste de gens dont c'est la faute, notamment neuf à Austin, et neuf autres à Washington, et ton nom n'y figure pas.

J'ai appelé Katya pour lui annoncer la nouvelle. Je lui ai demandé de mettre Lincoln au lit sans moi, et lui ai raconté une histoire au téléphone. J'ai rassemblé mon équipe et nous sommes allés au Cafe Adobe. Nous avons bu deux pichets de margarita en échangeant à peine quelques mots. À 21 heures, je me suis levé :

— Vous êtes les meilleurs avocats que je connaisse. À demain.

Sur le bord de l'autoroute, une femme agitait frénétiquement les bras, à côté d'une voiture dont un pneu avant avait éclaté. Elle n'avait pas de portable et voulait se servir du mien pour appeler une dépanneuse. Il m'aurait semblé peu élégant de m'en aller avant que celle-ci arrive, et il me parut plus simple de changer le pneu. J'ai garé ma voiture aussi près que possible du bas-côté, allumé les feux de détresse, et lui ai demandé d'aller quelques mètres plus bas sur la route afin de faire signe aux voitures de s'écarter. Vingt minutes plus tard, elle était prête à repartir. Elle avait une liasse de billets à la main, épaisse de cinq centimètres.

— S'il vous plaît, acceptez ça, payez-vous à dîner.

— Certainement pas.

— Je vous en prie, sinon je vais me sentir très mal.

— Si j'acceptais, je me sentirais encore plus mal que vous, croyez-moi.

Elle m'a remercié une demi-douzaine de fois. La gratitude disproportionnée m'a toujours paru sincère.

J'ai attendu qu'elle parte, puis j'ai pris l'autoroute derrière elle. Arrivé à la maison, je suis allé voir Lincoln, et j'ai raconté ma journée à Katya. Elle s'est mise en colère. Elle voulait que je dépose une plainte devant la commission d'éthique judiciaire, et que nous organisions une conférence de presse. J'aurais voulu partager sa colère, mais j'en étais incapable. Je me sentais en paix.

Le lendemain, la juge Truesdale m'a appelé sur mon portable. Elle m'a invité à prendre un café le mardi après-midi, la veille de l'exécution. J'étais presque sûr que Katya se trompait sur son compte, et que j'avais raison. Un jour, nous regardions un film dans lequel un homme appelle sa femme pour lui dire qu'il doit travailler tard. Il va en fait à l'hôtel avec une cliente. Quand il revient chez lui, sa femme, son fils et sa fille sont en train de dîner dans la cuisine. Il embrasse sa femme, puis ses enfants.

— Je pourrais te pardonner si tu me trompes, dit Katya. Mais si tu m'embrasses en rentrant, je te tue.

C'était un geste inutile. Il y a deux types d'hommes : ceux qui peuvent tromper leur femme, et ceux qui ne le peuvent pas. Je ne dis pas que certains sont meilleurs que les autres, simplement que Katya savait à quel type j'appartenais.

En 1924, Clarence Darrow sauva Nathan Leopold et Richard Loeb de la potence. Les deux jeunes hommes avaient enlevé et tué Bobby Franks, un petit garçon, juste pour voir s'ils en étaient capables. Leopold et Loeb n'étaient peut-être pas des génies, mais ils étaient tous deux suprêmement intelligents. Darrow prit une décision sidérante : il évita de se présenter devant un jury. Ses clients plaidèrent coupable, et Darrow mit leur sort entre les mains du juge :

> Votre Honneur, c'est peut-être assez injuste vis-à-vis de la cour. Je suis conscient que j'ai contribué à placer un lourd fardeau sur vos épaules. [...] J'ai toujours souhaité être votre ami. Mais ceci n'est pas un acte d'amitié. Je sais parfaitement que lorsque la responsabilité est divisée en douze, il est facile de dire : « Débarrassons-nous de cet homme. » Mais, Votre Honneur, si ces garçons sont pendus, la décision vous en revient. La responsabilité ne peut pas être divisée. Vous ne pourrez jamais dire que vous avez dû céder au jury. Ce sera le fruit de votre décision délibérée, froide, préméditée, sans la moindre possibilité pour vous d'en rejeter la responsabilité.

Darrow avait compris une chose : notre système de peine capitale survit parce qu'il est fondé sur la dérobade. Il permet à chacun d'éviter de se sentir responsable. Un juré a onze homologues, la décision n'est donc pas la sienne. Un juge qui fixe une peine en fonction du verdict rendu par un jury met en œuvre la volonté de quelqu'un d'autre, la décision n'est donc pas la sienne. Un juge de la cour d'appel a deux ou huit confrères, et prétend qu'il est contraint par la décision de celui qui a démontré les faits, et que la responsabilité incombe à quelqu'un d'autre. Les juges fédéraux disent que la décision est celle du tribunal d'État. Les juges de la Cour suprême ne disent rien, satisfaits de permettre à la machinerie de la mort de poursuivre son œuvre implacable avec leur accord tacite.

Darrow les a empêchés de se cacher. Il a demandé aux gens qui font respecter la loi d'assumer la responsabilité de leurs actes, en particulier quand ceux-ci sont capitaux. Je pense qu'il avait raison. On devrait obliger les jurés et les juges qui envoient quelqu'un à la potence à être témoins des conséquences de leurs actes, et à assister à l'exécution. Chaque juge de cour d'appel qui maintient une condamnation à mort devrait se rendre dans le couloir de la mort et annoncer personnellement la nouvelle. Les juges de la Cour suprême qui refusent un sursis à un condamné à mort devraient l'annoncer au détenu, les yeux dans les yeux, pendant que celui-ci attend dans la cellule de détention provisoire, froide et humide, à huit pas de la salle d'exécution, plutôt que de demander à un jeune juriste d'appeler l'avocat du condamné. Si, dans nos sociétés, nous exécutons des gens parce que nous croyons que c'est une punition appropriée pour ceux qui prennent la vie d'autrui sans émotion et de manière irresponsable, alors ceux qui ont le pouvoir d'empêcher leur exécution devraient assumer eux-mêmes la responsabilité de la mise en œuvre du châtiment, ou du moins s'imposer de ne pas en nier l'existence. Il est plus facile de tuer un homme si c'est quelqu'un d'autre qui a pris la décision, et si quelqu'un d'autre procède à l'exécution. Notre système de peine de mort repose, dans son fonctionnement, sur la lâcheté morale.

Au Texas, le pire dégonflé est le gouverneur. S'il voulait avoir l'autorité de décider lui-même si un meurtrier condamné doit être épargné, le corps législatif la lui donnerait en un clin d'œil, mais il ne le souhaite pas. Il se cache derrière le jury, derrière les tribunaux, et surtout derrière le comité des grâces du Texas. Ce comité est composé de sept incapables qui lui ont donné beaucoup d'argent. Le gouverneur les nomme pour des mandats de six ans, et ils accomplissent ce qu'ils croient être sa volonté. Si le comité recommande que l'on épargne un détenu, le gouverneur peut suivre cet avis ou pas, mais si le comité refuse la clémence, le gouverneur a les mains liées. Généralement, il souhaite, comme George W. Bush ou Ann Richards, que le comité rejette les demandes des détenus, et le fait savoir à ses copains par des moyens détournés. Il se tient ensuite devant sa résidence officielle, hausse les épaules, et dit que le détenu a eu un procès équitable, dont le verdict a été confirmé par d'autres tribunaux, que sa demande de grâce a été rejetée par le comité, et que lui n'y peut rien. Il s'en va alors dîner au Four Seasons, et parle du fardeau que représente le fait d'autoriser la mort d'un homme.

Y a-t-il une phrase plus immorale que « Il n'y avait rien que je puisse faire » ?

Mais la responsabilité transforme certaines personnes. Paul Brownwell, un éleveur de Giddings, est l'une d'elles. Il m'a appelé à mon bureau lundi soir, à 19 heures :

— Je voulais vous informer, avant que nous le disions à la presse, que le comité a voté contre une commutation de peine dans l'affaire de M. Quaker, par quatre voix contre trois. Ça me rend malade. C'est la meilleure demande de grâce que j'ai jamais lue. Je suis désolé d'avoir à vous dire ça.

Je l'ai remercié de son appel. Je suis entré dans la salle de réunion où les autres mangeaient des pizzas, et leur ai annoncé la nouvelle. Nous avions à nous tous cinquante ans d'expérience en tant qu'avocats spécialistes de la peine de mort, mais nous étions sidérés. Dans les affaires extraordinaires – par exemple quand le condamné est débile mental –, le comité recommande la clémence, en général. Dans les affaires classiques, il la refuse, la plupart du temps à l'unanimité. Un vote par quatre voix contre trois, c'était totalement inhabituel. Je pensais que la demande de grâce était une perte de temps. La vraie perte de temps, ç'avait été de ne pas y consacrer une heure de plus afin d'aller chercher une voix supplémentaire lors du vote. Je ne suis pas une majorette, mais l'expression de leurs visages me brisait le cœur.

— C'est loin d'être fini. On a des munitions en réserve.

Ce que je n'ai pas dit, c'est que j'avais le pressentiment que nous avions déjà utilisé les plus efficaces. Ce n'était pas la peine. Ils ne croyaient pas un mot de ce que je venais de dire.

Le mardi, la juge Truesdale m'a appelé dans l'après-midi pour me proposer de boire un verre au bar de l'hôtel Magnolia plutôt que de prendre le café au Dietrich. Elle était assise à une table du fond quand je suis arrivé. Le serveur s'est approché, j'ai commandé un soda au citron vert. La juge lui a demandé un deuxième martini dry, et un autre pour moi.

Quand, dans un bar ou un restaurant, je tombe sur un juge chargé de l'une de mes affaires, je ne suis plus que l'ombre de moi-même. Je veux dire ce que je pense, mais j'ai l'impression que je ne dois pas le faire, au point que j'ai le sentiment d'être quelqu'un d'autre, quelqu'un que je reconnais sans le connaître vraiment, un peu comme avec un voisin. Avant, je pensais que c'était à cause des restrictions éthiques sur ce que les avocats sont censés dire aux juges à propos des affaires dont ceux-ci ont la charge, mais ce n'est pas tout à fait ça. C'est parce que les juges ne sont pas mortels. Ils ont le pouvoir d'épargner mon client. Pendant un court instant, dans un espace très réduit, ils sont Dieu. J'ai envie de savoir ce qu'ils pensent, ainsi, s'ils se trompent, je pourrai essayer de les influencer. Si Moïse peut faire des reproches à Jéhovah, je peux implorer un juge. Je veux qu'il comprenne les raisons humaines pour lesquelles mon client mérite de vivre, pas les motifs légaux. Je veux qu'il soit un agent moral plutôt qu'un juge. Mais Moïse s'est détourné du buisson ardent. Je sais exactement ce que je vais dire, et je sais aussi que je ne le dirai pas.

Lorsque Katya exerçait, elle négociait des règlements avec des compagnies d'assurances. Elle ergotait jusqu'au dernier centime. Mais si quelqu'un frappe à notre porte et propose de nettoyer la façade de notre maison, elle lui donne ce qu'il demande. Il est plus facile de négocier au nom de quelqu'un d'autre. Mais il est parfois difficile de séparer vos intérêts de ceux de votre client.

Je me suis dit que je n'allais pas plaider pour ma propre vie, mais pour celle de quelqu'un qui devait vivre. Personne ne l'avait fait pour lui. Il fallait que quelqu'un s'en charge. C'était bien le moins qu'il méritait.

On nous a servi nos boissons, elle a levé son verre. J'ai pris mon verre de soda pour trinquer avec elle. Elle a montré le cocktail que le serveur avait posé devant moi et dit :

— Trinquez plutôt avec ce verre-là. De quoi voulez-vous que nous parlions ?

— Ça me met mal à l'aise de discuter de l'affaire.

Je ne savais pas ce que je faisais là si nous ne parlions pas de l'affaire, mais j'y étais. Je ferais mijoter cette contradiction plus tard. Il y avait deux olives dans son verre. Elle en a pris une entre le pouce et l'index. Elle l'a mangée, puis a mis ses deux doigts dans sa bouche pour lécher la saumure. Sous la table, ses jambes étaient croisées. Elle s'est penchée en avant :

— Je suis venue à pied depuis mon bureau. Quand je bois trop, je passe la nuit ici. J'ai déjà réservé une chambre. Prenez votre verre, et venez à l'étage avec moi.

Elle portait un corsage de soie noire ouvert sur un rang de perles. Elle a remis en place une mèche de cheveux derrière son oreille. Je me suis demandé si j'en parlerais à Katya. C'est une chose de coucher avec quelqu'un parce que vous en avez envie. C'en est une autre de le faire pour obtenir quelque chose. Un jour, j'ai dit à Katya que je ne pourrais pas coucher avec une autre femme, parce que si je le faisais, je ne me reconnaîtrais plus, et si je ne me reconnaissais plus, il faudrait que je me suicide. Je ne peux pas vivre avec un étranger. Elle a répondu : « Personne ne se connaît aussi bien qu'il le croit, pas même toi. Les gens se surprennent eux-mêmes constamment. »

À l'université, j'avais appris par cœur des passages des *Confessions* de saint Augustin. « Ainsi, l'avenir n'est pas encore ; s'il n'est pas encore, il n'est pas ; s'il n'est pas, il ne peut se voir. » Si vous pouviez modifier le cours de l'histoire par une transgression mineure, ne le feriez-vous pas ? Ne serait-il pas immoral de ne pas le faire ?

Elle a appelé le serveur et lui a montré la clé de sa chambre :

— Vous mettrez ça sur ma note.

Elle s'est levée et a fini son martini dry. Elle s'est penchée vers moi, ses lèvres ont frôlé mon oreille. J'ai senti l'odeur du gin dans son haleine. J'ai senti la chaleur qui émanait de son visage. J'ai senti ses seins pressés contre mon épaule. Elle a dit :

— Je monte.

J'ai vu Quaker dans sa cellule, assis sur son lit de camp métallique, en train de lire. Tout était sombre, sauf le livre, éclairé par l'ampoule de 25 watts d'une petite lampe orientable. J'ai vu les photos des lieux du crime : Dorris, Daniel et Charisse, leur peau devenue jaune, leur sang presque noir. J'ai vu Lincoln en train de dormir. J'ai entendu Quaker : « Au cas où vous vous poseriez la question, je n'ai pas tué ma famille. »

J'ai dit :

— Votre Honneur, je ne peux pas faire ça.

À 14 heures, une camionnette a fait marche arrière vers une aire de chargement de la prison Polunsky. Une demi-heure plus tôt, les gardiens avaient conduit Quaker, menotté, à la douche, et lui avaient donné des vêtements propres. Il ne ressentait rien, ni courage ni peur, ni amertume ni envie de pardonner, ni haine ni amour. Il n'arrivait pas à se rappeler s'il avait demandé un dernier repas. Il avait écrit une lettre à sa mère, et demandé au directeur de la poster quand tout serait fini. Il lui en avait parlé quand il l'avait appelée au téléphone ce matin-là pour lui dire au revoir. Elle n'assisterait pas à sa mort. Il est resté sous la douche, l'eau aussi chaude qu'il pouvait le supporter, sous l'œil de trois gardiens, leurs mains posées sur les petites bombes de gaz incapacitant qu'ils portaient à la ceinture – ils savaient qu'ils n'auraient pas à s'en servir. Il s'est habillé et il est monté à l'arrière de la camionnette Chevrolet.

— Détenu Quaker, j'espère vous revoir demain, a dit l'un des gardiens.

Quaker a hoché la tête, les yeux pleins de douceur. Les deux autres gardiens sont montés dans la camionnette. Celui qui avait parlé a essuyé une larme.

J'ai appelé Henry juste après son arrivée à la prison Walls, à 16 heures, pour lui annoncer le vote du comité.

— Nous attendons encore la réponse de la Cour suprême, mais elle sera sans doute négative. Il semble que la juge Truesdale rejettera notre demande de sursis.

Je ne lui ai pas expliqué pourquoi j'en étais sûr. Il n'a pas dit un mot. Je savais qu'il était toujours en ligne parce que j'entendais en arrière-plan des portes électriques se fermer en claquant.

— Vous serez là, ce soir, n'est-ce pas ?

La juge Truesdale a appelé à 17 heures :

— Faut que vous arrêtiez de vous prendre pour Jeanne d'Arc, maître.

Qu'est-ce que je pouvais répondre à ça ? Je suis resté muet.

— Je viens de signer un ordre suspendant l'exécution.

— Merci, Votre Honneur.

Elle a raccroché sans un mot de plus. Les autres étaient dans le bureau de Jerome, étudiant la possibilité de déposer une requête fondée sur le fait que la juge Truesdale n'avait pas rendu de décision.

— Elle vient de m'appeler. Elle suspend l'exécution. Kassie, tu peux appeler le bureau du procureur pour en avoir confirmation ?

— Confirmation ? Tu ne la crois pas ?

— Appelle-les, c'est tout.

Dix minutes plus tard, ils étaient tous dans mon bureau. Kassie avait parlé à Shirley, du bureau du procureur. Celle-ci pensait que la juge Truesdale n'avait pas le pouvoir légal de suspendre l'exécution. Selon les lois en vigueur au Texas, si n'est pas intentée devant le tribunal d'État une action en justice contestant une condamnation à mort, le juge ne peut surseoir à l'exécution. Le bureau du procureur avait une interprétation étroite de l'expression « action en justice », et il est vrai que nous n'avions pas encore déposé de requête formelle contestant la condamnation de Quaker. Selon notre théorie, nous avions le droit de réunir des preuves démontrant qu'il n'était pas coupable, puis de présenter une requête fondée sur son innocence. Nous pensions qu'aussi longtemps que nous suivions les procédures judiciaires pour réunir ces preuves, ce qui était le cas, la juge pouvait intervenir et suspendre l'exécution. C'est ce que Kassie expliqua à Shirley. Celle-ci n'était pas convaincue. Elle dit à Kassie que le bureau du procureur allait faire appel.

C'est pour ça que je ne pourrai jamais être procureur : je ne pourrais jamais me sentir *obligé* de tuer quelqu'un. Je comprends les défenseurs de la peine de mort. J'en ai fait partie. Je peux comprendre l'envie de punir. Parmi les gens que je connais, il y en a que j'ai envie de tuer. J'ai tenté autant que possible de sauver tous mes clients, mais toutes les exécutions ne me font pas pleurer. Dans la mesure où je crois que le monde se porterait mieux sans religion, rien ne m'est plus étranger que ces prédicateurs furibonds qui parlent avec frénésie des tourments de l'enfer, quand on vient au crime et à son châtiment. Mais nous avons une chose en commun, eux et moi : nous croyons au mal. Il est des actes d'une cruauté si monstrueuse que vous devez vous boucher les yeux pour ne pas les voir, car sinon, leur image peut détruire tous les plaisirs qui vous sont chers. Quand vous jouez avec votre chien, quand vous serrez votre fils dans vos bras, quand vous embrassez votre épouse, ces images peuvent salir votre bonheur, et vous faire honte d'être humain. C'est pour cela que je me douche en rentrant de la prison et que je lave mes vêtements à part. J'ai des amis qui ont cessé d'exercer ce métier parce qu'ils ne pouvaient pas empêcher ces images de se frayer un chemin jusqu'au plus profond de leur conscience, détruisant toutes leurs joies. Je ne crois pas que les sales types que j'ai connus étaient nés mauvais, mais peut-être que si, pour certains d'entre eux. Personne ne le sait avec certitude. Mais je dois dire aussi que même les pires que j'ai rencontrés sont sympathiques lorsqu'ils sont attachés sur un chariot et attendent l'injection létale. Ils ne sont plus cruels ni mauvais. Certains se repentent, d'autres non. Mais tous, à ce moment-là, sont des hommes désespérés, brisés.

J'ai un rêve récurrent : quelqu'un a tué tous ceux que j'aime. Il est attaché sur une chaise, les bras menottés dans son dos, les jambes entravées. Un foulard bleu lui serre la gorge, il peut à peine respirer. Nous sommes tous deux couverts de sang et d'ecchymoses. Je le frappe avec un pistolet. Sa tête s'affaisse. Le sang lui coule de la bouche et du nez. Je tends le bras droit, et presse le canon de l'arme sur sa tempe gauche. Il ne me provoque pas. Il ne me demande pas pardon. Quelques instants avant de me réveiller, j'essaye toujours d'imaginer quels sentiments je vais éprouver.

Dans la Bible juive, ce n'est pas le gouvernement qui conduit les exécutions. La peine de mort est administrée par les *goel*, les vengeurs, membres de la famille de la victime. Selon la loi islamique, la famille peut gracier le criminel qui l'a frappée. Je pense que si nous devons conserver la peine de mort, les membres de la famille devraient procéder à l'exécution. Certains d'entre eux le feraient. Moi aussi, peut-être.

Mais pas dans le rêve. Dans le rêve, je lâche le pistolet. Il tombe bruyamment par terre, et je m'en vais. Ce n'est pas trahir que de ne pas ressentir le besoin de tuer.

À 17 h 30, le greffier de la Cour suprême a appelé pour me dire que notre requête avait été rejetée. Il a demandé si nous pensions en déposer une autre. C'est une question qu'il pose toujours, et la réponse est toujours négative. Il veut rentrer chez lui. Les jeunes juristes veulent rentrer chez eux. Les juges veulent pouvoir se concentrer sur leurs parties de poker. Un juge de la cour d'appel a écrit un article racontant combien il trouvait éprouvant de dîner en ville le soir d'une exécution, car le risque qu'un appel de dernière minute soit déposé lui gâchait son plaisir. Quand j'ai dit au greffier que je n'avais pas encore pris de décision, je l'ai senti se raidir. Il a dû penser que j'étais désinvolte. Il ne savait pas que la juge avait suspendu l'exécution, et que l'État faisait appel.

— Excusez-moi de vous faire tous veiller tard ce soir.

J'ai rappelé Henry. C'était à peu près l'heure à laquelle ils devaient le transférer de la cellule de détention provisoire à la salle d'exécution. Le gardien qui a répondu s'est montré inhabituellement poli. Il a utilisé le mot « monsieur » trois fois lors de notre conversation qui a duré trois secondes :

— Bonjour monsieur. Oui monsieur, il est juste là. Un instant, monsieur.

J'ai dit à Henry que la juge Truesdale avait suspendu l'exécution. Il n'a pas fait de commentaires, mais il a dû réagir. J'ai entendu le garde dire : « Qu'est-ce qui se passe ? » Henry m'a demandé de ne pas quitter, et je l'ai entendu annoncer la nouvelle aux gardiens. L'un d'eux a crié : « Super ! »

— Le procureur fait appel, et on est loin d'être tirés d'affaire.

— Ça va. Je sais bien que c'est pas gagné.

C'est ce qu'il a dit, mais j'ai cru entendre du soulagement dans sa voix.

Juste après 18 heures, j'ai reçu copie de l'appel du procureur. C'était un document court. Il affirmait qu'aucun appel n'ayant été déposé devant le tribunal de la juge Truesdale, elle n'avait pas autorité pour repousser la date de l'exécution, et il demandait à la cour d'appel de lui donner l'ordre d'en fixer une. Nous étions dans la salle de réunion. J'ai lancé très fort ma balle en caoutchouc contre l'épaisse porte de verre :

— Je crois qu'ils se sont plantés.

Tout le monde m'a regardé.

— Ils ont demandé à la cour d'appel d'ordonner à la juge Truesdale de fixer une nouvelle date. Je ne crois pas qu'ils puissent faire ça. Fixer une date d'exécution, c'est un acte discrétionnaire, et les cours d'appel ne peuvent pas ordonner aux juges des juridictions inférieures de faire quelque chose si c'est discrétionnaire.

J'ai marqué une pause pour voir si quelqu'un n'était pas d'accord. Personne n'a rien dit.

— Je pense que nous devrions déposer une réponse, au cas où.

Gary s'y est mis. Il voulait juste écrire que la cour d'appel n'avait pas le pouvoir d'ordonner à la juge Truesdale de faire ce que le procureur lui avait demandé. Mais la cour d'appel nous a devancés. À 19 heures, nous avons reçu son avis.

— C'est incroyable, a dit Gary. Ils leur ont donné une putain de feuille de route.

C'était vrai. Mais ce que vous devez savoir pour vous rendre compte de ce que nous avons ressenti, c'est que, quand la cour d'appel prend une décision contre nous, comme c'est pratiquement toujours le cas, elle nous dit en général simplement que nous avons perdu, et rien de plus. Vous pouvez écrire une demande d'appel sophistiquée, longue de trois cents pages, et la cour d'appel va dire : nous avons examiné vos arguments, et nous les rejetons. Ils ne vous disent pas pourquoi ; ils ne révèlent pas le cheminement de leur réflexion ; ils ne vous disent pas quels sont les points de votre argumentation qu'ils n'acceptent pas. Ils disent simplement : vous avez perdu. Mais pas cette fois-ci. La cour d'appel avait écrit :

> Selon les lois de cet État, une cour d'appel ne peut pas obliger une juridiction inférieure à accomplir un acte discrétionnaire. Cependant, quand l'acte d'une juridiction inférieure est *ultra vires*, la cour d'appel a le pouvoir de casser cet acte et de rétablir le *statu quo ante*. Cela ne nous ayant pas été demandé, nous n'exprimons aucune opinion concernant la désirabilité d'une telle modification de la procédure actuelle.

Ultra vires est du jargon juridique signifiant « au-delà de son autorité ». Cette phrase a fait bondir mon rythme cardiaque. La cour d'appel était d'accord avec le procureur.

Un samedi soir, j'avais quatorze ans, mon frère Steven en avait dix, il se faisait cuire un hamburger pour le dîner. Je le fis sauter de la poêle, et il tomba par terre. Le chien le mangea en une seconde. Steven attendit que nos parents reviennent et leur raconta ce que j'avais fait.

— Quelle punition faut-il lui infliger ? demanda mon père.

— Une semaine sans dîner, proposa Steven.

— Ça me semble un peu sévère. Et s'il te préparait un nouveau hamburger ce soir, et un autre demain ?

— Bonne idée.

L'affaire était réglée.

C'était insulter gravement mon honorable père, un homme plein de principes, que de me rappeler cet épisode de mon enfance à cause de ce tribunal du Texas, mais c'est ce qui se passa. La cour d'appel avait dit au procureur qu'elle ne pouvait pas remédier au problème comme celui-ci le lui demandait, puis elle avait ajouté qu'il ne lui avait pas demandé de faire ce qu'elle *avait* la possibilité de faire. Je pouvais voir Steven approuvant la suggestion de notre père. Et malgré ce que vous diront certains, les procureurs ne sont pas des imbéciles. À 20 heures, ils nous ont envoyé copie de leur nouvelle demande, identique à la précédente, hormis la dernière page, où ils demandaient à la cour d'appel de déclarer que la décision de la juge suspendant l'exécution était nulle et non avenue, et que le directeur était toujours tenu par l'ordre qu'il avait reçu de procéder à l'exécution avant minuit. À 20 h 15, la cour d'appel s'est prononcée, affirmant que la tentative de la juge Truesdale visant à annuler l'ordre d'exécution était nulle et non avenue.

Dans chaque affaire survient un moment unique de panique, quand l'ultime lueur d'espoir vient de s'évanouir, et que le dernier recoin honnête de votre cerveau tente de convaincre le reste de votre être, embrumé d'illusions, que vous aurez beau appuyer sur la gâchette, votre cible a déjà quitté la pièce. Mais si vous aviez un tant soit peu de bon sens, cela fait longtemps que vous auriez arrêté de faire ce métier, puisque tous vos clients finissent exécutés. Et c'est pourquoi vous accumulez des centaines, des milliers d'astuces pour vous convaincre que ce que l'on appelle le bon sens est en pareil cas une reddition, et celle-ci n'est jamais raisonnable, ou au moins jamais honorable. Voilà comment vous vous retrouvez à tirer des coups de feu dans tous les sens, comme Jodie Foster dans *Le Silence des agneaux*, quand elle ne voit absolument rien mais veut mourir l'arme au poing, et le fait que ce soit un film ne signifie pas que ça ne pourrait pas arriver, au contraire, vous êtes convaincu que si elle a tué le méchant, vous allez y arriver aussi. La justice l'emportera.

— Il faut que nous déposions une assignation directe, a dit Jerome.

Ah, Jerome, mon Jodie Foster à moi.

Une assignation directe est un appel adressé directement à la Cour suprême des États-Unis. La plupart des requêtes présentées à la Cour suprême sont des appels de décisions de cours d'appel inférieures. Nous n'avions déposé aucun appel devant une cour d'appel inférieure. Nous avions mis tous nos œufs dans le même panier : la possibilité très aléatoire que la juge Truesdale agisse dans le bon sens, et notre pari à un million contre un s'était révélé gagnant. S'il avait échoué, nous aurions fait appel. Une fois qu'il avait réussi, nous nous étions détendus. Combien d'erreurs avions-nous commises ? Nous ne nous attendions pas à réussir. Lorsque ç'a été le cas, nous ne nous attendions pas à ce que le procureur fasse appel. Quand il l'a fait, nous ne nous attendions pas à ce que la cour d'appel intervienne. Quand elle l'a fait, nous ne nous attendions pas à ce qu'elle fasse le travail du procureur à sa place. J'avais une explication pour toutes ces décisions, mais comme je le dis à mes étudiants, si vous commencez à expliquer, vous perdez. Le fond de l'histoire, c'est que nous ne pouvions faire appel d'aucune décision devant la Cour suprême, et il était trop tard pour déposer quoi que ce soit devant une juridiction inférieure. Jerome avait donc raison, d'une certaine façon. On appelle ça « les mathématiques des petits nombres ». Quand il reste une seule option, c'est la bonne.

Je n'ai pas eu besoin de lui rappeler que nous nous approchions du centième anniversaire de la dernière fois que la Cour suprême avait tranché en faveur d'un condamné à mort après une assignation directe, car il le savait déjà. Notre unique option était une piteuse protestation, racornie et inopérante.

— Vas-y. Dis à la Cour que nous l'envoyons. J'appelle le gouverneur pour lui dire que nous déposons une demande de commutation. Et je vais à la prison. Appelle-moi toutes les dix minutes.

Pendant un moment de lucidité, anticipant ce revirement complet, j'avais rédigé le brouillon d'une lettre au gouverneur, exposant l'innocence de Quaker, qui aurait dû être démontrée si son avocat n'avait pas été un crétin. J'ai demandé à Gary et Kassie de la bricoler et de l'envoyer par e-mail. Gary était dans le bureau de Kassie, la main sur son épaule. Ils étaient adorables ensemble, et j'ai cru que j'allais me mettre à pleurer. Comment était-il possible que j'en sache si peu sur la vie de ces gens avec qui je passais tant de temps ? Quelle proportion du monde m'était-elle ainsi complètement inconnue ?

La prison est à deux heures de route. Je ne disposais pas de deux heures. J'avais peut-être une heure et demie devant moi. J'avais appelé le directeur pour lui dire que j'arrivais, et demandé qu'on maintienne Quaker dans la cellule de détention provisoire jusqu'à 22 heures. Ça leur laissait deux heures pour suivre leur protocole, plus de temps qu'il ne leur en fallait. Il me dit qu'il attendrait jusqu'à 22 heures pile, pas une minute de plus.

Pendant la journée, la route qui mène de Houston à Huntsville est magnifique. La forêt de pins enserre l'autoroute, à l'est comme à l'ouest. La nuit, elle est noire comme de l'encre. Arrivé au nord de Conroe, la route était vide et sombre. Kassie m'appelait toutes les dix minutes, comme je l'avais demandé. Notre conversation était toujours la même :

— Il y a du nouveau ?

— Non, rien pour le moment.

— Merci de me tenir au courant. Rappelle-moi dans dix minutes.

Je ne voulais pas me trouver en tête à tête avec mon absence d'idées. J'ai appelé Katya, souhaité une bonne nuit à Lincoln. J'ai mis la radio, une station de musique country. Un jour, Katya a cru que son iPod avait un cerveau, car la lecture aléatoire produisait des juxtapositions parfaites. Je lui ai dit que c'étaient juste des maths, pas une intervention divine. J'aurais aimé qu'elle soit avec moi. Gordon Lightfoot chantait une chanson sur les livres que l'on ne lit pas parce que leur fin est trop triste. C'était trop évident pour être menaçant. J'ai changé de fréquence, et Gladys Knight est arrivée à point nommé avec une chanson qui parlait de se dire au revoir. La proximité de la mort est le meilleur instrument de prosélytisme religieux.

Quand j'apprenais à piloter un avion, avant mon premier vol en solo, Quan, l'instructeur, et moi partîmes vers la prairie de Katy. La journée était parfaite, pas un nuage en vue, pas un murmure sur l'écran radar. Je virai au sud, vers le golfe du Mexique. Mais l'été, le temps sur la côte du Golfe peut être déconcertant, et un brouillard dense se leva. Quan, toujours calme, dit un peu trop fort :

— Je prends les commandes.

On ne voyait rien. Il naviguait aux instruments, mais ils ne vous aident pas à distinguer la piste d'atterrissage. Le vent était féroce. Je n'en savais pas assez pour avoir peur, mais lorsque Quan réussit à nous faire retrouver une zone de visibilité, il ouvrit sa fenêtre, alluma une cigarette, et m'en tendit une. Je me mis soudain à trembler si fort que la cigarette tomba de ma bouche. Elle roula sous le siège.

— Pars en piqué, dit Quan.

Je le regardai.

— C'est toi qui pilotes, maintenant. Pars en piqué.

C'est ce que je fis. La cigarette apparut. Quan se baissa, la ramassa, et me la remit dans la bouche.

Les leçons de la vie varient selon le contexte. Il n'y a pas deux contextes semblables. Si aucune leçon ne vous est utile, cela veut-il dire qu'il n'y a en fait pas de leçons du tout ? En route vers la prison, j'ai craqué une allumette pour allumer un cigare, et l'ai laissée tomber. Il m'était difficile de partir en piqué dans une voiture. Je me suis baissé pour éteindre l'allumette avant que ma voiture prenne feu, et ma roue avant droite est passée un instant sur le bas-côté. À près de cent soixante à l'heure, ça fait un sérieux boucan. D'un coup de volant sec, j'ai remis la voiture sur la chaussée. J'ai failli éclater de rire à l'idée que je me tuais en allant assister à une exécution, et je me suis demandé ce qui pourrait encore m'arriver. C'est alors que les gyrophares sont apparus derrière moi.

Je me suis garé sur le bas-côté, laissant tourner le moteur. Je regardais dans mon rétroviseur gauche, espérant jauger l'attitude du policier à sa démarche. Il a réussi à s'approcher de ma voiture du côté passager, complètement hors de ma vue, et quand il a cogné sur la vitre, sous le coup de la surprise, ma vessie m'a trahi. Il m'a demandé mon permis de conduire, mon attestation d'assurance, apparemment prêt à prendre tout son temps. Je lui ai tendu les documents, luttant contre la tentation de lui demander de me mettre en vitesse une contravention.

— Vous savez pourquoi je vous ai arrêté ?

Je n'avais pas le temps de jouer à ça.

— Je sais que j'étais en excès de vitesse. Pouvez-vous vous dépêcher, et me donner une contravention ? Il faut que je m'en aille.

Il tenait une lampe torche avec laquelle il éclairait mon permis de conduire qu'il avait posé sur un bloc-notes. Il a serré les mâchoires, et dirigé la lampe vers mes yeux. Le rayon de lumière a éclairé la colère qui bouillonnait en moi, et rien ne m'a poussé à détourner le regard.

— Et pourquoi vous êtes si pressé ?

Il y a peu, sur une portion d'autoroute très proche, un policier arrêta un jeune étudiant en excès de vitesse qui amenait son chien en urgence à une clinique vétérinaire. La caméra vidéo montée sur le tableau de bord du policier enregistra la rencontre. Tandis que le conducteur demandait au policier de le laisser reprendre la route, celui-ci prit son temps, disant qu'il y avait plein d'autres chiens si le sien venait à mourir. Le chien mourut. J'envisage parfois de reconsidérer mon opposition à la peine de mort quand ceux qui s'en prennent aux enfants ou aux animaux sont impliqués.

— Monsieur l'agent, je suis avocat, et j'ai une urgence.

Il attendait que je poursuive, sceptique devant la possibilité d'une urgence juridique à 21 heures au milieu de nulle part.

— Je suis juriste, spécialiste de la peine de mort, et une exécution va avoir lieu tout à l'heure.

Celle-là, on ne la lui avait jamais faite. Il a abaissé son bloc-notes, et dirigé le faisceau de lumière vers le sol :

— Vous êtes avocat ou procureur ?

Si vous n'avez jamais eu envie de mentir, vous n'avez jamais été amoureux. On fait tout un plat de la franchise. Le monde fonctionne comme nous le souhaitons grâce à un millier de petits mensonges innocents. Je me suis soudain rendu compte que j'avais inconsciemment commencé à inventer mon histoire dès que j'avais vu ses gyrophares. N'importe quelle histoire ferait l'affaire. Il fallait que je m'en aille. Mon téléphone a sonné. J'ai dit au policier que c'était mon bureau, et j'ai répondu. Toujours pas de nouvelles.

— Je vous ai demandé si vous étiez avocat ou procureur.

Putain, j'en avais vraiment assez. J'ai presque craché :

— Je représente le condamné.

Il a baissé les yeux vers son bloc-notes, mais sa tête s'est redressée, comme une canne à pêche quand le poisson s'échappe en brisant la ligne. La paume de sa main droite était posée sur la crosse de son pistolet, placé dans son étui. Il s'est baissé jusqu'à ce que son visage s'encadre dans la fenêtre. Je ne voulais pas détourner le regard. C'était à lui de le faire.

J'ai gagné. Il a détourné son regard, s'est redressé et a fixé mon permis de conduire. Je me suis dit : Merde, qu'est-ce que j'ai fait ?

Il a mis le bloc-notes sous son bras et posé les deux mains sur la portière :

— Monsieur, ça fait trente ans que je suis au service de la loi. J'avais un ami, gardien à Huntsville, qui a été tué quand le gang Churrasco a essayé de s'évader. Vous vous en souvenez ? Il a laissé une femme et trois filles en bas âge. Aujourd'hui encore, je suis assis à côté d'elles à l'église tous les dimanches. Je suis chrétien, monsieur. Je ne crois pas qu'il appartient à l'homme d'administrer le châtiment de Dieu. Mes collègues policiers ne sont pas tous d'accord. J'ai toujours été perplexe devant le fait que la parole de Dieu est vérité, mais que Ses créatures ne sont pas d'accord sur sa signification.

Il a déchiré ma contravention en deux, et jeté les morceaux sur le siège du passager :

— Je vais prévenir mes collègues par radio afin que vous n'ayez plus de problème. Faites-moi plaisir, ne dépassez pas le cent soixante.

Le directeur m'attendait quand je suis arrivé à la prison à 22 h 10. Un gardien a commencé à passer un détecteur de métal autour de moi. Le directeur lui a fait signe d'arrêter, et m'a dit de le suivre. Nous avons marché jusqu'à la cellule de détention provisoire où j'avais rendu visite à Ezekiel Green moins de deux semaines plus tôt. Il faisait nuit, comme à l'époque où on procédait aux exécutions à minuit. En traversant la petite pelouse, j'ai levé les yeux et vu un ciel plein d'étoiles. Je distinguais Saturne et à côté de lui Régulus, l'étoile la plus brillante de la constellation du Lion, le roi de la jungle, puissant et intrépide, tout le contraire de moi.

Assis au bord de l'océan, contemplant la mer, ou bien couché dans un champ à regarder le ciel, je ressens la même chose, qui pourrait bien être le contraire de l'admiration. C'est la puissante prise de conscience que rien n'a de sens. L'univers est si grand et si vieux, nous sommes si petits, si éphémères, que le concept même de *place* dans le monde est une absurdité. Aucune de mes dichotomies n'a de sens. Que je sois un bon mari ou un coureur de jupons, un père aimant ou absent, un avocat consciencieux ou un tâcheron incompétent, c'est tellement insignifiant que ça n'a pas d'importance. « Insignifiant » est encore un trop grand mot. Cela importe à peu près autant que si Winona déchiquette des escarpins que Katya vient de s'acheter, ou que si j'écrase un cafard. Vous pouvez rire de votre petitesse, ou bien en pleurer. Le résultat est le même. Personne ne se soucie que Quaker vive ou meure, et personne ne devrait s'en soucier, car rien ne mérite que l'on s'en soucie.

Bon, c'est du moins ce que j'essayais de me dire.

Quand le directeur a ouvert la lourde porte et que j'ai vu Quaker dans la cellule de détention provisoire, il écoutait un CD d'Al Green et – je n'invente rien – il dansait. Le directeur a regardé les trois gardiens en fronçant les sourcils. Ils ont baissé la tête mais n'ont pas fait un geste pour arrêter la musique. Le directeur a doucement refermé la porte derrière moi. Je n'ai pas entendu claquer le verrou. Quaker a levé la main droite, comme un flic qui arrête la circulation, et chanté une chanson disant qu'il était fatigué d'être seul. Il a demandé à l'un des gardiens de baisser un peu le son et m'a dit :

— J'adore ce type. Qu'est-ce qui se passe ? Pourquoi ça prend si longtemps ?

J'ai demandé à l'un des gardiens si je pouvais rejoindre Quaker dans sa cellule.

— Ça va sans doute me coûter mon poste, a-t-il dit.

Il a ouvert la porte et je suis entré. J'ai tendu la main. Quaker a marqué un temps d'arrêt, encore circonspect et réservé, puis a fait un large sourire et pris ma main dans les siennes. Il m'a tiré vers lui, comme si j'étais un chien apeuré au bout de sa laisse, ce qui n'était pas loin de la vérité, et quand il a lâché ma main, je me suis senti aussi gêné qu'un garçon lors d'un premier rendez-vous, qui ne sait pas s'il doit embrasser la fille. Quaker m'a pris dans ses bras, et je lui ai rendu son étreinte. Il avait les yeux humides mais – c'est ce qu'il y a de plus fou – il semblait presque heureux.

Le téléphone a sonné, l'un des gardiens a répondu.

— C'est bizarre, je sais, mais je me sens bien, a dit Quaker. Je sais pourquoi on appelle ça « être en paix ». Ça bourdonnait à l'intérieur depuis si longtemps, et maintenant c'est calme, comme un océan sans vagues. Même ce matin, dans le couloir, tout ce bruit, tous ces coups, toute la merde habituelle, on aurait dit que c'était étouffé, comme si j'étais sous l'eau, ou un truc comme ça.

Le gardien a raccroché le téléphone et nous a dit que le moment était venu. Quaker a souri de nouveau et m'a fait un signe de la tête. N'aurait-il pas dû être entravé ? Était-il entravé ? Il a dit :

— J'espère que Pascal ne s'est pas trompé dans son pari. Je veux voir Dorris et mes bébés. Mais vous savez quoi ? Même si ça ne se produit pas, je ne veux pas rester ici plus longtemps sans eux. Vous voyez ce que je veux dire ? De toute façon, je suis gagnant.

— Ç'a été un honneur de vous représenter, Henry.

— Rendez-moi un service et, pour une fois, ne réfléchissez pas trop aux conséquences de toutes vos décisions. Je sais ce que vous avez fait pour moi. Je sais que vous me croyez. Dites aux autres avocats de votre cabinet que j'ai vraiment apprécié leur aide.

— Je le ferai. Je le ferai.

— Et aussi, s'il vous plaît, donnez ça à ma mère, et dites-lui que je l'aime.

Il m'a tendu sa bible. Il m'a encore serré dans ses bras. Il a murmuré à mon oreille :

— Merci.

J'aurais pu sentir ses lèvres frôler ma joue. Le gardien qui avait répondu au téléphone a dit :

— Je crois qu'il faut qu'on y aille maintenant, Henry.

Il a appelé Henry par son prénom. C'est drôle que ce soit ça dont je me souvienne.

Deux des gardiens ont pris Henry par les bras. Le troisième a ouvert pour moi la porte qui donne sur la cour, et m'a montré l'entrée de la salle destinée aux témoins. Quand elle s'est refermée derrière moi, j'ai entendu Henry qui chantait.

Mon téléphone a sonné. Kassie m'a confirmé ce que j'avais déjà déduit :

— La Cour suprême a rejeté notre demande par cinq voix contre quatre. Le gouverneur aussi.

J'ai senti mon cœur accélérer. À la Cour suprême, il existe une règle appelée « la règle des quatre ». À quelques exceptions près, personne n'a automatiquement le droit de soumettre un appel à la considération de la Cour suprême. Il faut en obtenir la permission.

L'outil légal utilisé pour faire cette demande est la requête d'une ordonnance d'évocation. En vertu d'une ancienne convention de la Cour, si quatre juges veulent entendre l'affaire, la Cour l'entendra. Cette règle des quatre peut engendrer une anomalie. Lorsqu'un condamné à mort est sur le point d'être exécuté, il faut cinq juges pour lui accorder un sursis. Il est donc possible que quatre juges veuillent entendre l'affaire, mais à moins qu'un cinquième vote le sursis, le détenu sera exécuté avant que la Cour puisse examiner son cas, et si l'exécution a lieu, il n'y aura plus de cas à juger. Dans le langage ésotérique de la loi, on dit que l'affaire sera rendue sans objet par la mort du défendeur. Il y a de nombreuses années, le juge Lewis Powell donnait toujours le cinquième vote en faveur d'un sursis si quatre de ses collègues voulaient entendre une affaire, mais depuis qu'il a pris sa retraite, personne ne le fait plus. Ces dernières années, plus d'une douzaine de condamnés ont été exécutés alors que quatre juges voulaient examiner leur cas, parce qu'aucun autre juge n'avait donné le vote additionnel nécessaire pour accorder un sursis.

Mais je me suis souvenu d'une affaire passée. Quinze ans plus tôt, la Cour suprême avait accepté d'examiner l'appel d'un condamné à mort au Texas et, après qu'elle eut annoncé sa décision, un tribunal de première instance fixa une date d'exécution. La cour d'appel criminelle du Texas intervint et accorda un sursis au détenu. Selon elle, si la Cour suprême avait accepté d'examiner l'affaire, il semblait inconvenant que l'État du Texas procède à l'exécution avant qu'elle ait rendu sa décision.

— Il faut que nous déposions une requête devant le tribunal d'État, ai-je dit à Kassie, et que nous demandions un sursis afin que la Cour suprême puisse examiner notre appel. Nous avons présenté des arguments similaires dans une autre affaire, sers-t'en comme modèle. Appelle-moi dès que ce sera fait.

J'ai ensuite appelé le procureur général. Son substitut désigné dans cette affaire était Charles Allred. Je l'avais rencontré une fois. Il semblait à peine assez vieux pour se raser. On devrait interdire à des gens si jeunes qu'ils se croient encore immortels de s'occuper de condamnations à mort. Je lui ai dit que nous avions l'intention de déposer une requête et lui ai exposé notre théorie :

— Je sais qu'habituellement, vous ne procédez pas aux exécutions tant qu'un appel est en cours, et je veux juste m'assurer que vous attendrez jusqu'à ce qu'une décision ait été prise sur le nôtre.

— Mais il n'y a aucun appel en cours d'examen, n'est-ce pas ?

— Il y en aura un d'ici quelques minutes.

Il était 22 h 50.

— Je vous donne jusqu'à 23 heures.

Et il a raccroché. Après le fiasco entourant l'exécution de Buckley, quand la cour d'appel avait fermé avant que nous puissions déposer notre requête, cette cour avait institué un système de dépôt électronique. Kassie a appelé :

— C'est court, ce n'est pas très bon, mais c'est prêt. Tu veux y jeter un coup d'œil ?

— Envoie-le, et appelle Allred. Merci d'avoir fait si vite. Appelle-moi dès qu'il y aura du nouveau.

J'étais dans la cour, juste à côté de la porte qui mène à la zone réservée aux témoins du détenu. Il y avait d'autres portes pour les témoins proches de la victime et pour la presse. En l'absence de témoins du côté de la victime, ces deux dernières pièces étaient destinées à la presse. Un journaliste, Marcus Godbold, est sorti et m'a dit :

— Vous allez entrer ? Ils sont prêts à commencer.

— Vous êtes sûr ?

— Ils viennent d'ouvrir le rideau, et votre type est sur le chariot.

Un jour, sur le Guadalupe, une rivière du centre du Texas, l'un des kayakistes du groupe qui se trouvait quatre cents mètres en aval de moi essaya à trois reprises de redresser son kayak qui avait chaviré, et dut en sortir pour nager. Il resta coincé entre son bateau et un arbre énorme. L'eau coulait à flots sur sa tête. Il hurlait : « Je ne veux pas me noyer, ne me laissez pas mourir. » Je descendais la rivière avec Craig. Nous avions tous deux des cordes à lui lancer, et j'avais suivi un vague cours de secourisme en eau vive, mais c'était tout. Je n'avais aucune expérience en matière de sauvetage. Craig pagaya jusqu'à un remous grand comme deux bateaux, derrière un rocher de la taille d'un camion. Je l'y suivis. Il me montra un point sur la rive et dit :

— On va mettre des cordes depuis là-haut pour le sortir de là.

Le bruit de la rivière était tellement fort que je n'étais pas certain de l'avoir entendu. Je n'étais pas sûr d'avoir envie de l'entendre. Il cala son bateau entre deux rochers et partit vers le point désigné.

Deux heures plus tard, nous étions en train de manger, faisant descendre des biscuits avec de la bière. J'étais content que Craig ait été là. Si j'avais été seul, j'aurais peut-être continué à pagayer, en espérant que le type s'en tirerait, laissant à ses potes et aux services de secours le soin de lui venir en aide. J'aurais lu les journaux et consulté les sites Internet consacrés à la navigation en eau vive, à l'affût de nouvelles. L'inquiétude ne m'aurait pas quitté. Je ne connais personne qui a envie d'être paralysé par la panique.

J'ai peut-être appris quelque chose de cette expérience. Mais comme je l'ai dit, les leçons perdent de leur substance lorsqu'on les traduit. Quand le journaliste m'a dit que Henry était sur le chariot, je n'avais pas la moindre idée de ce que je devais faire.

Les condamnés sont exécutés à l'aide d'un cocktail de trois produits chimiques. Le premier est un barbiturique qui endort le détenu. Le deuxième le paralyse. Le troisième provoque un arrêt cardiaque. On administre le deuxième produit à cause des témoins. Si le condamné n'était pas paralysé, au moment de l'arrêt cardiaque, il ferait des bonds comme un poisson hors de l'eau. Le premier produit, c'est pour éviter au condamné de trop souffrir. Si on ne lui en donne pas assez, il aura l'impression de suffoquer à mort lorsque son diaphragme sera paralysé par le deuxième produit, tandis que le troisième lui infligera une douleur insoutenable, comme si on versait de l'acide chlorhydrique sur une plaie à vif.

Les deux bourreaux sont assis dans une pièce contiguë, attendant que le directeur leur donne le signal à travers une glace sans tain. Il se tient à l'extrémité du chariot sur lequel le condamné est allongé, près d'un téléphone. Il lit à voix haute l'ordre d'exécution puis, avant de donner le signal, il appelle le procureur général et le cabinet du gouverneur pour s'assurer que l'exécution peut avoir lieu.

J'ai appelé mon cabinet. Gary a répondu.

— Dépose cette foutue requête, lui ai-je dit.

— Ça y est presque.

— Quaker est sur le chariot. Envoie-la.

— Ne quitte pas.

Je l'ai entendu crier en direction de Kassie. L'impuissance est un sentiment très banal. Parmi les millions de Juifs assassinés pendant la Shoah, se trouvaient des enfants qui moururent sous les yeux de leurs parents impuissants. Des centaines de personnes sont exécutées chaque année en Chine, en Iran, en Irak, au Soudan, et le gouvernement fait payer à la famille le prix de la balle qu'on leur tire dans la tête. J'ai lu l'histoire d'une femme qui regardait son mari et leurs enfants escalader une montagne en Autriche. Sa fille dévissa, entraînant la cordée, et ils plongèrent tous trois vers la mort. Cria-t-elle ? Courut-elle vers eux ? J'ai également lu l'histoire d'un homme qui tenait ses fils jumeaux sur un toit, pendant un ouragan à Haïti. L'un d'eux glissa, et les eaux déchaînées l'emportèrent. L'homme pensa-t-il à sauter pour le rattraper, couvrit-il les yeux de son autre fils ?

J'ai appelé Connie, l'assistante du directeur :

— Comment est-ce que je peux appeler le téléphone qui se trouve dans la chambre d'exécution ?

— Je ne sais pas.

Je ne l'ai pas crue, mais je n'avais pas le temps de discuter. J'ai appelé l'une des juges de la cour d'appel dont je connais le numéro de portable, et suis tombé sur sa boîte vocale. J'ai téléphoné au bureau d'Allred avec le même résultat. Qui d'autre pouvais-je appeler ? Que faire ? J'étais incapable de réfléchir, de bouger, de faire quoi que ce soit. J'ai appelé le patron d'Allred. À la quatrième sonnerie, Marcus Godbold a ouvert la porte de la cour :

— Vous feriez bien de vous dépêcher.

Je suis entré en courant dans la pièce réservée aux témoins. J'ai dit à Henry que j'étais là, mais je ne savais pas s'il m'entendait. Il parlait aux hommes qui se tenaient à côté de lui :

— Je suis vraiment innocent. J'espère qu'un jour, quelqu'un en donnera la preuve. Dorris était l'amour de ma vie. Daniel et Charisse étaient nos plus grandes joies. Jamais je n'aurais pu leur faire de mal, et leurs morts m'ont détruit. Il ne s'est pas passé un seul jour, une seule minute, sans qu'ils me manquent affreusement.

Il m'a regardé :

— Et vous me croyez.

J'ai vu une larme, une seule, jaillir de chacun de ses yeux. Il a regardé les deux gardiens qui se tenaient à sa gauche et sa droite. Il a regardé la pièce où se tenaient les bourreaux. Il a regardé le directeur :

— Quand la vérité sera connue, je veux qu'aucun de vous ne se sente coupable de ce qui se passe ici ce soir. Je le dis sincèrement. Vous m'avez tous traité équitablement et avec respect. Vous avez fait votre devoir. Je respecte ça. Ce n'est pas de votre fait, ni de votre faute, ou de votre responsabilité.

Le directeur s'est pincé le nez. L'un des gardiens a essuyé une larme avec son avant-bras. Henry a regardé le directeur :

— J'ai fini.

Le directeur a semblé avoir un moment d'égarement. Puis il a pris une copie de l'ordre d'exécution et l'a lu à voix haute. Il a demandé à Henry s'il voulait faire une déclaration.

— Je suis prêt, monsieur.

Le lendemain, le journal a affirmé que Henry s'était mis à chanter doucement un psaume. Ce n'était pas un psaume. J'ai reconnu une chanson de Tracy Chapman. Elle parlait de garder un espace dans votre cœur. Mais pour qui chantait-il ? Dorris ? Les enfants ? Gardait-il cet espace, ou quelqu'un était-il censé le garder pour lui ? Voilà les questions que j'avais envie de poser. Il a tourné la tête et fait face à la vitre qui nous séparait. Pouvait-il voir à travers elle, ou ne distinguait-il que son propre reflet ? Il me semble que j'ai secoué la tête. Il a souri, comme s'il s'agissait d'une plaisanterie. Il devait me voir :

— Merci, mon vieux. Merci.

Puis il a regardé le plafond, et s'est remis à chanter. Ça ne pouvait pas se passer ainsi. Nous avions un appel en cours. J'ai frappé la vitre du front, comme un musulman en prière. Le directeur a fait un signe de la tête vers quelqu'un, un gardien s'est aussitôt approché de moi, et a posé une main sur mon épaule. J'ai dit, sans m'adresser à personne :

— Nous avons un appel en cours.

Quelqu'un m'a-t-il entendu ? Il a semblé se détendre.

— Je suis ici, Henry. Je suis ici. Juste ici.

Il a tourné la tête vers moi, et articulé en silence : « Au revoir. » Il a toussé doucement, puis fermé les yeux.

Non.

Je me suis effondré par terre, adossé au mur qui me séparait de lui. J'ai entendu un aumônier répéter une prière monotone. Je l'ai regardé jouer avec son chapelet. J'ai senti mon téléphone qui vibrait dans ma poche. Je n'ai pas baissé les yeux pour voir qui m'appelait.

À 23 h 37, le médecin l'a déclaré mort.

J'ai dit plus tôt que la vie ne donne pas de leçons. Ce n'est pas tout à fait exact. Il y a bien des leçons, mais seulement pour les sages. Si vous n'en tirez pas les conséquences, vous ne pouvez vous en prendre qu'à vous-même. Vous n'y pouvez peut-être rien, mais c'est quand même votre faute. Il n'y a pas de rapport entre faute et libre arbitre.

Quelques années plus tôt, nous avions défendu un condamné à mort nommé Darrin Grand. La juge qui présidait à son procès avait une liaison avec le procureur chargé de l'affaire. Au moment du procès, ils étaient tous deux mariés. Leur liaison était secrète.

Deux semaines avant la date prévue pour l'exécution de Grand, un assistant du procureur nous donna une déclaration écrite sous serment confirmant que son patron avait couché avec la juge. Nous fîmes appel en mentionnant cette liaison. La cour d'appel nous donna tort, disant que nous n'avions produit que des rumeurs et des déclarations faites par des tiers. Elle demandait des preuves de première main. Sa théorie se réduisait à ça : puisque la juge et le procureur refusaient d'en parler, l'État pouvait procéder à l'exécution de M. Grand, même si tous les autres membres du tribunal, depuis les autres juges jusqu'au personnel d'entretien, juraient que la liaison avait bien eu lieu.

Certains jours, les assassins me volent mon courage. La plupart du temps, pourtant, ce sont les juges.

Mais pour dix ou vingt opportunistes, on trouve un homme habité d'une juste indignation. L'un d'eux habitait au nord de Dallas, et nous avons gagné au loto quand notre affaire a été attribuée par hasard à sa cour. Il a ordonné à la première juge et au procureur de déposer. L'un des mystères du droit est la puissance du serment. Les témoins jurent de dire la vérité et, en général, ils le font. Même les présidents ne peuvent pas résister. Le procureur et la juge ont tous deux reconnu leur liaison.

Mais tout cela eut lieu des mois plus tard, et ne serait pas arrivé si Grand n'avait pas réussi à échapper à l'exécution le soir où la cour d'appel a rejeté notre demande. Après que le tribunal d'État nous eut refusé un sursis à 20 heures, nous avons décidé de présenter une autre requête. Nous l'avons plus ou moins inventée à mesure que nous l'écrivions. Elle n'avait aucune chance de réussir. Pas une. Elle reposait sur une théorie si faible que, en écrivant ces mots, je ne peux même plus m'en souvenir. Je sais seulement que ça revenait à envoyer le ballon vers le but quand les spectateurs ont quitté le stade, et que les lumières se sont éteintes.

La recherche de la futilité n'est pourtant pas nécessairement une recherche futile. Lorsque l'autre partie a fait part de sa réponse, et que la cour d'appel s'est prononcée une nouvelle fois contre nous, il était 23 h 30. Les officiels de la prison ont dit qu'ils ne pouvaient pas procéder à l'exécution dans la demi-heure restante. Ils ont remis Grand dans la camionnette et l'ont ramené dans le couloir de la mort.

Nous avions vaincu l'horloge. Nous avons maintenu Grand en vie un peu plus longtemps et, pendant ce temps que nous avions volé, nous avons prouvé ce que les juges de la cour d'appel pensaient probablement – et espéraient secrètement – que nous ne pourrions jamais démontrer. C'est pourquoi Grand est encore en vie aujourd'hui. On ne gagne jamais de temps dans le seul but d'en gagner, car souvent le soulagement est tapi dans l'ombre du temps gagné.

Pourquoi ne m'étais-je pas souvenu de Grand ? Pourquoi n'avais-je rien fait pour retarder les opérations ? J'aurais pu continuer à frapper sur la vitre. J'aurais pu me battre avec le gardien s'il avait essayé de m'en écarter. J'aurais pu faire irruption dans la zone réservée aux journalistes, et leur crier ce qui se passait. J'aurais pu essayer de me barricader dans la cellule de détention provisoire. Peut-être les gardiens auraient-ils coopéré. Personne ne le sait. Je n'avais même pas essayé de les arrêter alors qu'ils escortaient un innocent vers sa mort. J'aurais pu me ruer dans la salle d'exécution. Semer la perturbation. J'aurais pu essayer. Je n'avais rien fait de tout ça. J'étais resté là, passif. J'étais un homme qui passait des coups de téléphone, un manieur de mots, un débatteur, un analyste.

J'aurais pu, j'aurais pu, j'aurais pu. Les trois mots qui autorisent tout le mal.

Quaker avait besoin d'actes. Je lui avais donné des larmes.

J'ai appelé le bureau. Kassie a branché le haut-parleur, et je leur ai raconté ce qui s'était passé. Je pouvais entendre leur silence. Steven, mon frère, me dit toujours que je devrais engager un conseiller psychologique ès chagrins. Il en sait quelque chose. Lui aussi travaille avec des gens qui essayent de parer aux inondations avec des petites cuillers. L'une d'entre eux s'est suicidée l'année dernière ; elle s'est pendue dans sa cave, à côté de la machine à laver. Je leur ai parlé jusqu'à ce que je sois sûr qu'ils allaient aussi bien que possible, et leur ai dit que nous nous verrions le lendemain.

Katya était couchée, elle regardait la télé.

— Je t'en parlerai demain matin. Ne m'attends pas.

— J'en ai envie. Ça va ?

— Pas encore.

J'ai rappelé des journalistes du *Houston Chronicle*, du *Dallas Morning News*, de l'*Austin American Statesman*, du *Chicago Tribune* et du *New York Times*. J'aime bien les journalistes, mais ce n'est pas pour ça que je les ai rappelés. Je l'ai fait pour ne pas être seul avec mes pensées.

Peut-être qu'il était coupable. Ce n'est pas impossible.

Je suis rentré à la maison un peu après 2 heures. Winona m'attendait dans la cuisine et m'a suivi au premier étage. Lincoln dormait dans notre lit. Katya lisait :

— Il a demandé s'il pouvait dormir ici pour que nous soyons tous ensemble.

Je me suis assis à côté d'elle. J'ai posé la tête sur son épaule, réprimé un sanglot, et lui ai tout raconté. Lincoln s'est réveillé :

— Bonsoir p'pa. Quelle heure il est ?

— Il est tard, amigo. Rendors-toi.

— D'accord. Bonne nuit.

Katya et moi nous sommes pris par la main, et nous l'avons regardé dormir. J'ai passé les doigts dans les cheveux de Katya. Les mots étaient inutiles.

Quand je suis sorti de la douche, elle s'était assoupie, le livre ouvert sur sa poitrine. Les pattes de Winona s'agitaient, sa tête contre la hanche de Lincoln. Je me suis servi un cognac dans un verre ballon, et me suis assis dans le rocking-chair au pied du lit. J'ai pris un livre de poèmes d'Anne Carson. « La colère est une serrure amère, écrit-elle. Mais on peut l'ouvrir. »

J'ai éteint la lampe et fermé le livre. Je suis resté là à me balancer, les regardant dormir, les écoutant respirer, mes piliers.

Épilogue

Le lendemain matin, deux heures avant l'aube, je me suis habillé dans le noir, et j'ai descendu l'escalier en silence. J'ai avalé quatre aspirines avec un grand verre d'eau, et laissé un mot pour Katya sur le comptoir de la cuisine. J'ai accroché un réflecteur clignotant à mon sac à dos, enfourché mon vélo, et je suis retourné au travail. L'exécution d'un de nos clients était prévue pour la semaine suivante, et nous avions beaucoup à faire.

Au cabinet, je n'ai pas trouvé le café. En général, à l'heure où j'arrive, quelqu'un en a déjà fait. J'ai repris l'ascenseur, et traversé la rue pour entrer au bar. Il y avait des gens à l'intérieur, mais les portes étaient encore fermées. Je me suis assis sur un banc, et j'ai attendu. J'ai regardé passer deux trains, l'un qui allait vers le nord en traversant Buffalo Bayou, vers l'université de Houston, l'autre qui se dirigeait vers le sud et le centre médical. Ils étaient tous deux pleins de banlieusards. Je pouvais distinguer leurs visages sans expression sous la lumière aveuglante. Il faisait trop clair pour voir les étoiles, mais Vénus se tenait à côté d'un croissant de lune grêlé, qui me faisait un clin d'œil, bas dans le ciel, à l'ouest.

Henry Quaker était mort depuis près de six heures. J'ai acheté un grand café noir et une orange. De retour devant mon ordinateur, j'ai bu le café en lisant les e-mails de la veille, pour la plupart des condoléances, et quelques messages publicitaires. Deux e-mails disaient qu'il avait eu le sort qu'il méritait. Je leur ai répondu « Merci de votre mot plein de délicatesse ».

Le week-end précédant l'élection présidentielle, ma femme, mon frère et moi avons fait du porte-à-porte dans les campagnes du Missouri, démarchant pour Obama. Nous avons acheté des sandwiches dans un snack-bar où un type blanc, très maigre, a jeté un coup d'œil à nos insignes pro-Obama, et murmuré :

— Je vote pour lui.

Plus tard, nous avons sonné à la porte d'une maison en forme de A, à l'écart d'un chemin défoncé. Trois chiens galeux étaient attachés devant des pins immenses. Une jeune femme enceinte tenait un bébé sur sa hanche :

— Je ne voterai jamais pour quelqu'un qui ne veut même pas poser la main sur la Bible.

— Vous vous trompez, Obama est chrétien, a tenté d'expliquer Katya.

— Retournons à la voiture, lui ai-je soufflé.

Les gens qui se font des opinions arrêtées en en sachant si peu ne font que prétendre qu'ils ont l'esprit ouvert. Ils sélectionnent les faits comme on choisit de la nourriture à un buffet.

Dans *Executed on a Technicality*, le livre que j'ai écrit et qu'Ezekiel Green disait avoir lu, mon objectif était de sensibiliser les gens à la manière dont fonctionne la peine de mort. J'ai représenté plus de cent condamnés à mort. Il y en a sept, dont Quaker, que je crois innocents. Ils sont condamnés à mort parce qu'ils ont des avocats incompétents ou mal payés, et parce que les êtres humains commettent des erreurs. On les exécute parce que mes confrères et moi ne trouvons pas de moyen d'arrêter ce processus. Quaker ne sera pas le dernier. Je dis aux jeunes avocats qui veulent se spécialiser dans la peine de mort que ce sera affreux de voir leurs clients mourir : ils doivent trouver une autre spécialité. Vos clients vont mourir. Et ce n'est pas réconfortant de savoir que la plupart d'entre eux sont coupables. Le détenu dont l'exécution était prévue une semaine après celle de Quaker avait assassiné une femme, et l'avait violée, dans cet ordre. Mais si vous croyez qu'il est mal de tuer, vous croyez qu'il est mal de tuer. La première fois que je l'ai rencontré, il m'a dit :

— Allah soit loué de m'avoir envoyé ici. J'étais sur le mauvais chemin et jusqu'à ce que j'arrive ici, je ne le savais pas.

Il croyait qu'il ne serait pas exécuté. Il pensait qu'on tiendrait compte du fait qu'il s'était amendé. Son frère aîné était un marine. Il m'a dit que s'il obtenait la liberté conditionnelle, il voulait aller en Irak et combattre pour son pays.

Quaker, Winston, Green, et tous les autres, ne sont pas leurs vrais noms, mais leurs affaires sont bien réelles. Les tribunaux et les juges se sont conduits comme je l'ai décrit. Je crois que certains juges devraient être destitués, mais je ne pense pas que la juge Truesdale ait agi contre l'éthique sur un plan légal, ou bien je l'aurais dit. Je n'ai pas caché grand-chose. Elle a eu à cœur de faire ce qu'il fallait dans l'affaire Quaker. Beaucoup de choses sont à la fois légales et injustes.

Alors que je terminais ce livre, Katya, Lincoln, la chienne et moi sommes allés à Park City, dans l'Utah.

Aucune exécution n'était prévue au Texas avant un mois. Nous avons fait une excursion le long d'une rivière, la Yellow Pine, dans les monts Uinta, quelques kilomètres au nord de Kamas. Nous voulions traverser la forêt jusqu'au lac mais, au bout de cinq kilomètres, Lincoln a dit qu'il était fatigué, et a demandé si nous pouvions faire demi-tour. Nous avons dit oui, et il est parti en courant vers notre point de départ, la chienne sur ses talons. Katya et moi avons marché le long de la rivière, dressant la tête pour ne pas perdre Lincoln de vue.

Il s'est arrêté au bord d'un pré, où une vingtaine de vaches paissaient et meuglaient très fort. Les mères se sont pressées pour s'interposer entre leurs jeunes veaux et nous. Katya a peur des vaches. Elle s'est rapprochée de moi. Lincoln a dit :

— M'man, peut-être que tu devrais acheter un bébé vache, et comme ça, quand il grandira, tu n'auras plus peur.

Il est de nouveau parti en courant avec la chienne. Quand nous les avons rejoints, il était assis par terre, appuyé contre un tremble, et la chienne buvait dans la rivière. À l'ouest se formaient des nuages noirs. Le soleil couchant a plongé derrière eux, striant le ciel de volutes violettes et orange. Le vent venait du nord, on pressentait le froid. Lincoln a demandé si nous ferions du feu en rentrant à la maison.

Note de l'auteur

Depuis la fin des années 1980, je représente des condamnés à mort, pour la plupart détenus au Texas. Les histoires rapportées dans ce livre sont vraies. J'ai été impliqué dans toutes les affaires que je décris (bien que je n'aie pas toujours été le principal avocat), et tous les détails factuels sont fondés sur mes propres souvenirs. Je n'ai pas exagéré afin d'accentuer leur côté dramatique.

En racontant ces histoires, je me suis toutefois fixé des contraintes. Un avocat se doit de garder confidentiels les secrets de son client, et même si ce dernier est mort, cette obligation demeure. J'ai donc modifié beaucoup de noms et de détails permettant d'identifier mes clients.

Outre l'utilisation de pseudonymes, j'ai parfois modifié le sexe, l'âge, la race des personnes dont il est question, ou encore les lieux (notamment les villes) et les dates. Je n'ai rien changé aux crimes eux-mêmes, ni à mes relations avec mes clients, mais j'ai parfois attribué à certains cas des éléments de procédure appartenant à d'autres cas. Lorsqu'il y avait des dates d'exécution multiples, j'ai quelquefois raconté l'histoire comme s'il n'y en avait qu'une. J'ai transposé les lieux de plusieurs événements (notamment l'endroit de la prison où se sont déroulées certaines choses, le comté dans lequel certains crimes ont été commis, et le fait qu'une procédure a eu lieu devant un tribunal d'État ou fédéral), et j'ai modifié les dates de plusieurs autres, même si la chronologie de base des événements est exacte.

Je me suis sans doute aussi approprié certaines phrases de Katya. Je me souviens presque parfaitement de beaucoup de nos conversations (bien que j'en oublie nombre d'autres, comme elle vous le dira), mais si je me rappelle souvent les mots échangés, je ne sais plus qui de nous deux les a prononcés.

De très nombreux avocats ont travaillé aux affaires que je décris dans ces pages. Afin de ne pas accabler le lecteur par une distribution digne de Shakespeare, je n'en mentionne que trois, en utilisant des pseudonymes. Leurs véritables noms figurent tous dans les remerciements.

J'ai procédé à ces changements pour de nombreuses raisons : afin de protéger la confidentialité de la relation avocat-client qui perdure, comme je l'ai dit, après la mort de ce dernier ; pour éviter de révéler des informations confidentielles sur des clients présents et passés ; pour protéger les familles des victimes et des criminels qui les ont tuées (même les proches des assassins ont droit à la confidentialité et au respect) ; pour dissimuler l'identité de celles et ceux qui ne voudraient pas que soit révélée l'aide qu'ils m'ont apportée (notamment des gardiens, des policiers, du personnel des tribunaux, des juges et des procureurs) ; pour mettre des clients encore en vie à l'abri des représailles et de la jalousie ; pour résumer sur une période de deux ou trois ans des histoires qui ont parfois duré une décennie ou plus ; et pour raconter ces histoires sans m'empêtrer outre mesure dans des détails juridiques. Je me suis efforcé d'écrire des mémoires honnêtes, sans révéler d'éléments confidentiels, et j'ai donc raconté ces histoires en restant fidèle à la vérité et aux individus qui y ont joué un rôle.

Remerciements

On me dit qu'il y a des avocats qui exercent en solitaires. Mais pour moi, la pratique du droit a toujours été une entreprise collective. Andrea Keilen est la directrice exécutive, suprêmement douée, du Texas Defender Service (TDS). Je la remercie, ainsi que les avocats du TDS avec qui je travaille quotidiennement, notamment à toutes les affaires décrites dans ce livre : Kate Black, Frances Bourliot, Matt Byrne, Kathryn Kase, Alma Lagarda, John Niland, Katherine Scardino, Jared Tyler et Greg Wiercioch. (Gloria Flores, Nick Mensch, Melissa Waters, Rindy Fox, Kelly Josh, Susanna Trevino et Jessica Lindley ne sont pas avocats, mais contribuent au bon fonctionnement du TDS.) Steve Hall et Laura Burstein nous aident eux aussi souvent, et l'avis de George Kendall nous est fréquemment indispensable. Les avocats stagiaires du TDS sont passionnés et infatigables.

Il y a également les avocats passés (ou presque) du TDS, qui ont également collaboré aux affaires décrites ici, notamment Melissa Azadeh, Sandra Babcock, Bryce Benjet, Dick Burr, Mike Charlton, Phyllis Crocker, Karen Dennison, Mia de Saint Victor, Mike Gross, Andrew Hammel, Keith Hampton, Eden Harrington, Scott Howe, Cassandra Jeu, Lynn Lamberty, Maurie Levin, Jim Marcus, Joe Margulies, Robert McGlasson, Morris Moon, Brent Newton, Rob

Owen, Jeff Pokorak, Danalynn Recer, Meredith Rountree, Raoul Schoneman, Naomi Terr, Jean Terranova, Mandy Welch et Phil Wischkaemper. J'ai également eu le privilège de travailler avec Tony Amsterdam, John Blume, Steve Bright, John Holdridge, Lee Kovarski, Greg Kuykendall, Paul Mansur, Nina Morrison, Barry Scheck, Jordan Steiker, Brian Stull et Christina Swarns. J'ai certainement oublié plusieurs personnes. J'espère qu'elles me pardonneront.

Je suis reconnaissant à Eric Holz, le chirurgien qui a sauvé mon œil. J'ai également une énorme dette envers mes amis Bowes Hamill et Charles Katz, excellents médecins qui ne m'ont jamais demandé d'arrêter de leur téléphoner ou de leur envoyer des e-mails, alors que je le faisais si souvent que j'en étais moi-même presque gêné.

Le doyen Ray Nimmer, le vice-doyen Richard Alderman et l'ex-doyenne Nancy Rapoport m'ont soutenu à chaque instant dans mon travail, aussi forts les vents contraires soient-ils – et ils peuvent être vraiment violents. Mes étudiants, aussi bien à la faculté de droit de l'université de Houston qu'à l'université de Rice, ont été une indispensable source d'inspiration.

Je suis reconnaissant à de nombreuses personnes qui ont lu le manuscrit ou discuté avec moi des questions les plus sensibles, notamment mon frère, Mark Dow, le meilleur lecteur et écrivain que je connaisse ; Marcilynn Burke, Seth Chandler, Meredith Duncan, Michael Olivas et Ron Turner, extraordinaires en tant que confrères, et meilleurs encore en tant qu'amis ; mon ami David Jones, dont il vaut généralement la peine de démêler les analyses alambiquées ; Simon Lipskar, mon agent dévoué, dont les avis et le jugement tapent toujours en plein dans le mille ; également, à Writers House, Maja Nikolic, Angharad Kowal et Jennifer Kelaher, qui ont inlassablement assuré la promotion de ce livre, et Josh Getzler, qui a fait preuve d'une immense patience en traitant avec moi ; Jonathan Karp, l'éditeur remarquable qui a compris intuitivement ce que je voulais faire avec ce livre, et a transformé un manuscrit que j'aimais en un livre que j'aime encore plus, et son formidable assistant, Colin Shepherd, apaisant et plein de ressources ; et enfin mon cher ami Jon Liebman, dont j'apprécie la fidélité, la sagesse et l'amitié depuis plus longtemps que je ne suis prêt à l'avouer.

Katya et Lincoln ont eu le droit de veto sur le livre. Si je l'ai écrit, c'est parce qu'ils m'y ont autorisé. Ils m'ont permis de voler, mettre en forme et partager nos histoires. Ils m'ont également permis de m'emparer de leurs vies. Je suis un sacré veinard.

Table

Mise en page par Meta-systems
Roubaix (59100)

CET OUVRAGE
A ÉTÉ ACHEVÉ D'IMPRIMER
SUR ROTO-PAGE
PAR L'IMPRIMERIE FLOCH
À MAYENNE EN MARS 2010

N° d'édition : L.01EHBN000336.N001. N° d'impression : 76110
Dépôt légal : avril 2010
Imprimé en France